我的路 2
时间海洋

MEIN WEG 2
DAS ZEITENMEER

Jidi
寂地
(Texte und Bilder)

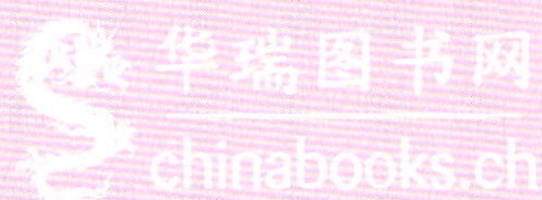

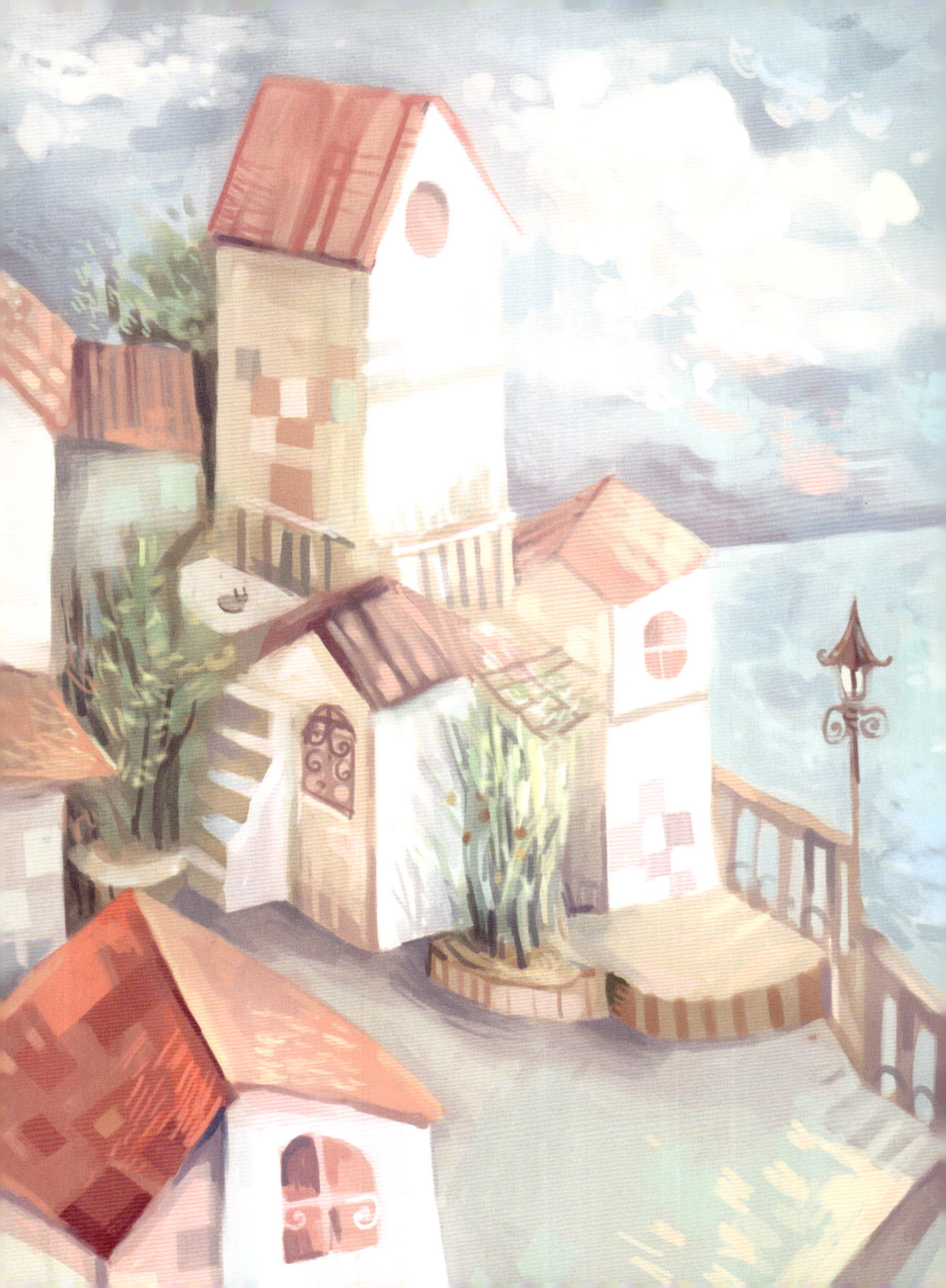

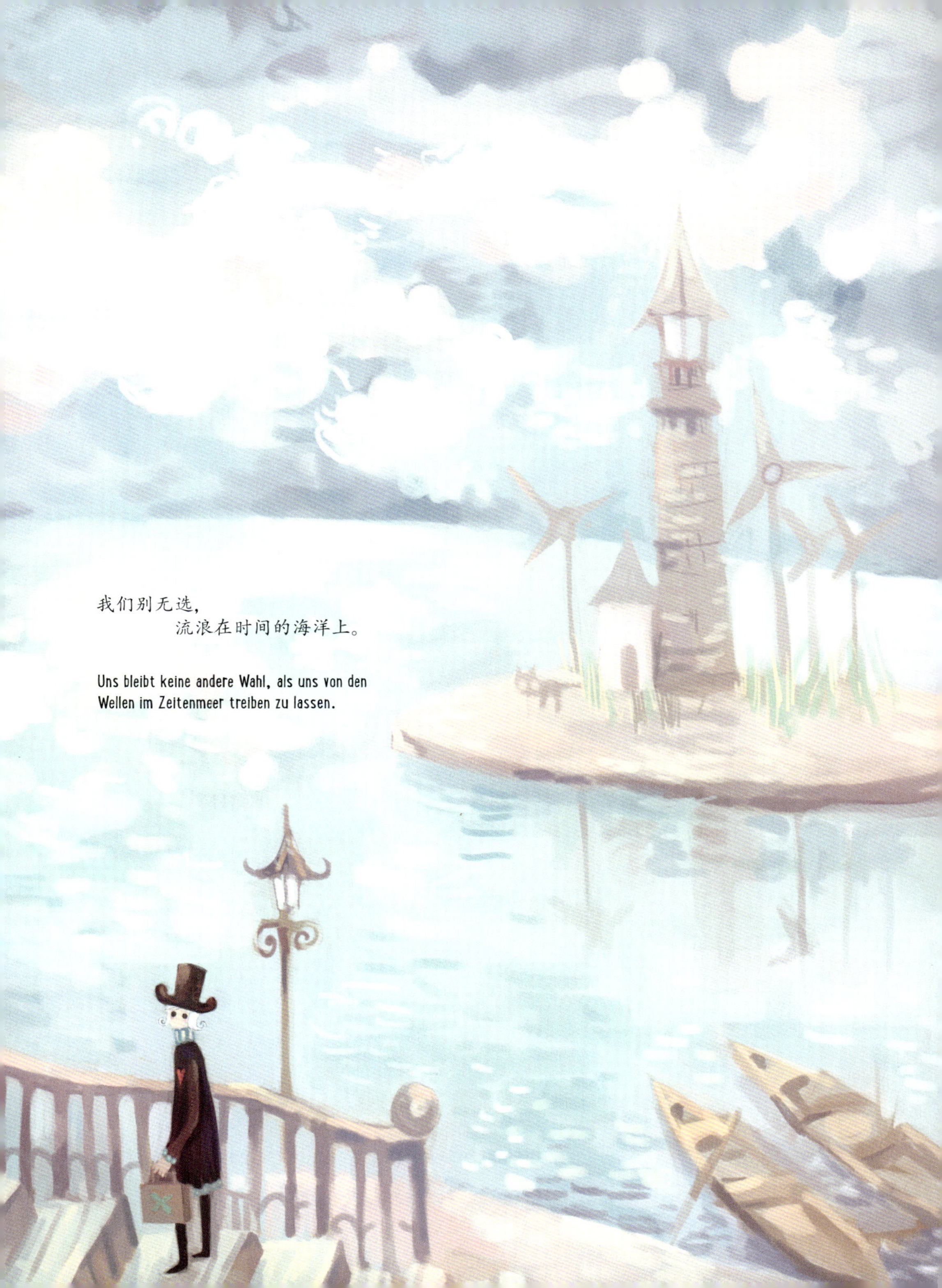

我们别无选，
流浪在时间的海洋上。

Uns bleibt keine andere Wahl, als uns von den Wellen im Zeitenmeer treiben zu lassen.

目录 **Inhaltsverzeichnis**

Mein Weg

Eine Stadt in Pink

粉红之城

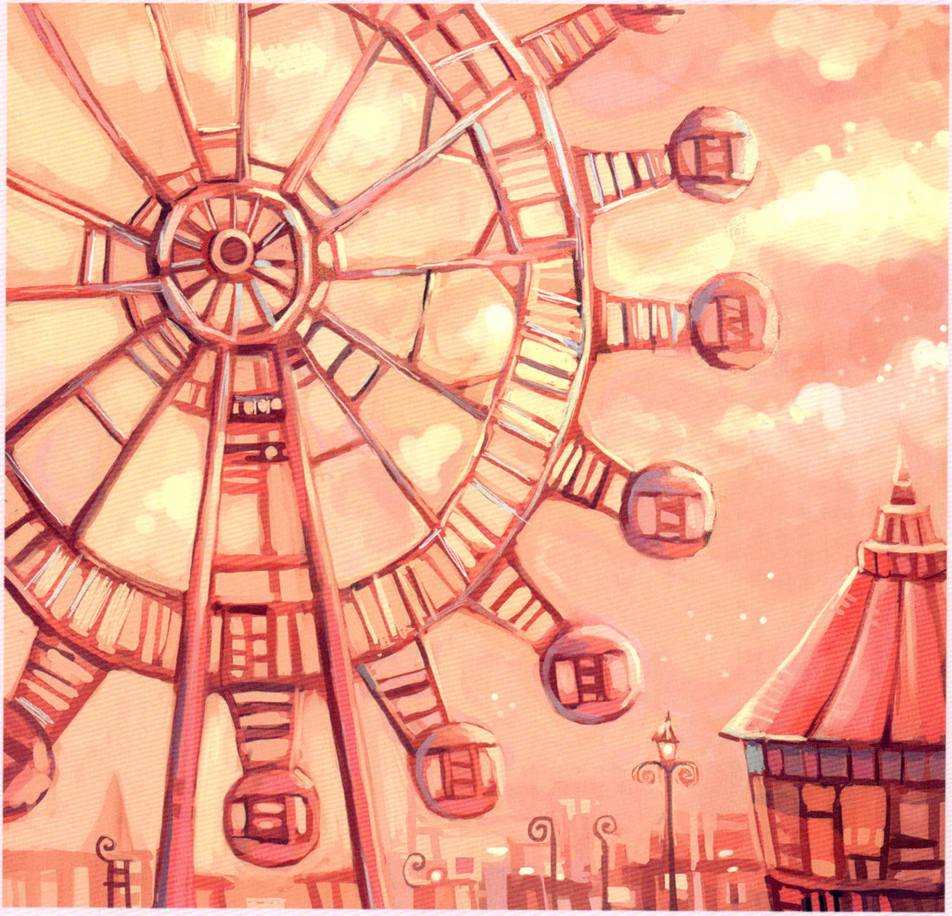

在这小小的城市里，
和你玩着捉迷藏，
用一辈子的时间。

In dieser kleinen Stadt möchte ich
mein ganzes Leben damit verbringen,
mit dir Verstecken zu spielen.

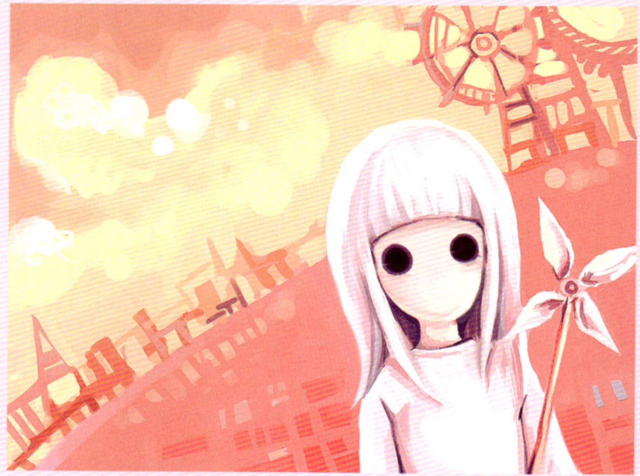

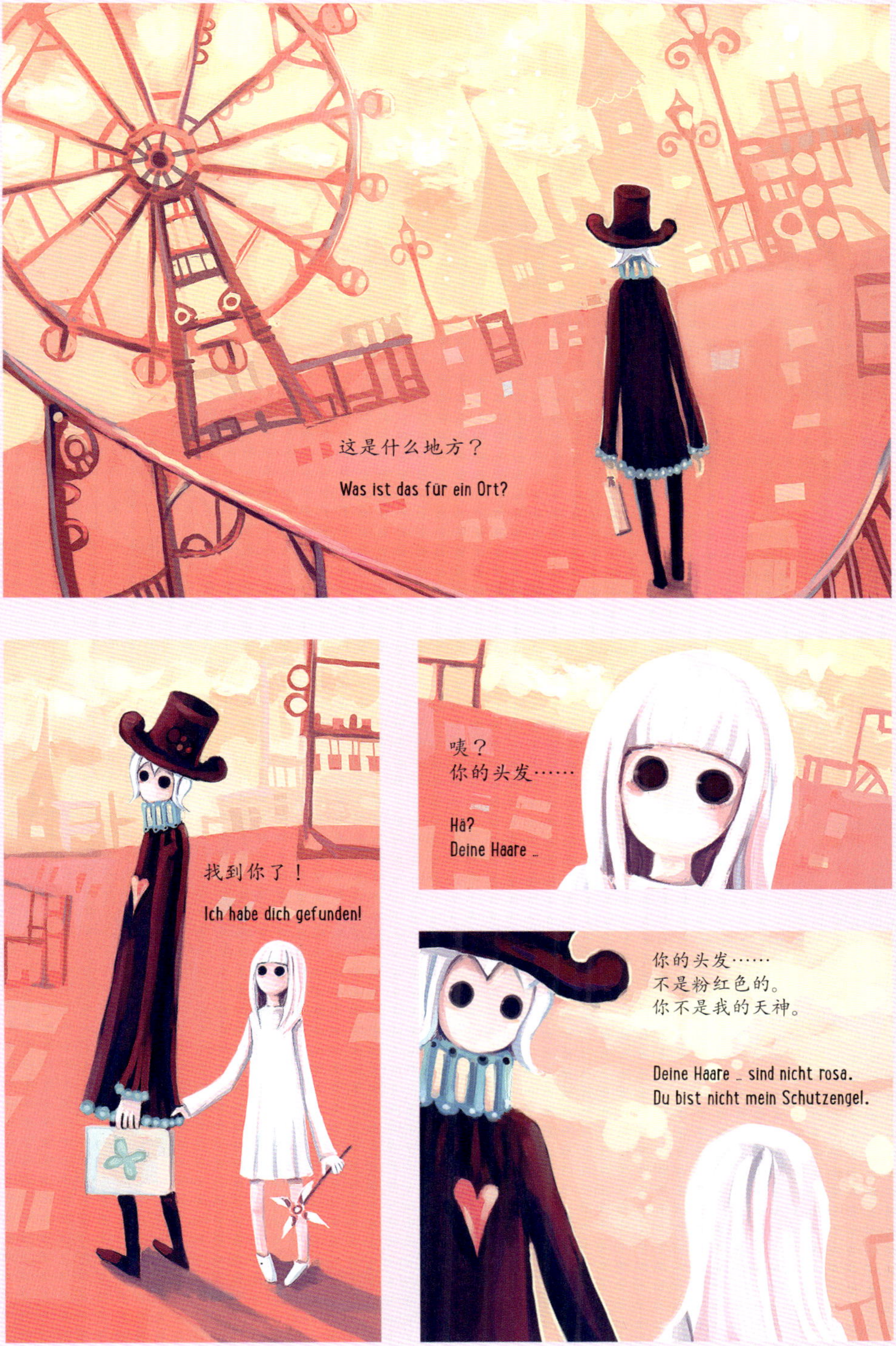

这是什么地方？

Was ist das für ein Ort?

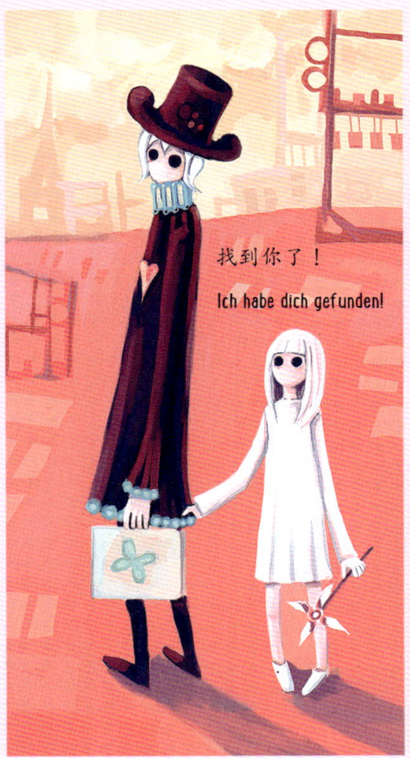

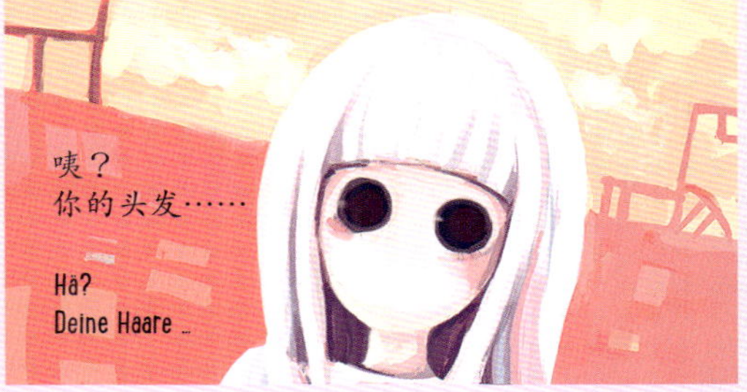

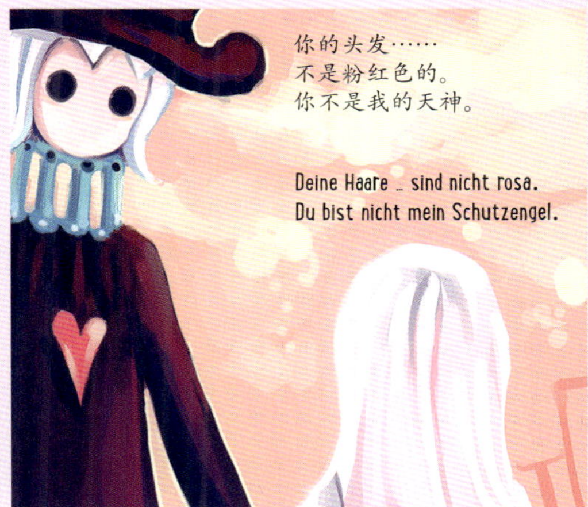

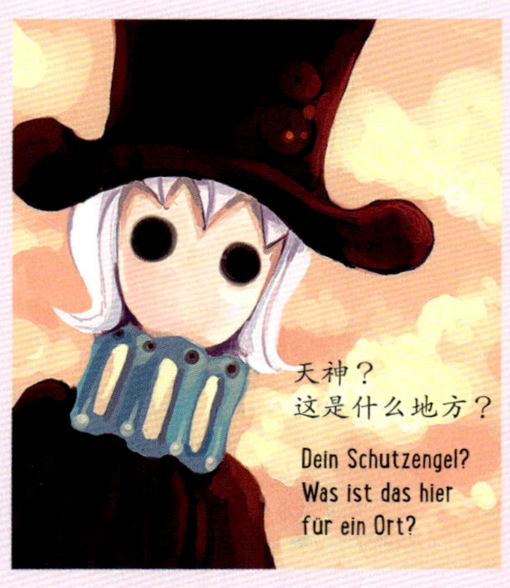
天神？
这是什么地方？
Dein Schutzengel?
Was ist das hier
für ein Ort?

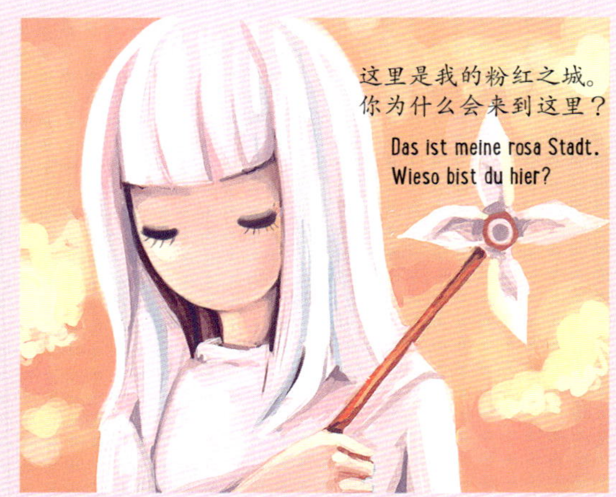
这里是我的粉红之城。
你为什么会来到这里？
Das ist meine rosa Stadt.
Wieso bist du hier?

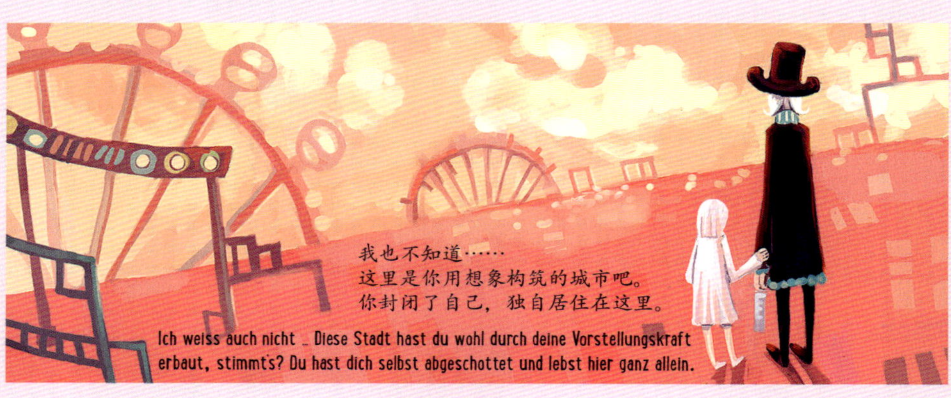
我也不知道……
这里是你用想象构筑的城市吧。
你封闭了自己，独自居住在这里。
Ich weiss auch nicht … Diese Stadt hast du wohl durch deine Vorstellungskraft
erbaut, stimmt's? Du hast dich selbst abgeschottet und lebst hier ganz allein.

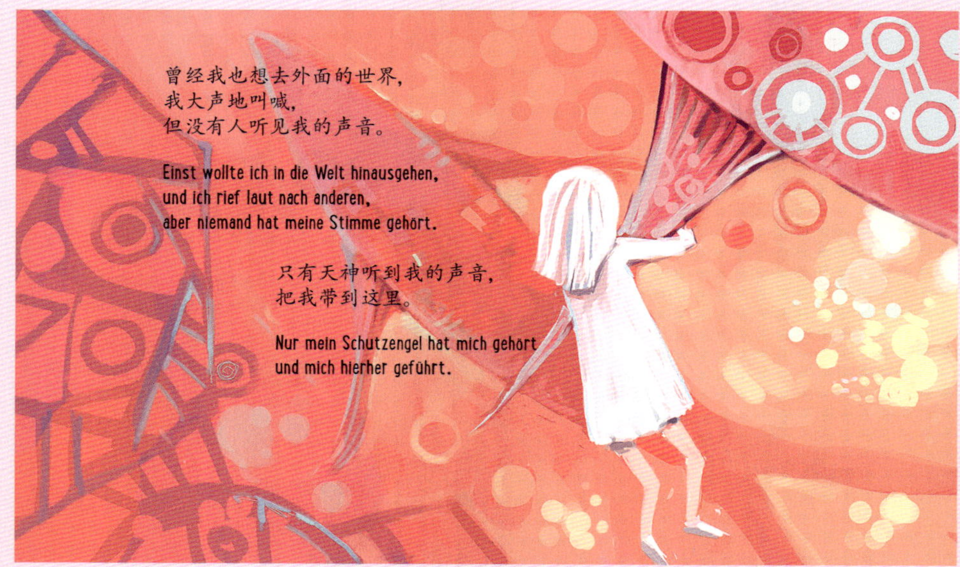
曾经我也想去外面的世界，
我大声地叫喊，
但没有人听见我的声音。
Einst wollte ich in die Welt hinausgehen,
und ich rief laut nach anderen,
aber niemand hat meine Stimme gehört.
只有天神听到我的声音，
把我带到这里。
Nur mein Schutzengel hat mich gehört
und mich hierher geführt.

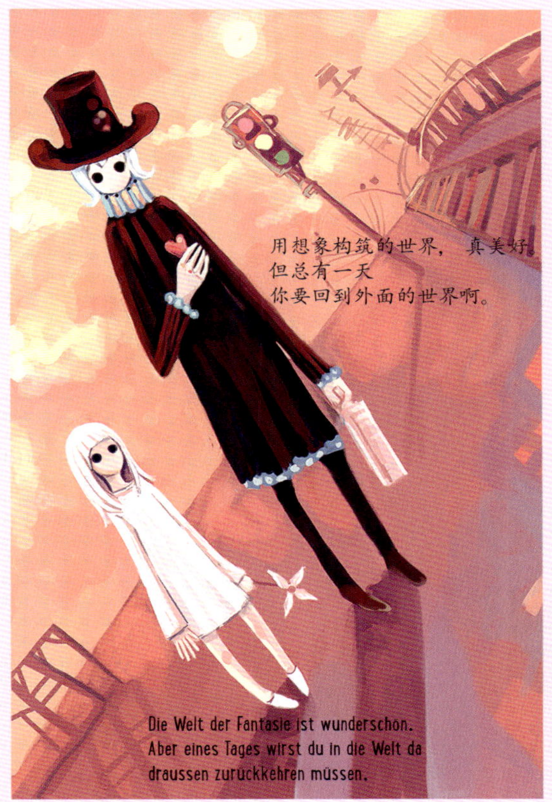
用想象构筑的世界，真美好。
但总有一天
你要回到外面的世界啊。
Die Welt der Fantasie ist wunderschön.
Aber eines Tages wirst du in die Welt da
draussen zurückkehren müssen.

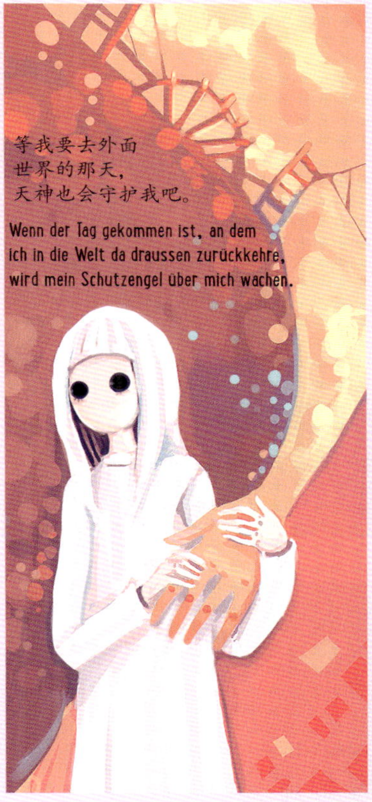
等我要去外面
世界的那天，
天神也会守护我吧。
Wenn der Tag gekommen ist, an dem
ich in die Welt da draussen zurückkehre,
wird mein Schutzengel über mich wachen.

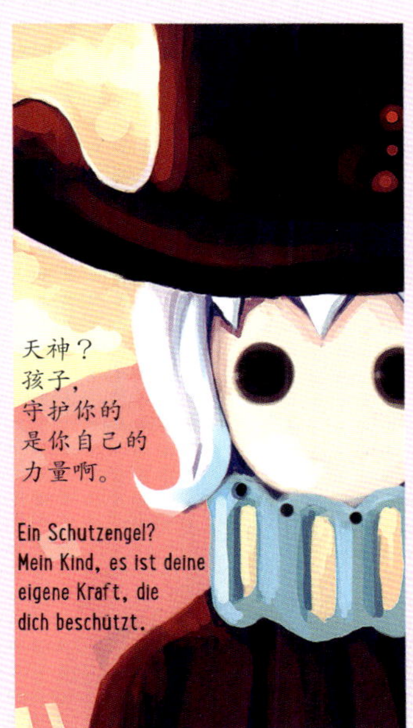
天神？
孩子，
守护你的
是你自己的
力量啊。
Ein Schutzengel?
Mein Kind, es ist deine
eigene Kraft, die
dich beschützt.

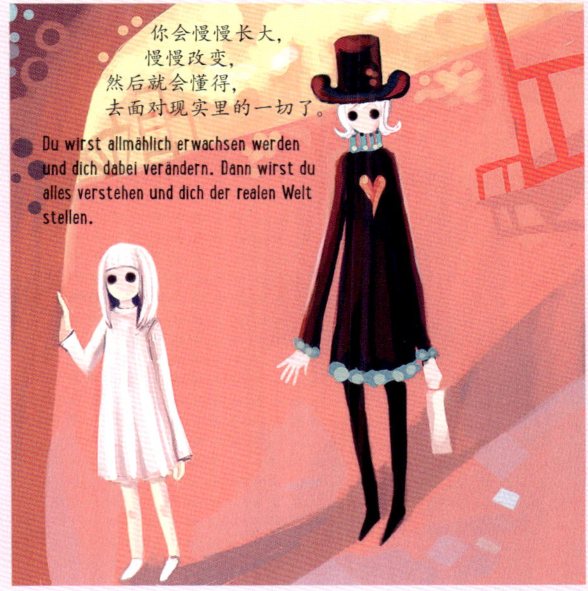
你会慢慢长大，
慢慢改变，
然后就会懂得，
去面对现实里的一切了。
Du wirst allmählich erwachsen werden
und dich dabei verändern. Dann wirst du
alles verstehen und dich der realen Welt
stellen.

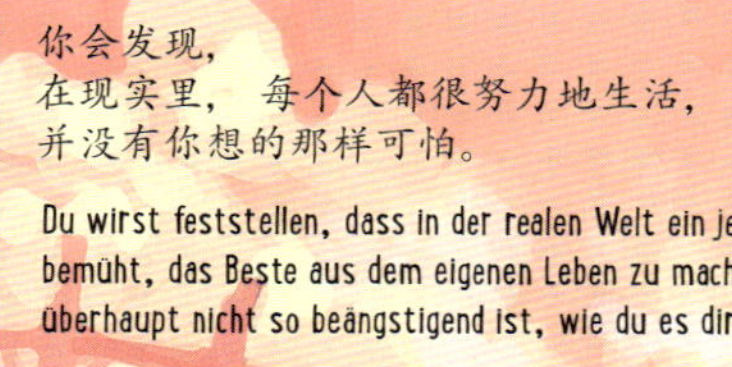
你会发现，
在现实里， 每个人都很努力地生活，
并没有你想的那样可怕。
Du wirst feststellen, dass in der realen Welt ein jeder Mensch sich bemüht, das Beste aus dem eigenen Leben zu machen, und dass das überhaupt nicht so beängstigend ist, wie du es dir vorstellst.

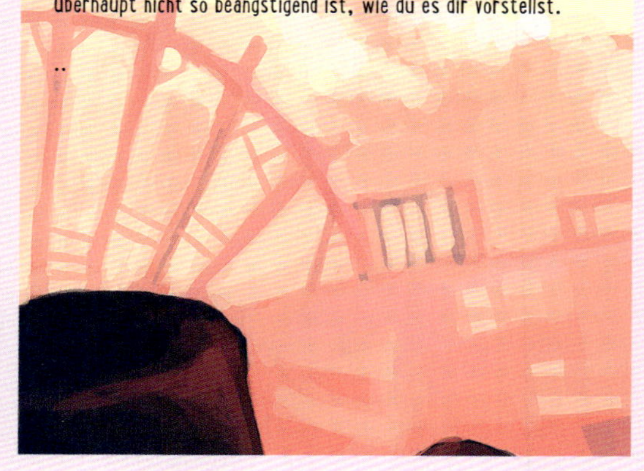
..

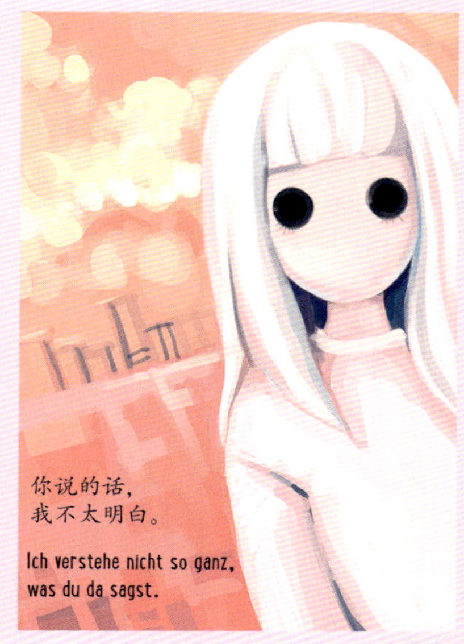
你说的话，
我不太明白。
Ich verstehe nicht so ganz, was du da sagst.

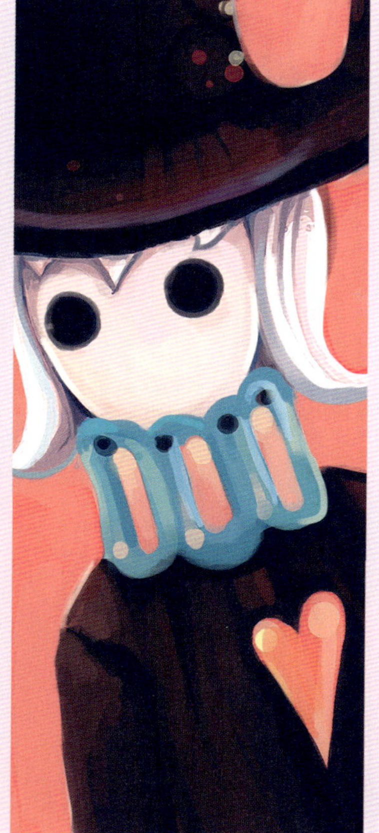

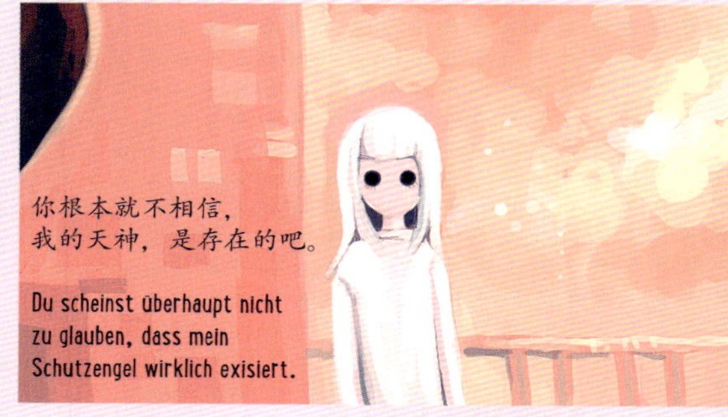
你根本就不相信，
我的天神，是存在的吧。
Du scheinst überhaupt nicht zu glauben, dass mein Schutzengel wirklich existiert.

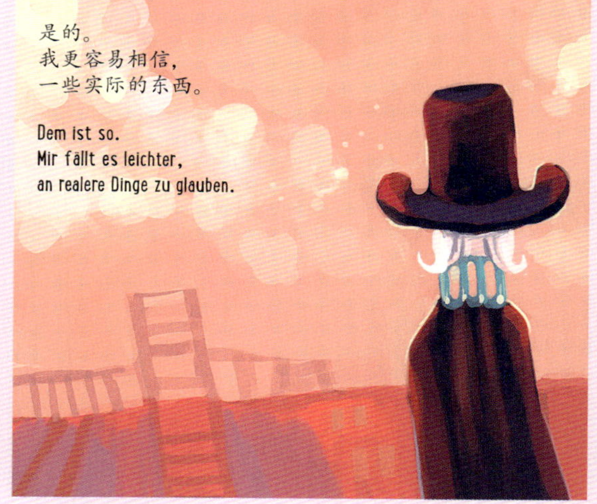
是的。
我更容易相信，
一些实际的东西。
Dem ist so.
Mir fällt es leichter,
an realere Dinge zu glauben.

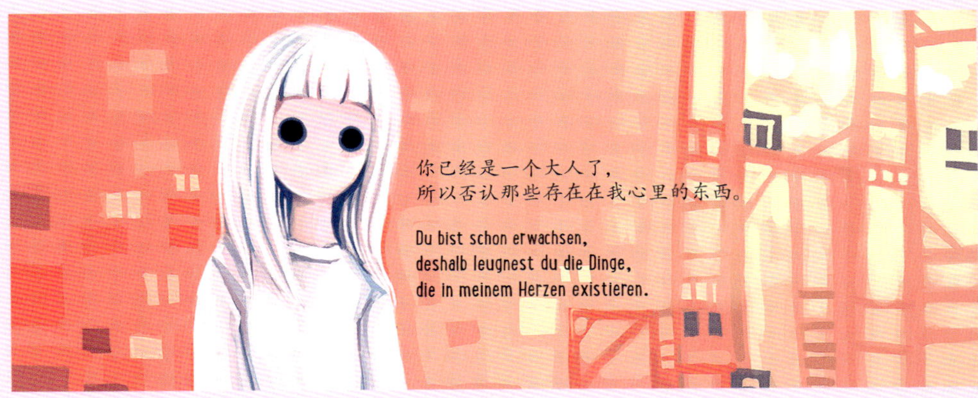
你已经是一个大人了，
所以否认那些存在在我心里的东西。
Du bist schon erwachsen,
deshalb leugnest du die Dinge,
die in meinem Herzen existieren.

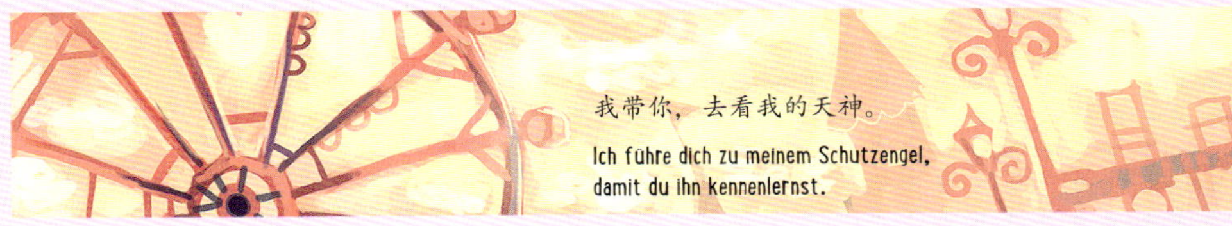
我带你，去看我的天神。
Ich führe dich zu meinem Schutzengel,
damit du ihn kennenlernst.

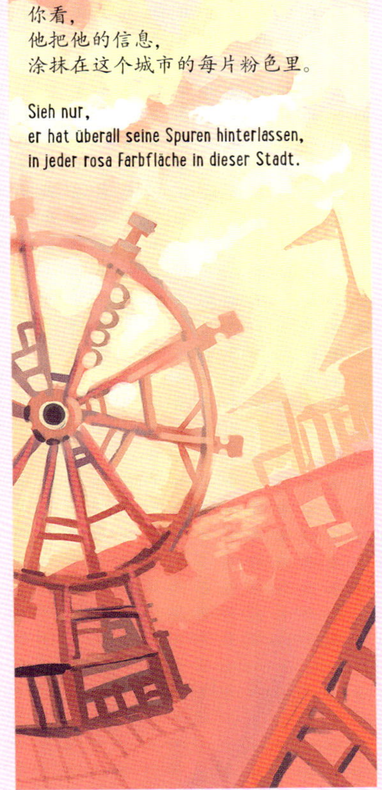
你看，
他把他的信息，
涂抹在这个城市的每片粉色里。
Sieh nur,
er hat überall seine Spuren hinterlassen,
in jeder rosa Farbfläche in dieser Stadt.

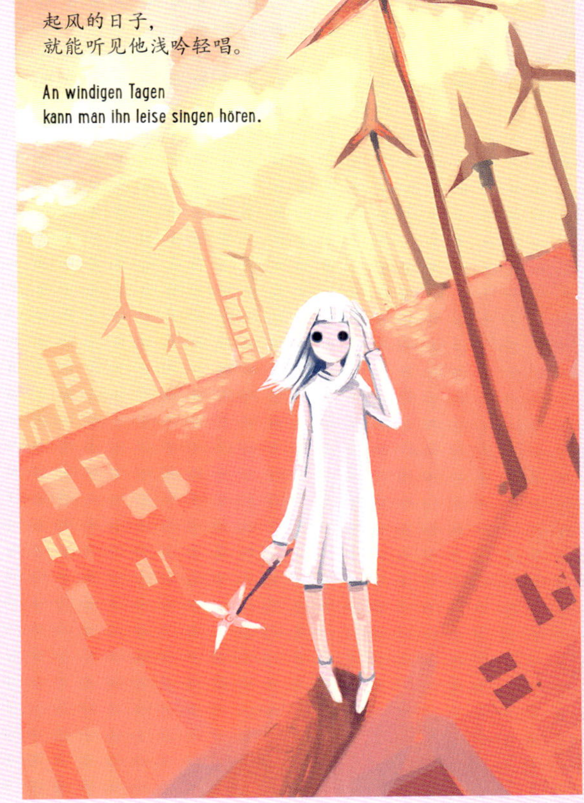
起风的日子，
就能听见他浅吟轻唱。
An windigen Tagen
kann man ihn leise singen hören.

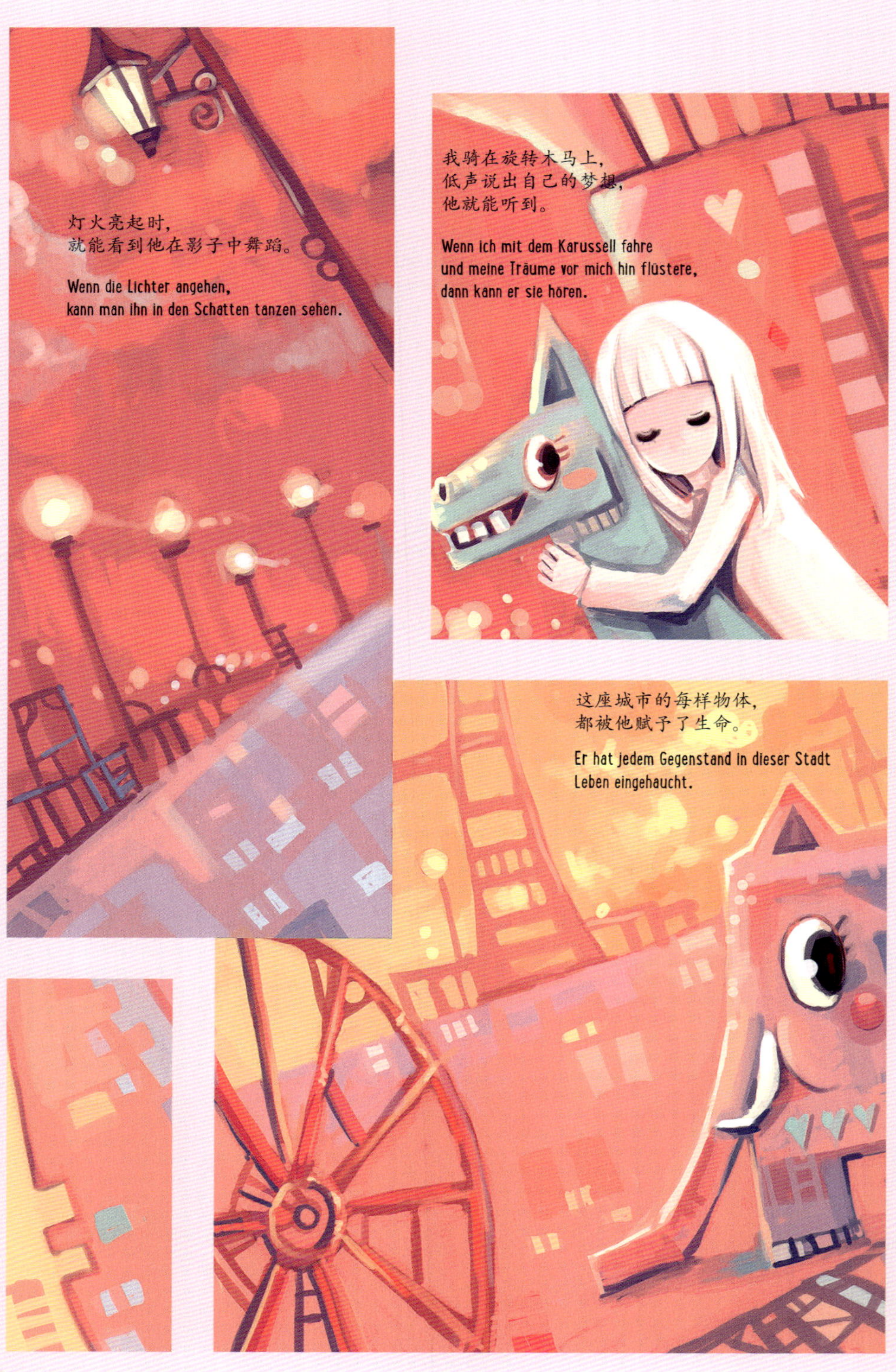
灯火亮起时，
就能看到他在影子中舞蹈。
Wenn die Lichter angehen,
kann man ihn in den Schatten tanzen sehen.
我骑在旋转木马上，
低声说出自己的梦想，
他就能听到。
Wenn ich mit dem Karussell fahre
und meine Träume vor mich hin flüstere,
dann kann er sie hören.
这座城市的每样物体，
都被他赋予了生命。
Er hat jedem Gegenstand in dieser Stadt
Leben eingehaucht.

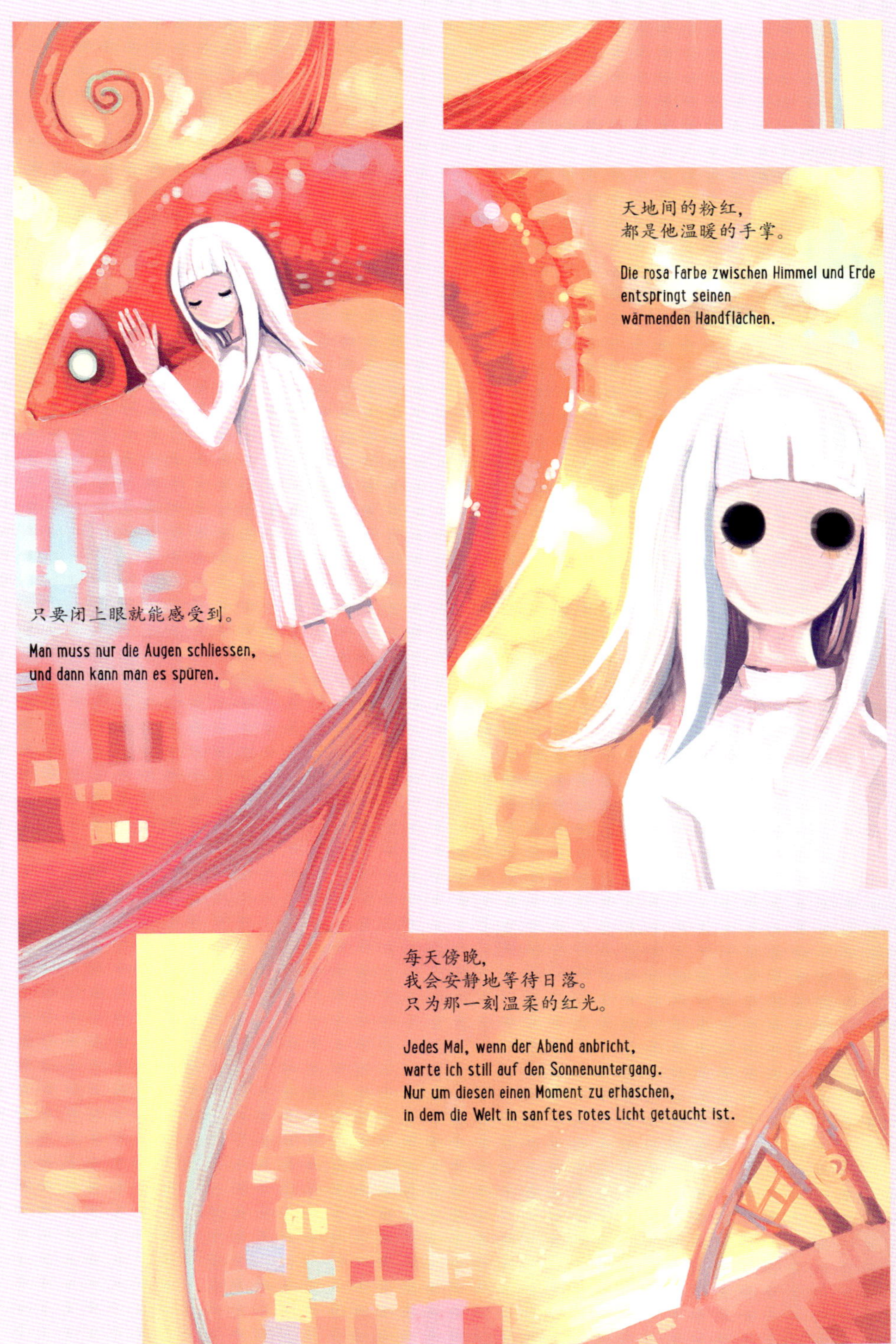
只要闭上眼就能感受到。
Man muss nur die Augen schliessen,
und dann kann man es spüren.
天地间的粉红，
都是他温暖的手掌。
Die rosa Farbe zwischen Himmel und Erde
entspringt seinen
wärmenden Handflächen.
每天傍晚，
我会安静地等待日落。
只为那一刻温柔的红光。
Jedes Mal, wenn der Abend anbricht,
warte ich still auf den Sonnenuntergang.
Nur um diesen einen Moment zu erhaschen,
in dem die Welt in sanftes rotes Licht getaucht ist.

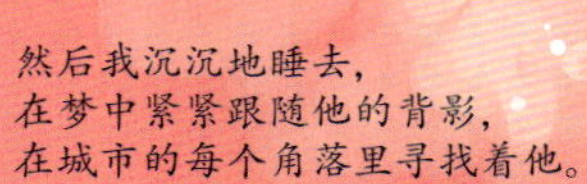
然后我沉沉地睡去，
在梦中紧紧跟随他的背影，
在城市的每个角落里寻找着他。
Anschliessend falle ich in einen tiefen Schlaf
und folge in meinen Träumen dicht seinem Schatten
hinterher, suche in jedem Winkel dieser Stadt nach ihm.

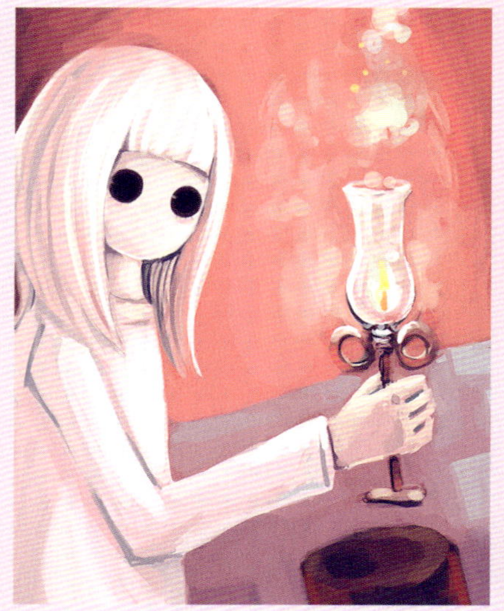

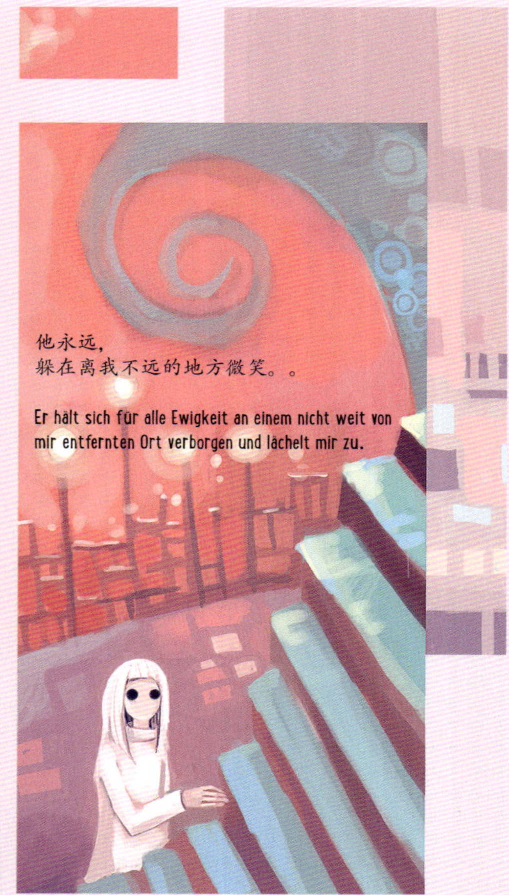
他永远，
躲在离我不远的地方微笑。。
Er hält sich für alle Ewigkeit an einem nicht weit von
mir entfernten Ort verborgen und lächelt mir zu.

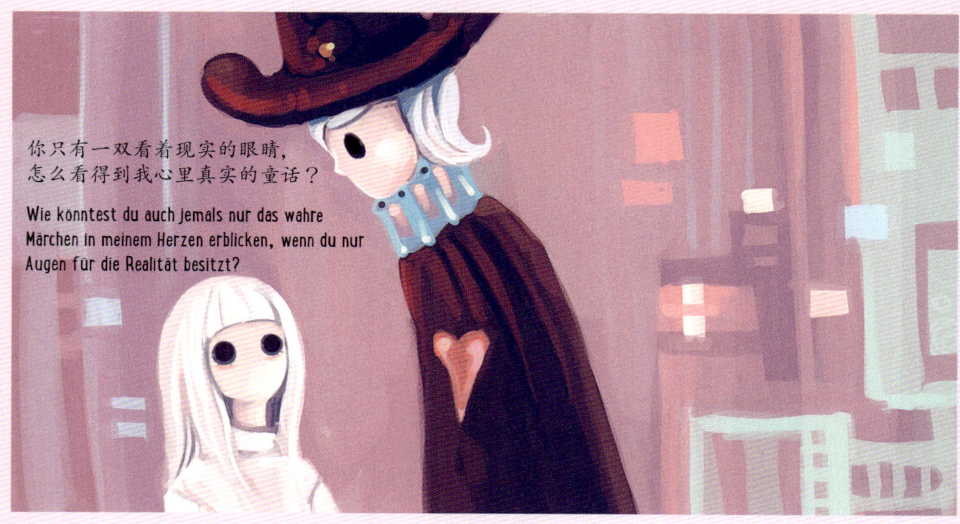
你只有一双看着现实的眼睛，
怎么看得到我心里真实的童话？
Wie könntest du auch jemals nur das wahre
Märchen in meinem Herzen erblicken, wenn du nur
Augen für die Realität besitzt?

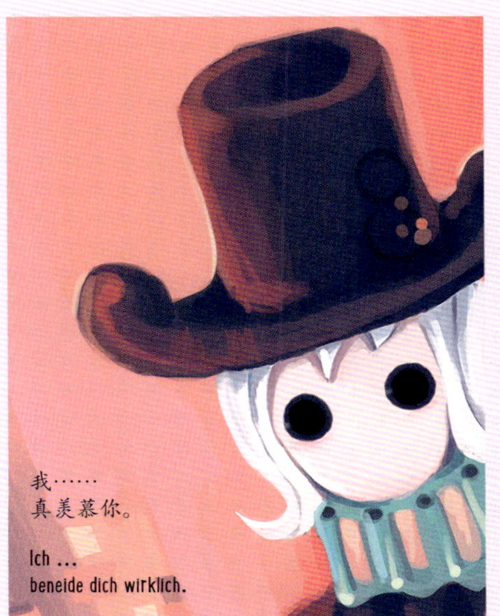
我……
真羡慕你。
Ich ...
beneide dich wirklich.

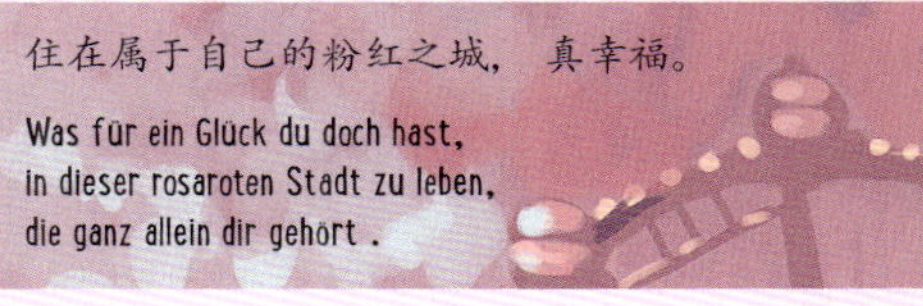
住在属于自己的粉红之城， 真幸福。
Was für ein Glück du doch hast,
in dieser rosaroten Stadt zu leben,
die ganz allein dir gehört .

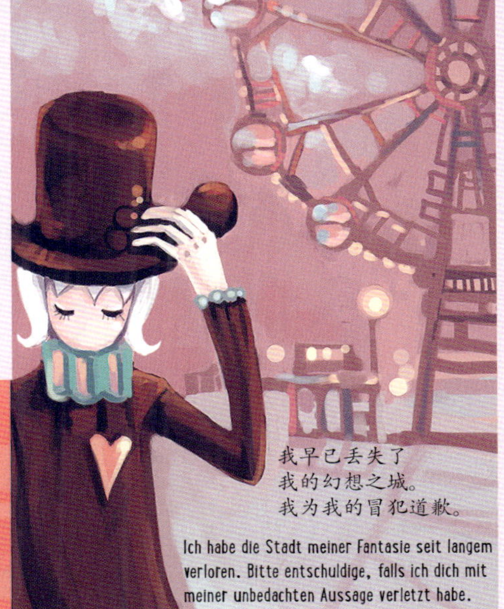
我早已丢失了
我的幻想之城。
我为我的冒犯道歉。
Ich habe die Stadt meiner Fantasie seit langem
verloren. Bitte entschuldige, falls ich dich mit
meiner unbedachten Aussage verletzt habe.

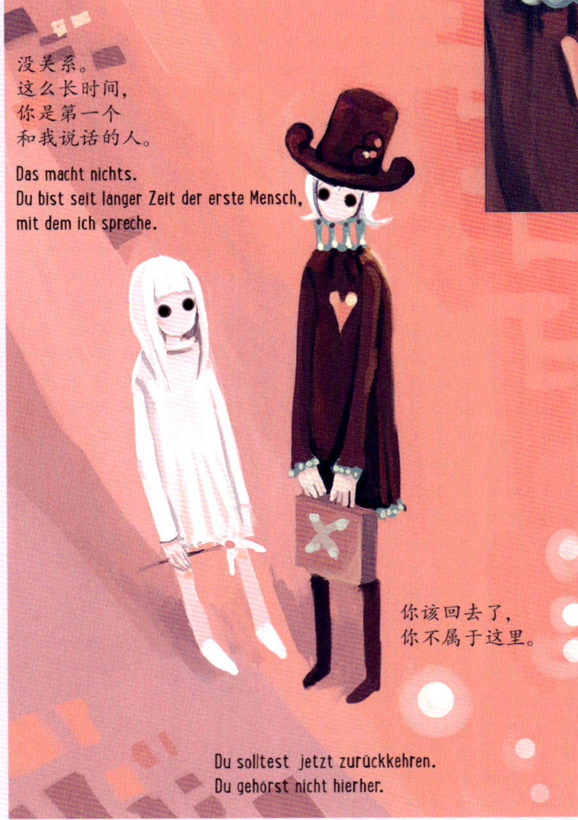
没关系。
这么长时间，
你是第一个
和我说话的人。
Das macht nichts.
Du bist seit langer Zeit der erste Mensch,
mit dem ich spreche.
你该回去了，
你不属于这里。
Du solltest jetzt zurückkehren.
Du gehörst nicht hierher.

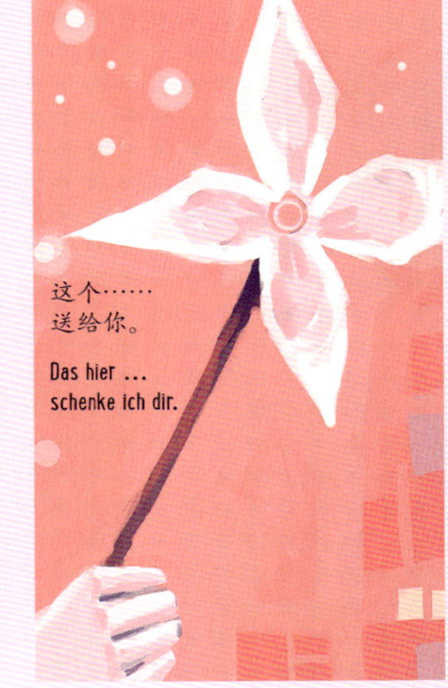
这个……
送给你。
Das hier ...
schenke ich dir.

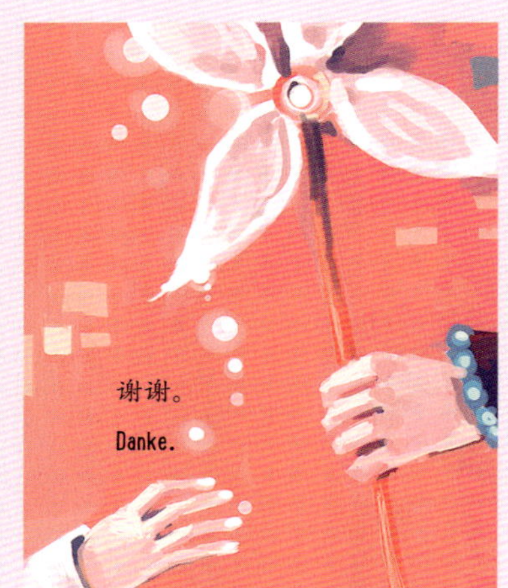
谢谢。
Danke.

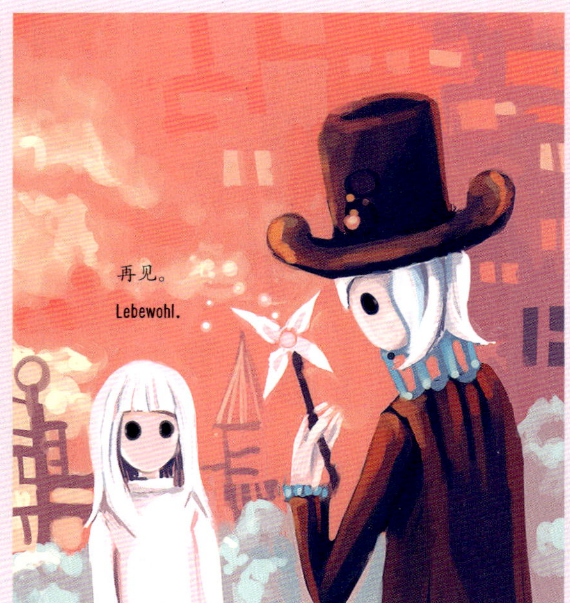
再见。
Lebewohl.

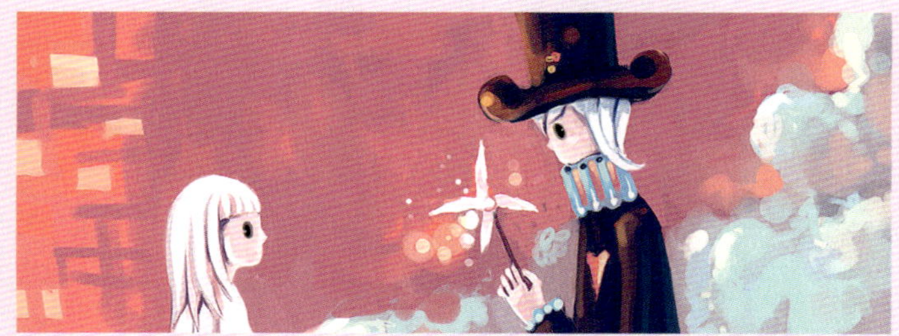

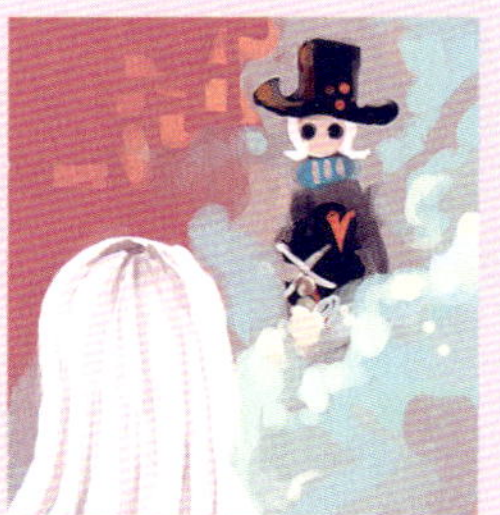

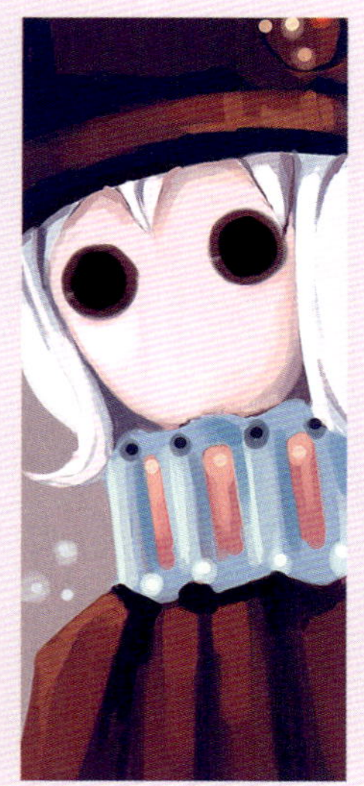

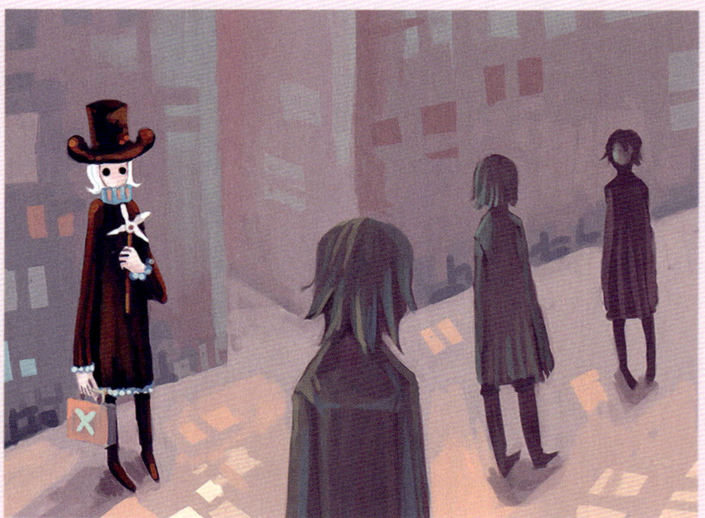

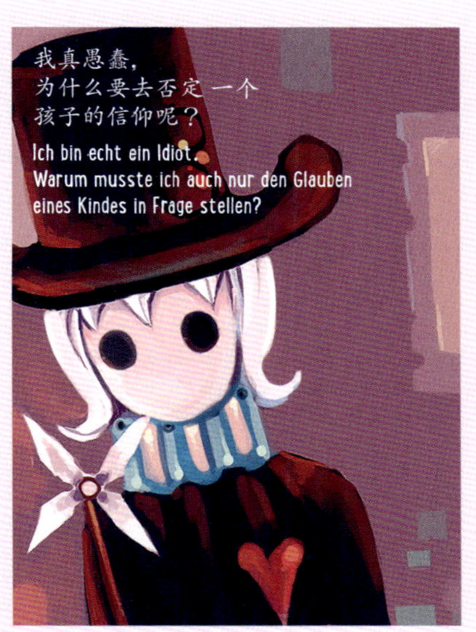

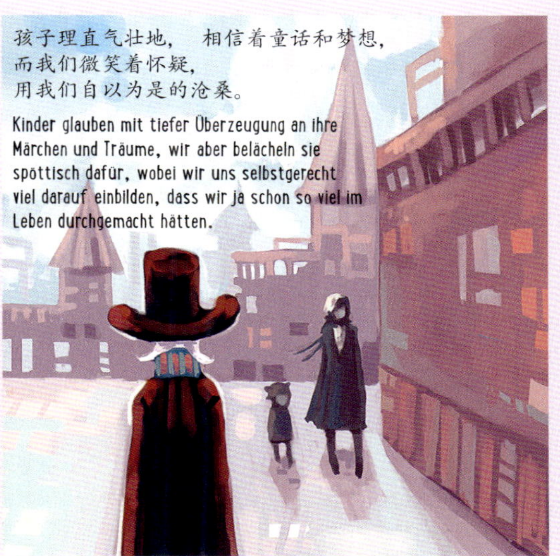

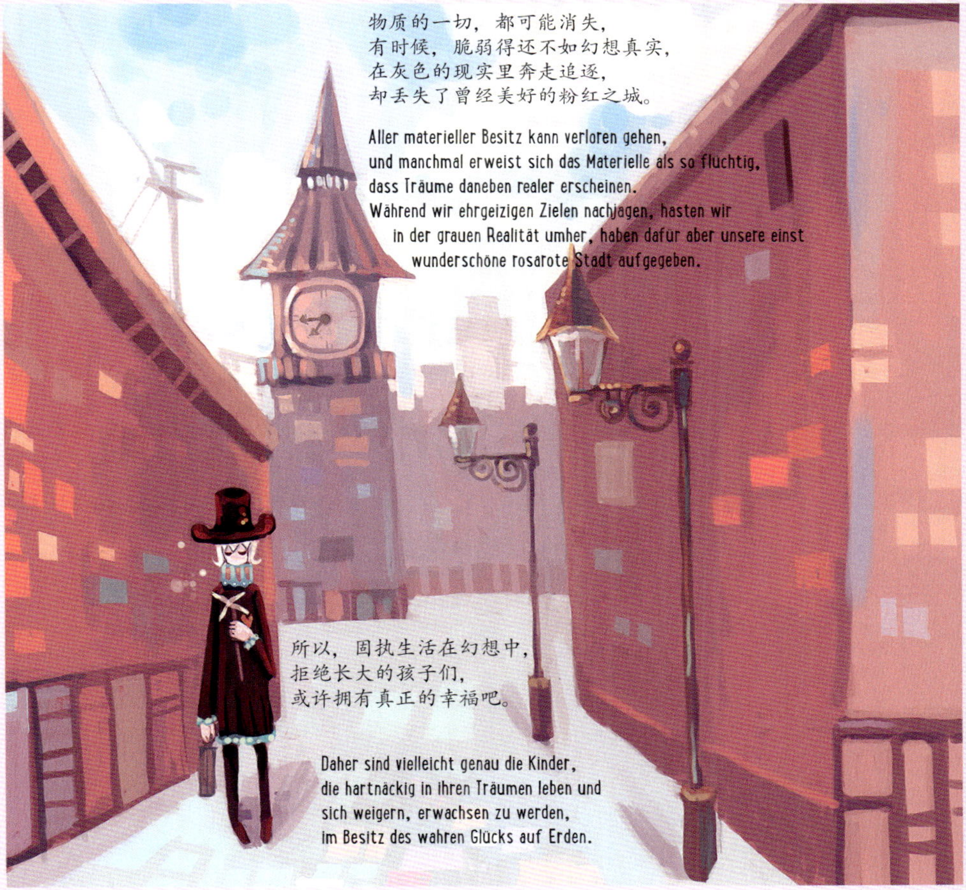

物质的一切，都可能消失，
有时候，脆弱得还不如幻想真实，
在灰色的现实里奔走追逐，
却丢失了曾经美好的粉红之城。

Aller materieller Besitz kann verloren gehen,
und manchmal erweist sich das Materielle als so flüchtig,
dass Träume daneben realer erscheinen.
Während wir ehrgeizigen Zielen nachjagen, hasten wir
in der grauen Realität umher, haben dafür aber unsere einst
wunderschöne rosarote Stadt aufgegeben.

所以，固执生活在幻想中，
拒绝长大的孩子们，
或许拥有真正的幸福吧。

Daher sind vielleicht genau die Kinder,
die hartnäckig in ihren Träumen leben und
sich weigern, erwachsen zu werden,
im Besitz des wahren Glücks auf Erden.

所以，固执生活在幻想中， 拒绝长大的孩子们， 或许拥有真正的幸福吧。

Daher sind vielleicht genau die Kinder, die hartnäckig in ihren Träumen leben und sich weigern, erwachsen zu werden, im Besitz des wahren Glücks auf Erden.

Something about…

PINK CITY

我也有过那样的时候。小心地收集着磁带，充满虔诚，连在音像店里看到他自己没有的磁带心就乱跳。

我小声地背诵着他写下过的那些词语，在压抑的灰色墙壁下，在不快乐的少年时代——我靠着那台破烂的收音机，把他的声音塞到耳朵里的时候，躲在他的音符里，外面的世界就再也不能伤害我。

那些强烈的，或者温暖的歌词摩擦着耳朵。

我就跟着他去神游，跟着他背向地球希望寄托整个宇宙。跟着他歌里的老兵踏过历史的沧桑与悲苦，在浩瀚的激流里找寻未知的信仰。

对你来说，也许你曾经的天神有别的名字。他们被你小心地锁在抽屉里，珍藏在心里。

后来很多年过去了。磁带回潮了，海报发黄了，我们长大了。想起他们，就像想起自己的一个老朋友，再看到关于他们的消息时，只是低头一笑。而他们褪色的影子，永远停留在过去的时光中，记录着我们稚气而真诚的日子，永远都笑得那么好。

而你，你终于懂了，为你建筑美好世界的，是你自己的心。

Ich gebe es gerne zu, ich hatte auch schon solche Zeiten, als ich mit schon fast religiöser Inbrunst sorgsam Kassetten gesammelt habe.Immer wenn ich im Musikladen war und Kassetten von ihm entdeckte, die ich noch nicht besass, klopfte mein Herz vor Aufregung wie wild.

Ich habe dann die von ihm verfassten Liedtexte sorgfältig auswendig gelernt, wenn ich mich während meiner unglücklichen Teenagerzeit von bedrückenden grauen Wänden umringt fühlte. Ich war in diesen Tagen ganz abhängig von meinem alten, ramponierten Kassettenrecorder. Wann immer ich mir seine Stimme in meine Ohren hineinstopfte, konnte ich mich ganz in den Tönen verlieren, und die Welt da draussen konnte mir nichts mehr anhaben.

Seine mal intensiven, mal sanften Liedverse rieben sich an meinen Ohren.

Ich folgte ihm auf eine spirituelle Reise, bei der ich es ihm gleichtat, der Erde den Rücken zuwendend meine Hoffnungen dem ganzen Universum anzuvertrauen.

Gemeinsam mit dem alten Soldaten in seinen Liedern habe ich die grossen Umwälzungen und Tragödien in der Geschichte durchlebt, und in reissenden Stromschnellen habe ich zu einem mir bis dahin ungekanntem Glauben gefunden.

Vielleicht trugen deine Götter einst andere Namen. Du hast sie sorgfältig in einer Schublade in deinem Herzen weggeschlossen und verwahrt.

Danach sind viele Jahre vergangen. Tonbänder sind durch Feuchtigkeit unbrauchbar geworden, Poster sind vergilbt, wir sind erwachsen geworden. Wenn wir uns an sie erinnern, ist das so, als ob wir an alte Freunde zurückdenken würden. Wenn wir dann Neues von ihnen hören, halten wir unsere Köpfe gesenkt und schmunzeln vor uns hin. Und ihre verblichenen Schatten und die flüchtigen Erinnerungen, die uns von ihnen bleiben, stecken auf ewig in den vergangenen Zeiten fest und geben Zeugnis von den Tagen, in denen wir unschuldig und aufrichtig waren. Ihr Lachen bleibt auf ewig so schön.

Und du begreifst endlich, dass es nur dein eigenes Herz ist, das für dich eine wunderbare Welt erschaffen kann.

Mein Weg

Ein ferner Planet

遥远的行星

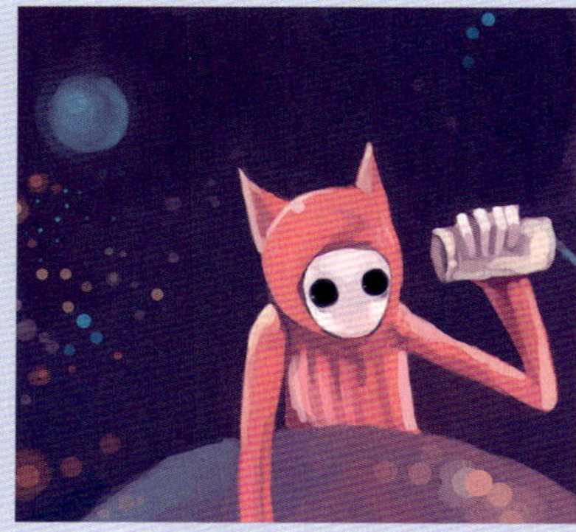

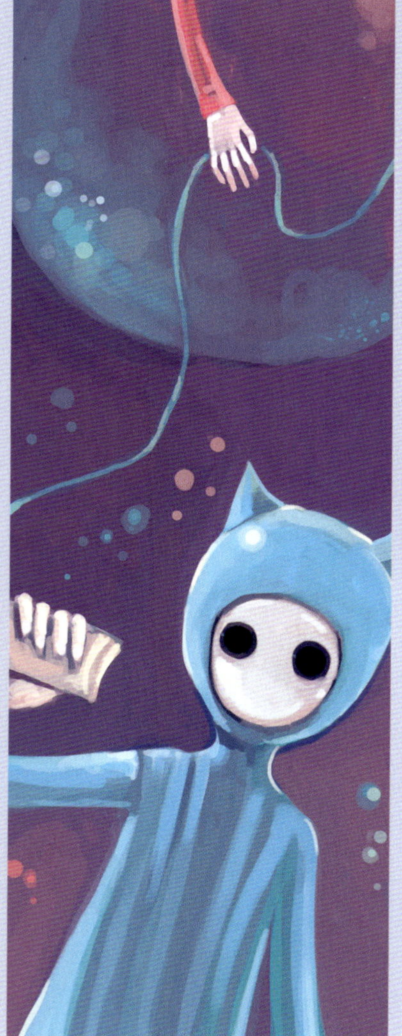

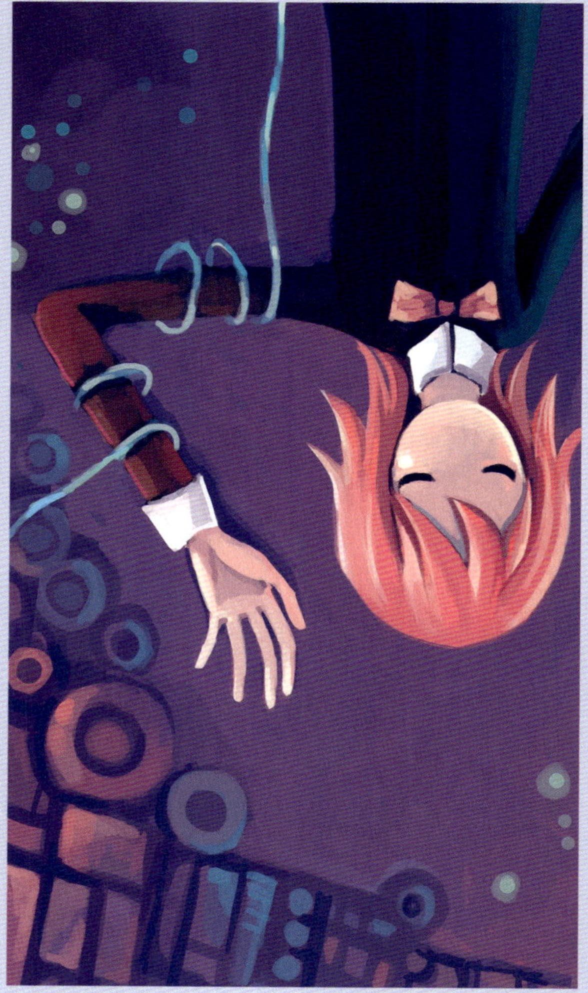

对着遥远的行星呐喊，
声音化为电波消失在宇宙间，
我们，听不懂彼此的语言。

Wir rufen einem fernen Planeten zu,
unsere Stimmen werden dabei zu elektrischen Wellen,
die sich in den Weiten des Universums verlieren.
Wir verstehen die Sprache des anderen nicht.

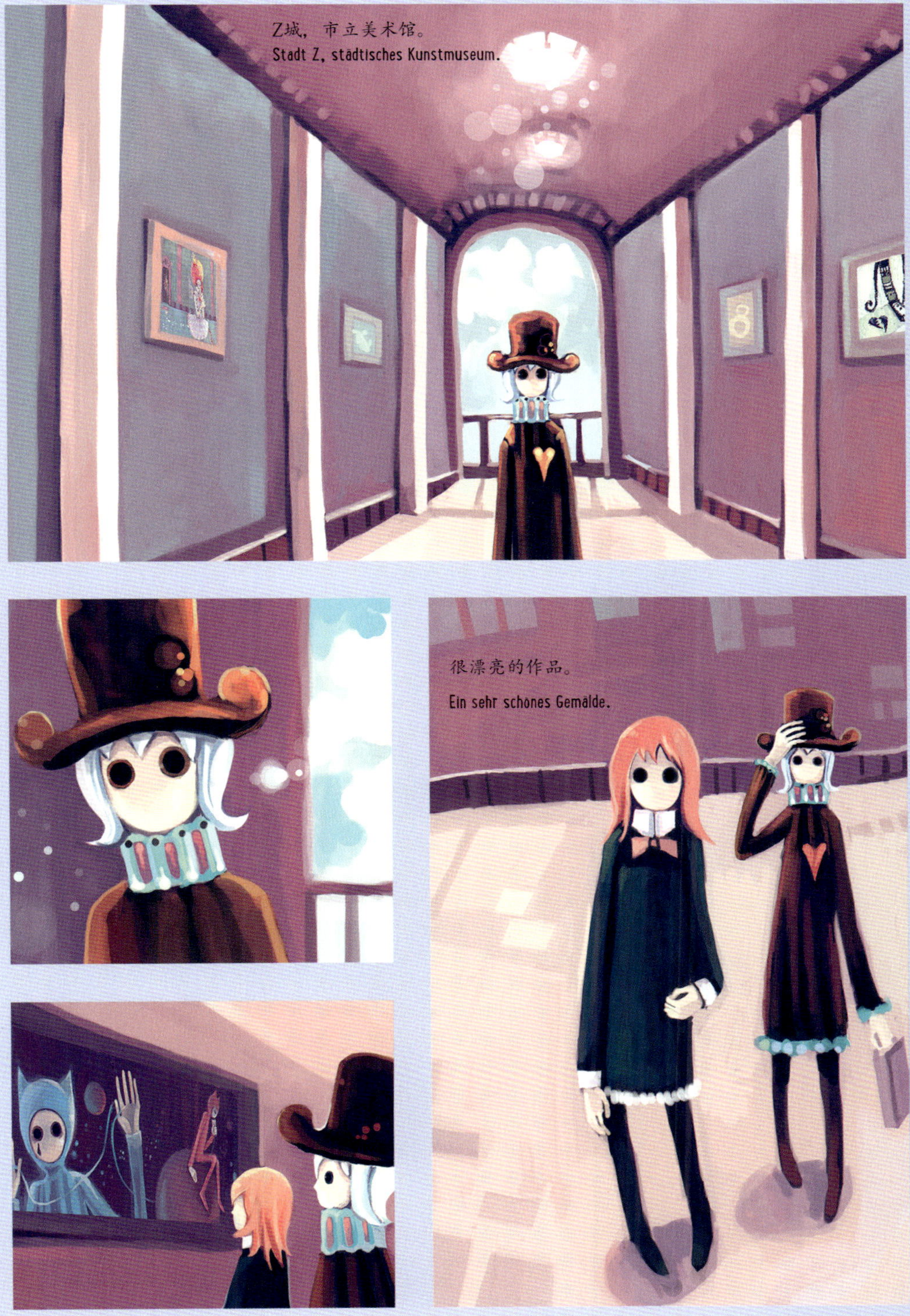

Z城，市立美术馆。
Stadt Z, städtisches Kunstmuseum.

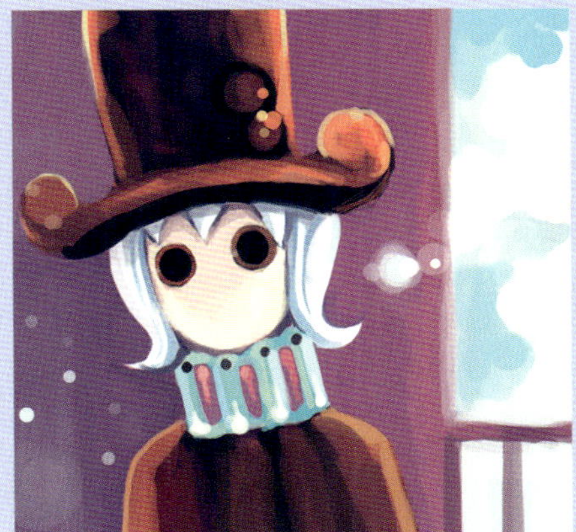

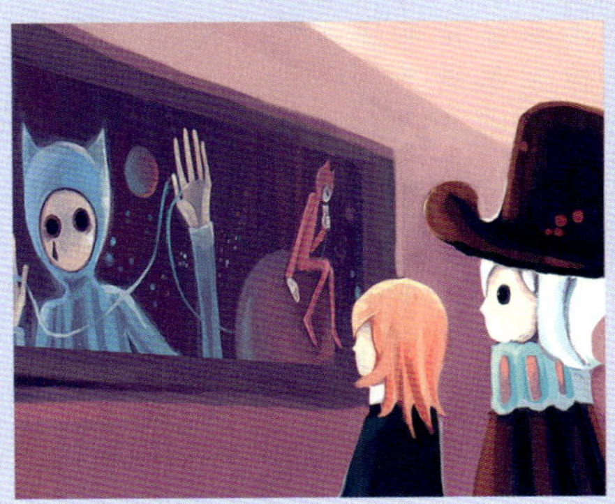

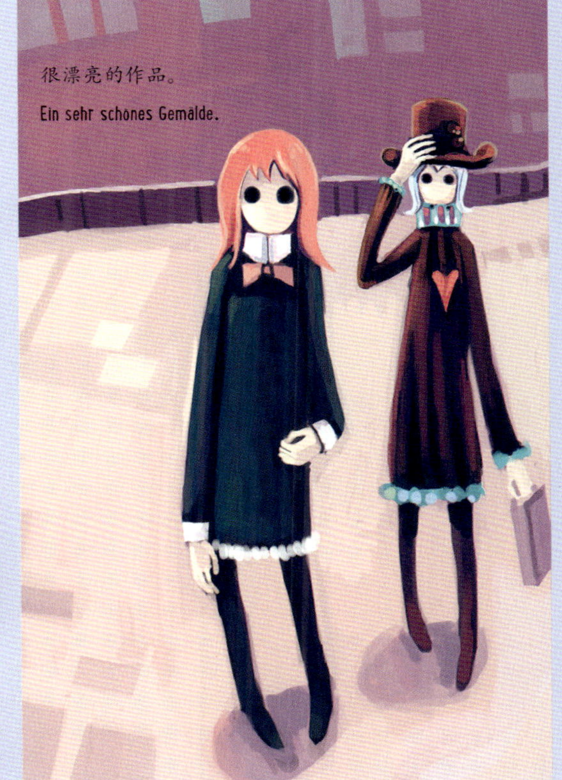

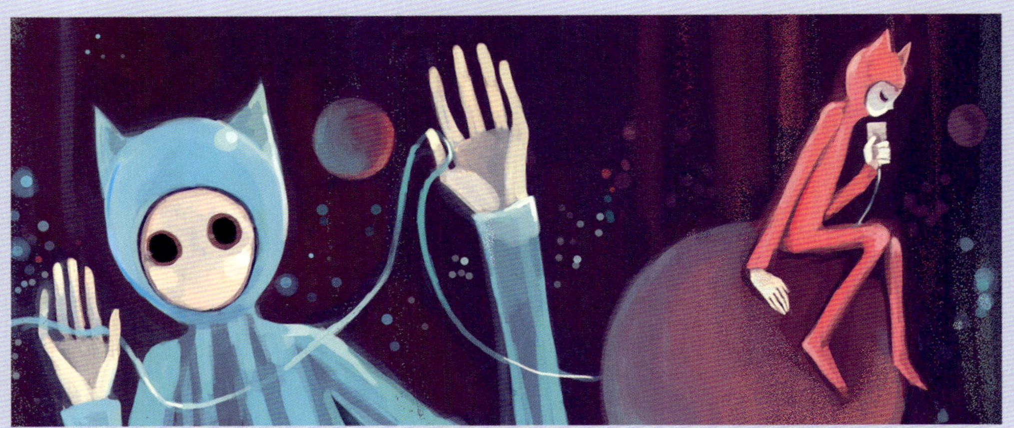

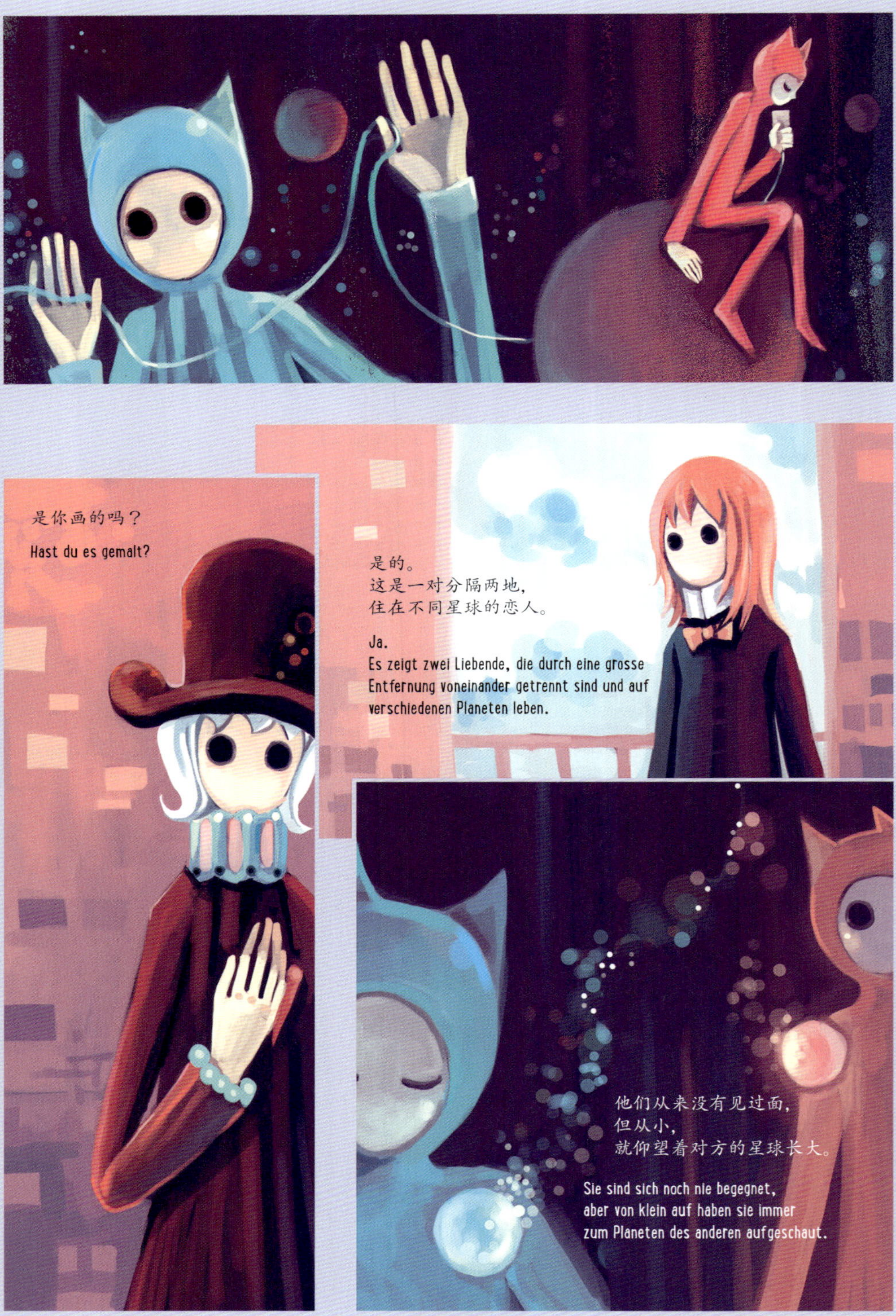

是你画的吗？

Hast du es gemalt?

是的。
这是一对分隔两地，
住在不同星球的恋人。

Ja.
Es zeigt zwei Liebende, die durch eine grosse Entfernung voneinander getrennt sind und auf verschiedenen Planeten leben.

他们从来没有见过面，
但从小，
就仰望着对方的星球长大。

Sie sind sich noch nie begegnet,
aber von klein auf haben sie immer
zum Planeten des anderen aufgeschaut.

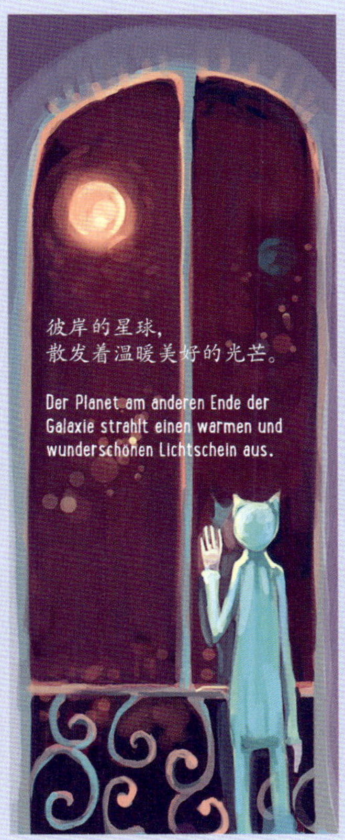

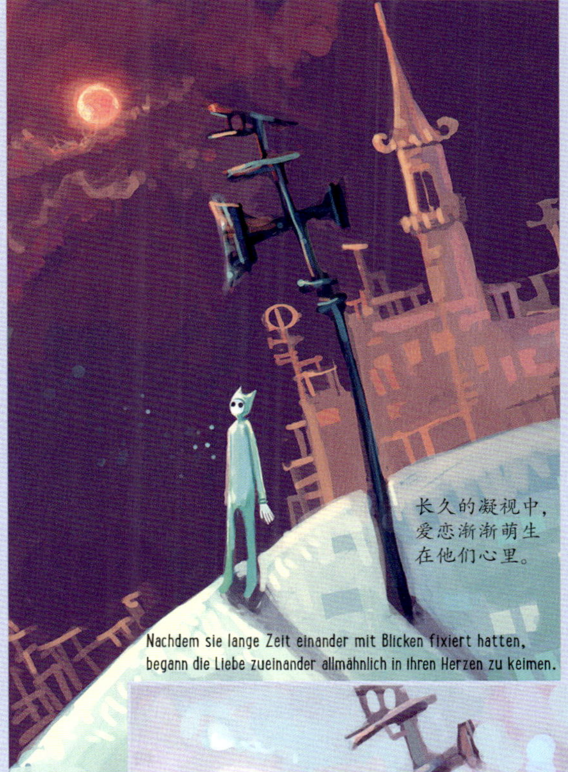

他们在虚无的宇宙波长里，
搜索着彼此的信息。

Sie suchten die elektrischen Wellen in den leeren Weiten
des Universums nach Informationen übereinander ab.

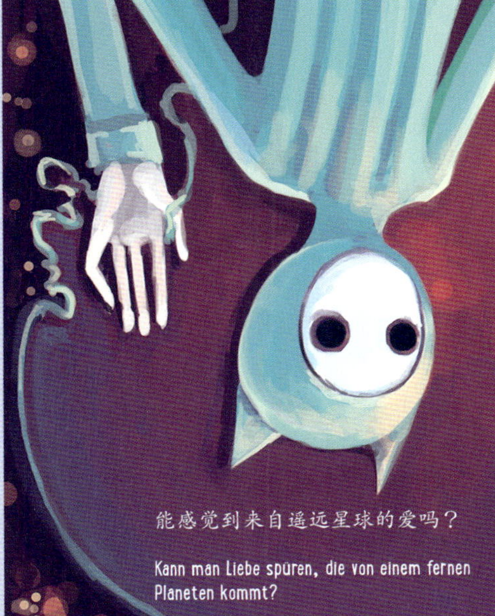

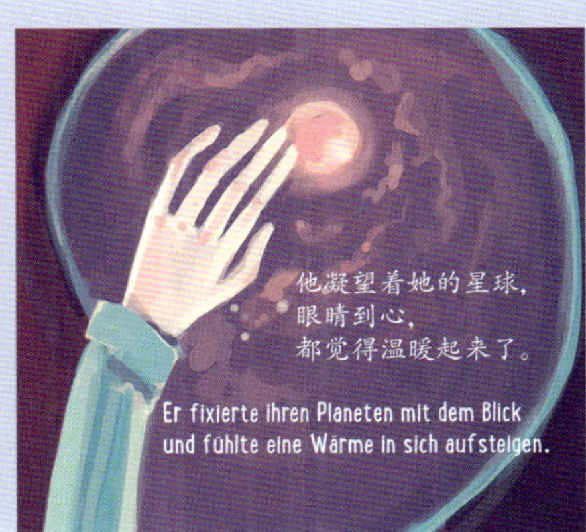

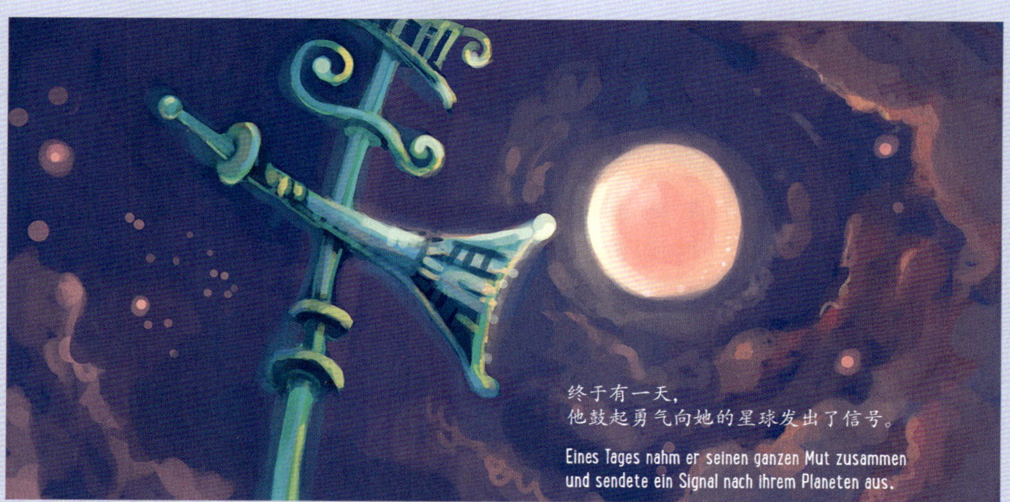
终于有一天，
他鼓起勇气向她的星球发出了信号。
Eines Tages nahm er seinen ganzen Mut zusammen
und sendete ein Signal nach ihrem Planeten aus.

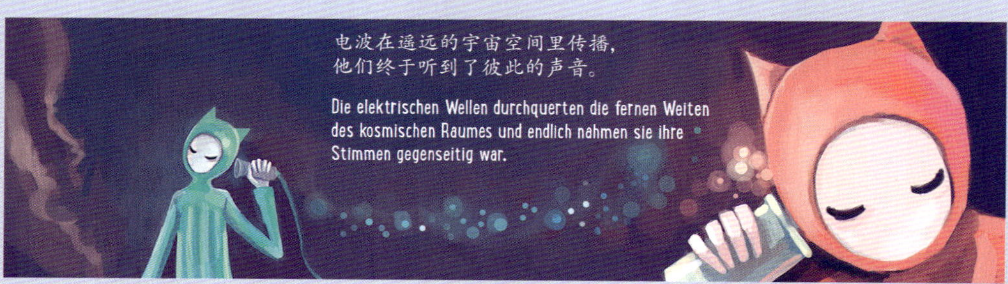
电波在遥远的宇宙空间里传播，
他们终于听到了彼此的声音。
Die elektrischen Wellen durchquerten die fernen Weiten
des kosmischen Raumes und endlich nahmen sie ihre
Stimmen gegenseitig war.

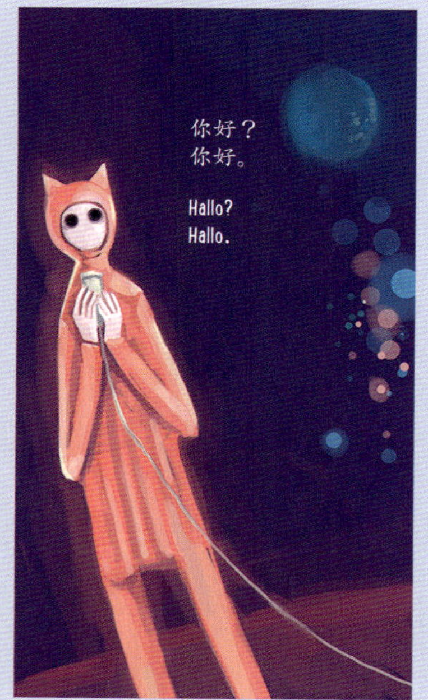
你好？
你好。
Hallo?
Hallo.

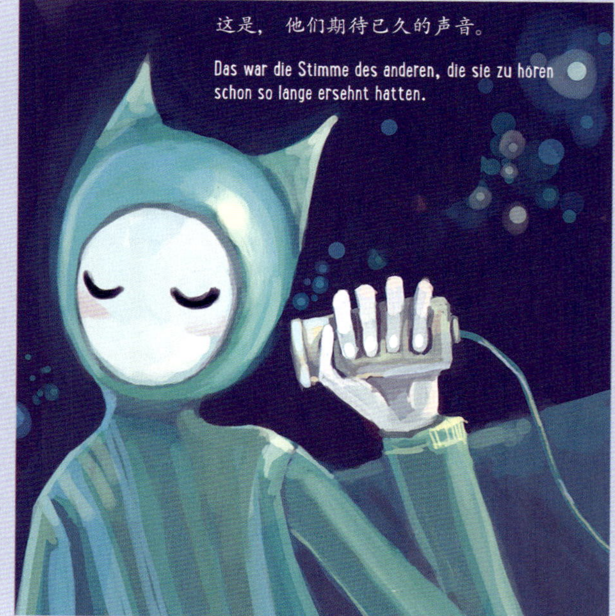
这是，他们期待已久的声音。
Das war die Stimme des anderen, die sie zu horen
schon so lange ersehnt hatten.

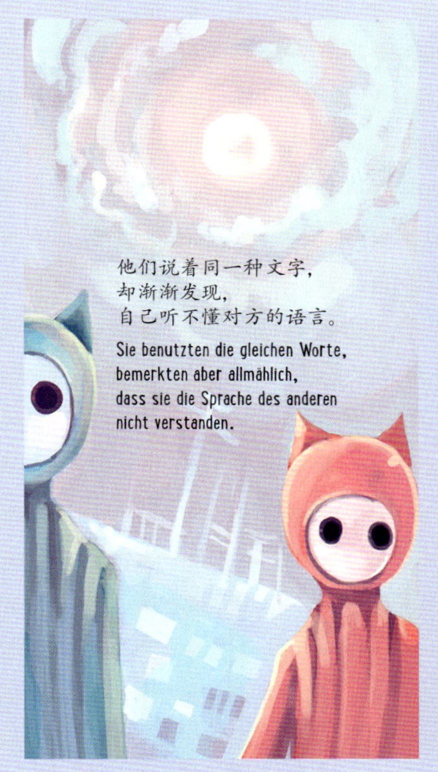

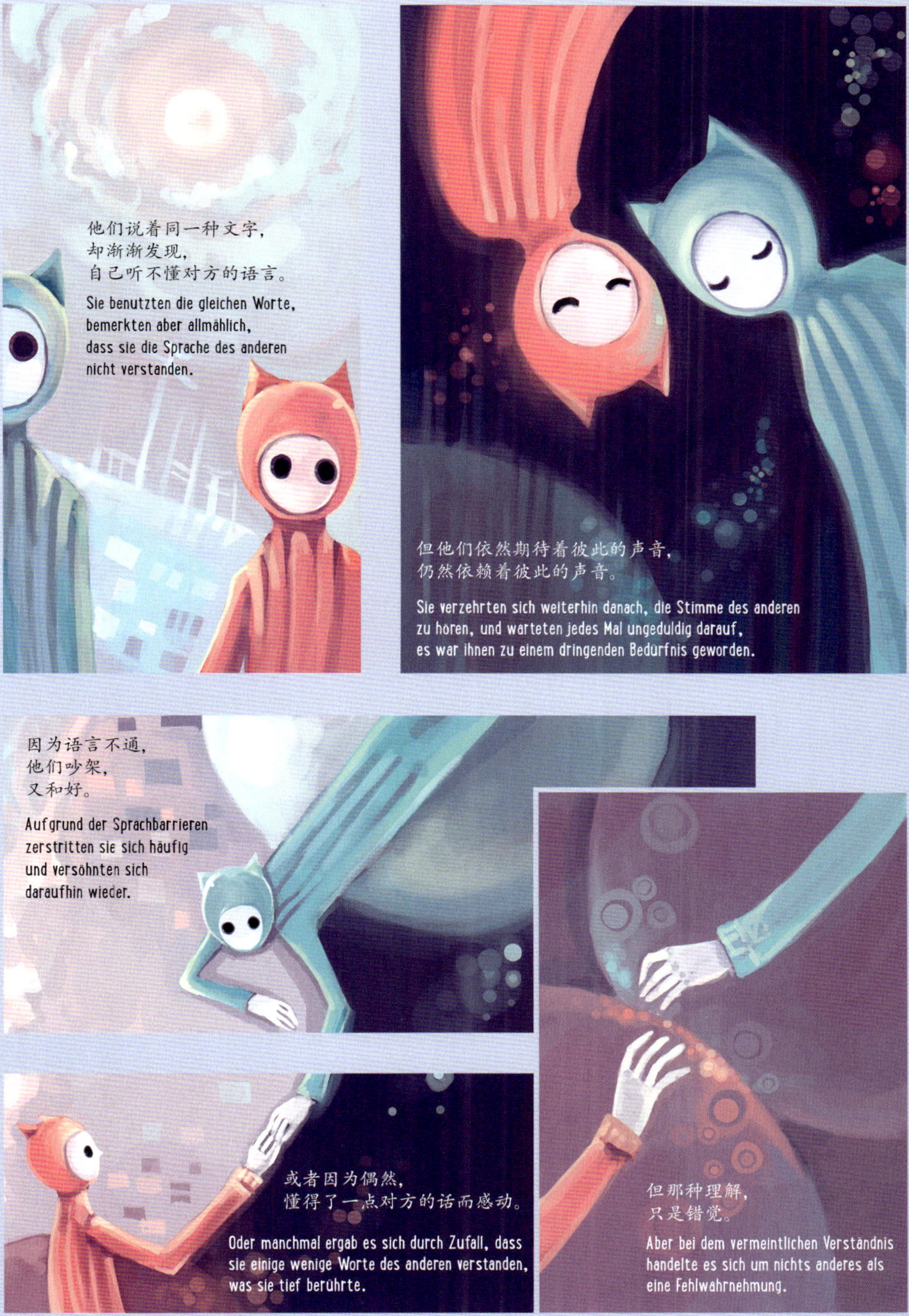

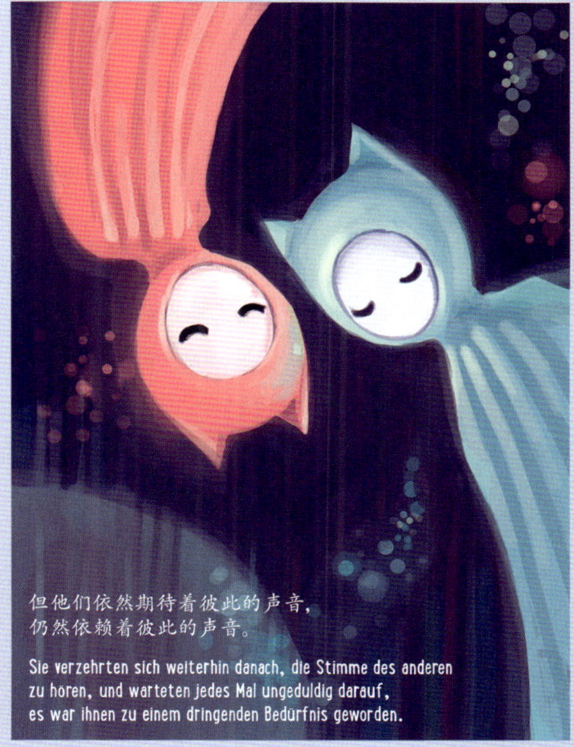

因为语言不通，
他们吵架，
又和好。

Aufgrund der Sprachbarrieren
zerstritten sie sich häufig
und versöhnten sich
daraufhin wieder.

或者因为偶然，
懂得了一点对方的话而感动。

Oder manchmal ergab es sich durch Zufall, dass
sie einige wenige Worte des anderen verstanden,
was sie tief berührte.

但那种理解，
只是错觉。

Aber bei dem vermeintlichen Verständnis
handelte es sich um nichts anderes als
eine Fehlwahrnehmung.

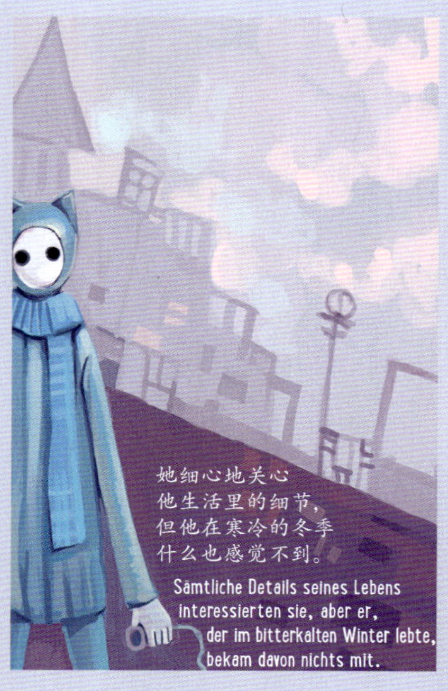
她细心地关心
他生活里的细节，
但他在寒冷的冬季
什么也感觉不到。
Sämtliche Details seines Lebens
interessierten sie, aber er,
der im bitterkalten Winter lebte,
bekam davon nichts mit.

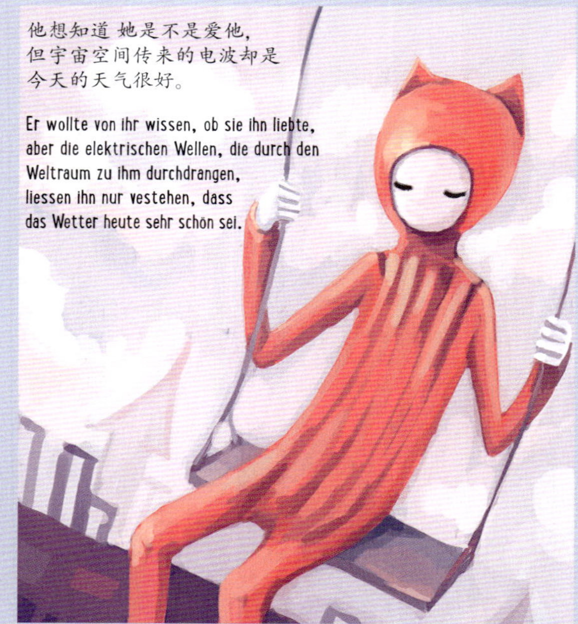
他想知道 她是不是爱他，
但宇宙空间传来的电波却是
今天的天气很好。
Er wollte von ihr wissen, ob sie ihn liebte,
aber die elektrischen Wellen, die durch den
Weltraum zu ihm durchdrangen,
liessen ihn nur vestehen, dass
das Wetter heute sehr schön sei.

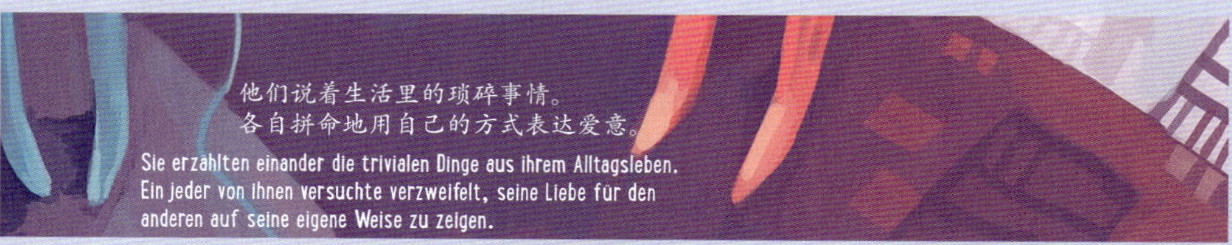
他们说着生活里的琐碎事情。
各自拼命地用自己的方式表达爱意。
Sie erzählten einander die trivialen Dinge aus ihrem Alltagsleben.
Ein jeder von ihnen versuchte verzweifelt, seine Liebe für den
anderen auf seine eigene Weise zu zeigen.

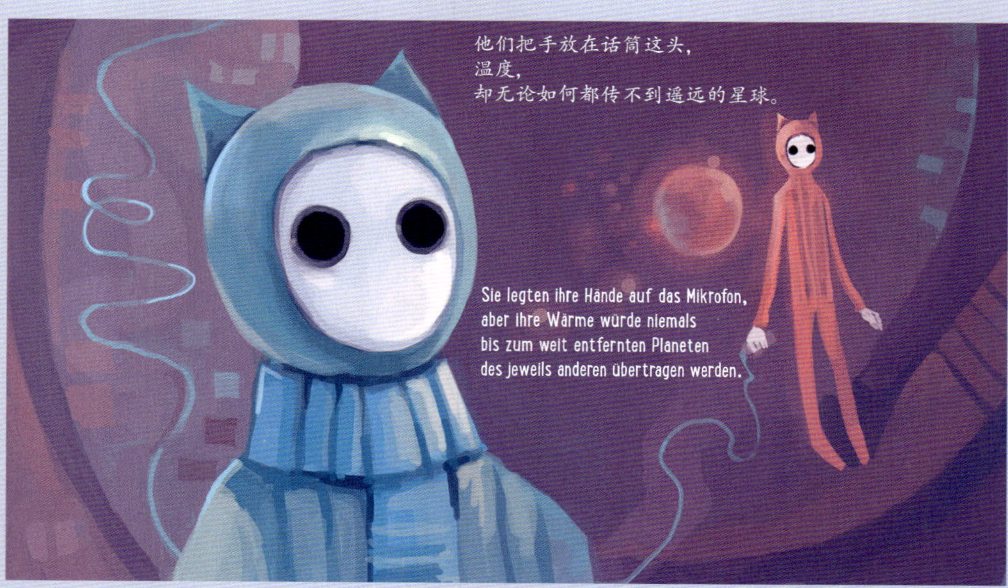
他们把手放在话筒这头，
温度，
却无论如何都传不到遥远的星球。
Sie legten ihre Hände auf das Mikrofon,
aber ihre Wärme würde niemals
bis zum weit entfernten Planeten
des jeweils anderen übertragen werden.

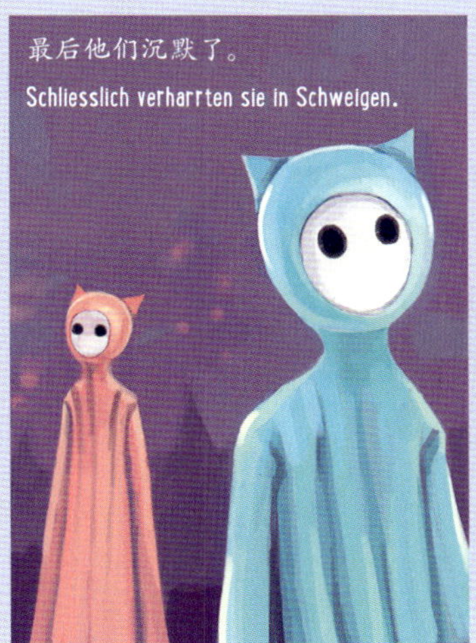
最后他们沉默了。
Schliesslich verharrten sie in Schweigen.

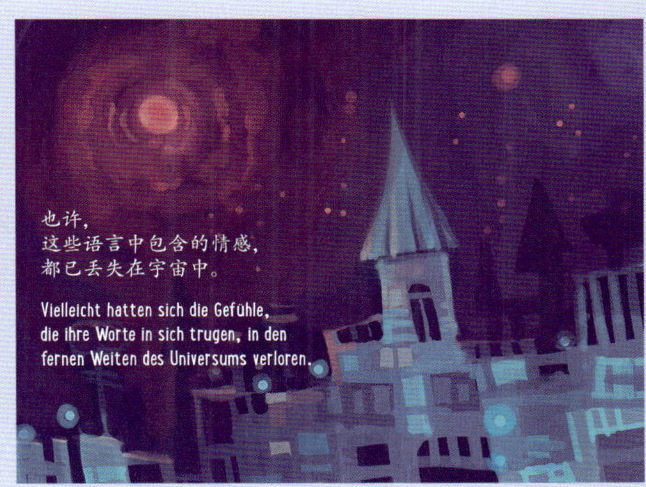
也许，
这些语言中包含的情感，
都已丢失在宇宙中。
Vielleicht hatten sich die Gefühle,
die ihre Worte in sich trugen, in den
fernen Weiten des Universums verloren.

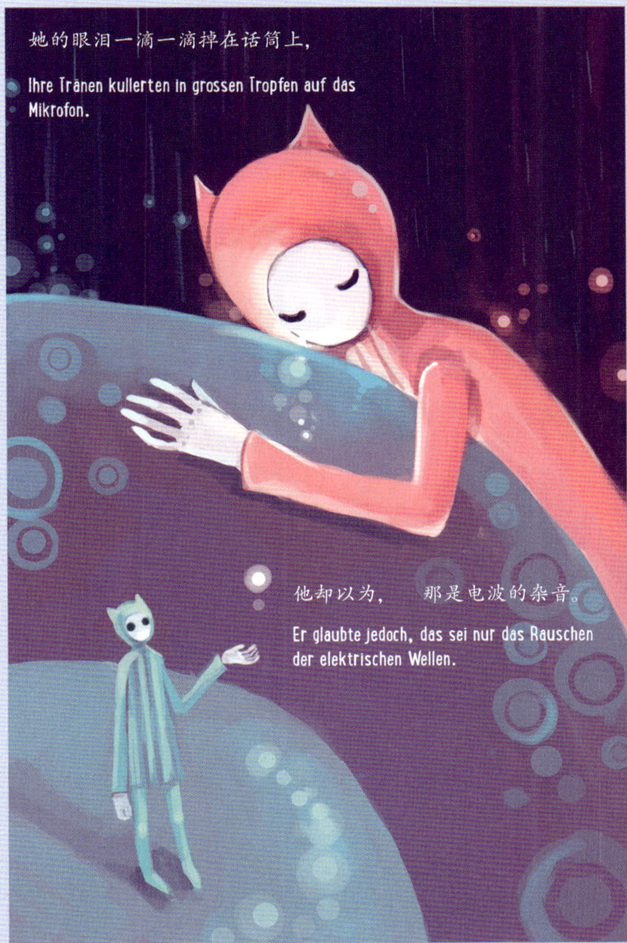
她的眼泪一滴一滴掉在话筒上，
Ihre Tränen kullerten in grossen Tropfen auf das
Mikrofon.
他却以为，　那是电波的杂音。
Er glaubte jedoch, das sei nur das Rauschen
der elektrischen Wellen.

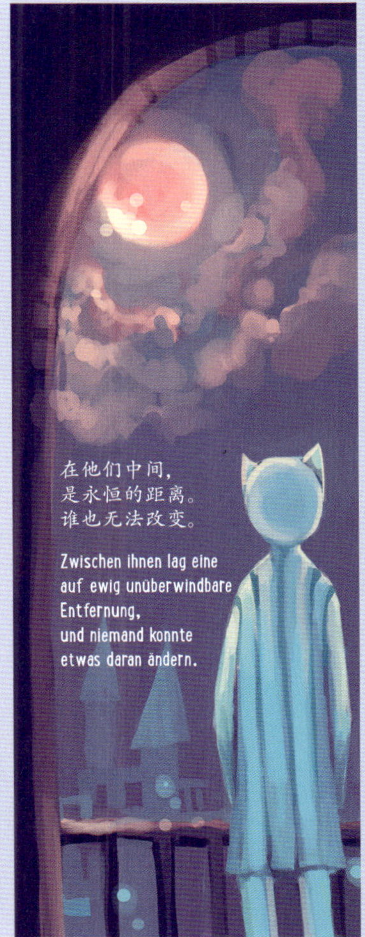
在他们中间，
是永恒的距离。
谁也无法改变。
Zwischen ihnen lag eine
auf ewig unüberwindbare
Entfernung,
und niemand konnte
etwas daran ändern.

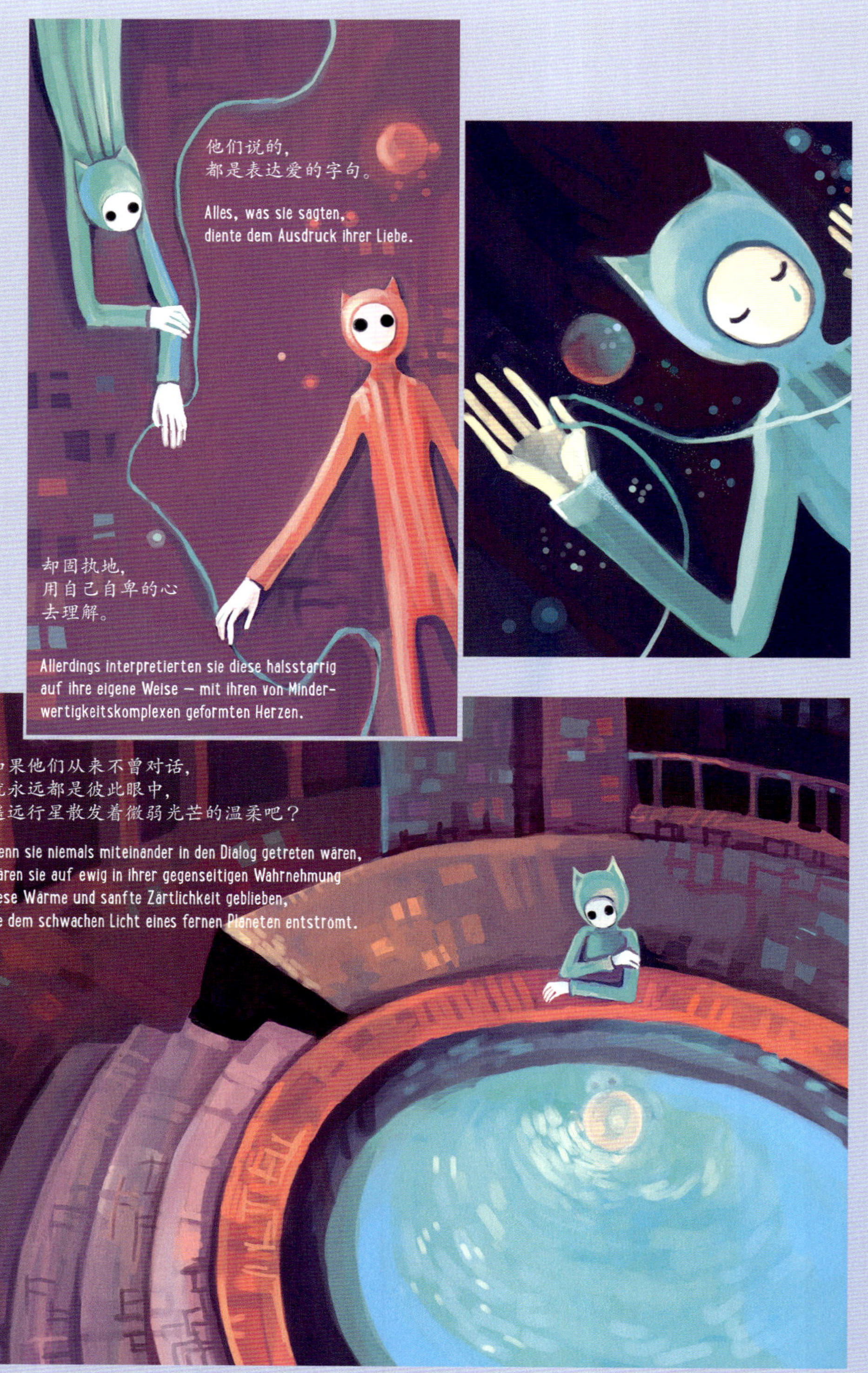
他们说的，
都是表达爱的字句。
Alles, was sie sagten,
diente dem Ausdruck ihrer Liebe.
却固执地，
用自己自卑的心
去理解。
Allerdings interpretierten sie diese halsstarrig
auf ihre eigene Weise – mit ihren von Minder-
wertigkeitskomplexen geformten Herzen.
如果他们从来不曾对话，
就永远都是彼此眼中，
遥远行星散发着微弱光芒的温柔吧？
Wenn sie niemals miteinander in den Dialog getreten wären,
wären sie auf ewig in ihrer gegenseitigen Wahrnehmung
diese Wärme und sanfte Zärtlichkeit geblieben,
die dem schwachen Licht eines fernen Planeten entströmt.

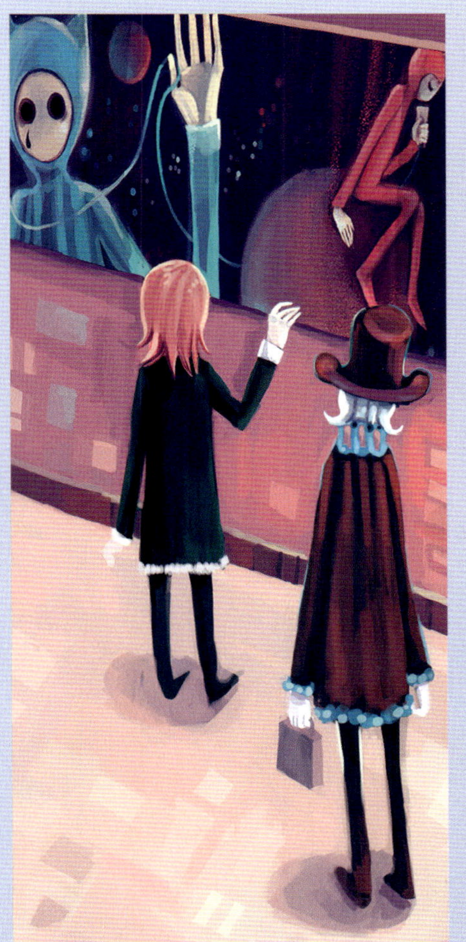

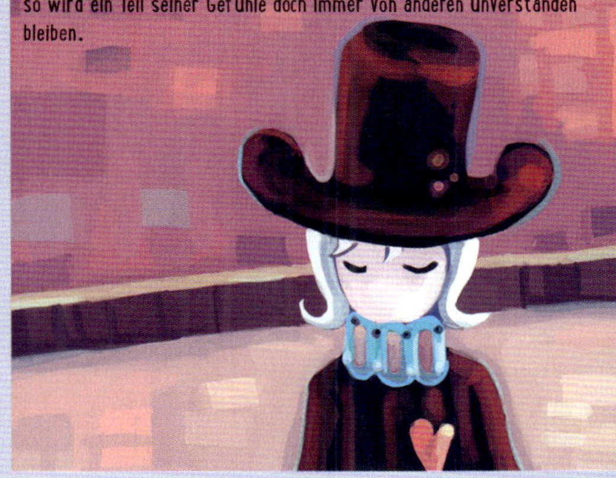
人是寂寞而自我的生物，
无论多么真诚地说出自己的爱，
也总会有无法被了解的心情。
Der Mensch ist eine einsame und selbstbezogene Kreatur,
und egal wie aufrichtig er seine Liebe bekundet,
so wird ein Teil seiner Gefühle doch immer von anderen unverstanden
bleiben.

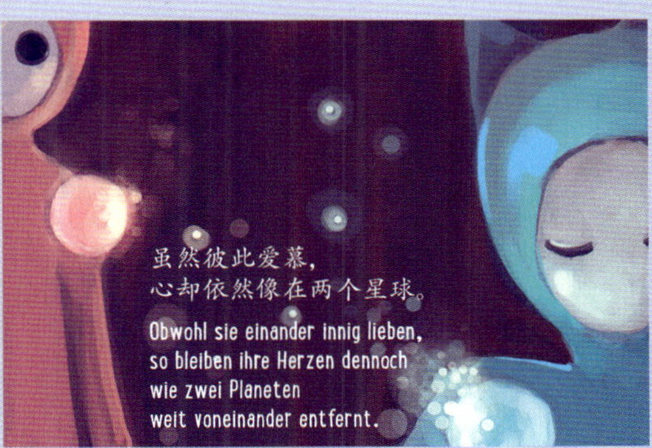
虽然彼此爱慕，
心却依然像在两个星球。
Obwohl sie einander innig lieben,
so bleiben ihre Herzen dennoch
wie zwei Planeten
weit voneinander entfernt.

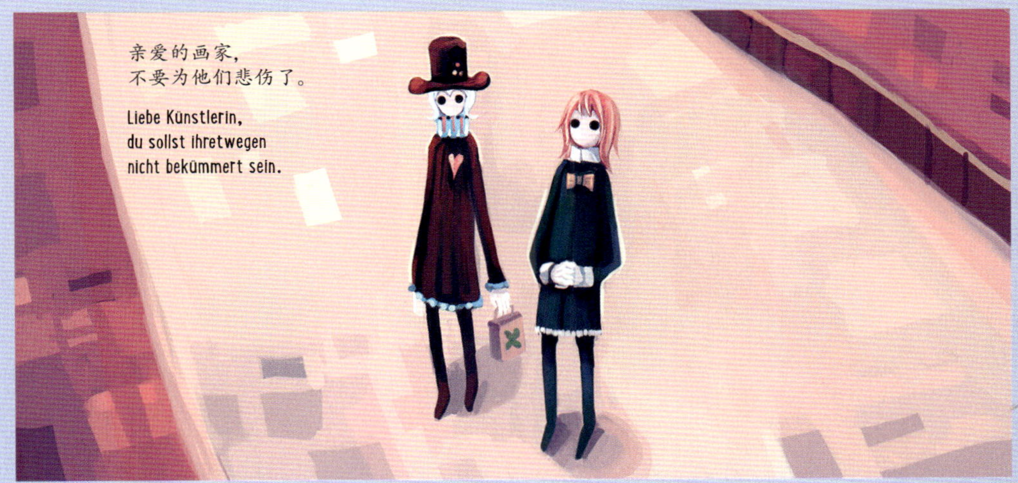
亲爱的画家，
不要为他们悲伤了。
Liebe Künstlerin,
du sollst ihretwegen
nicht bekümmert sein.

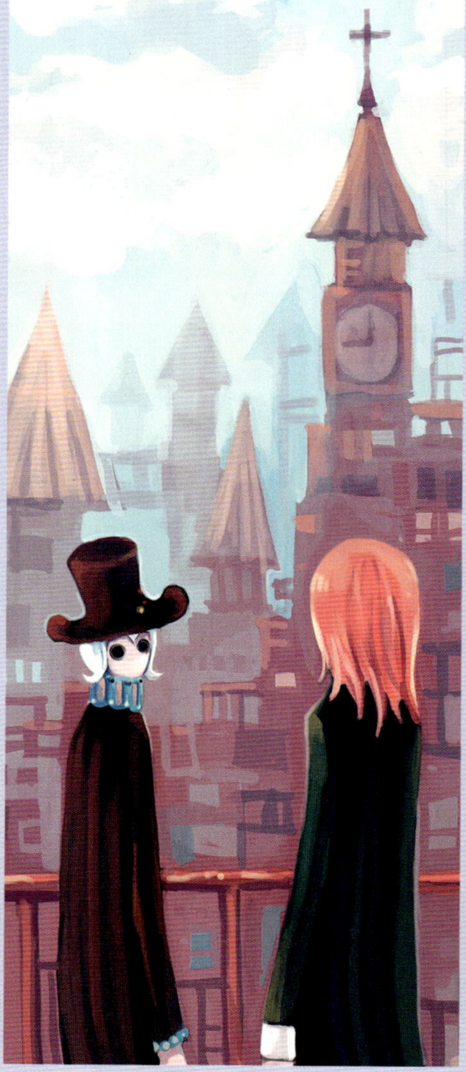
有些人或许冥冥中注定，
无法了解彼此。
Manche Menschen sind vielleicht vom unergründlichen Schicksal
dazu bestimmt, einander niemals verstehen zu können.

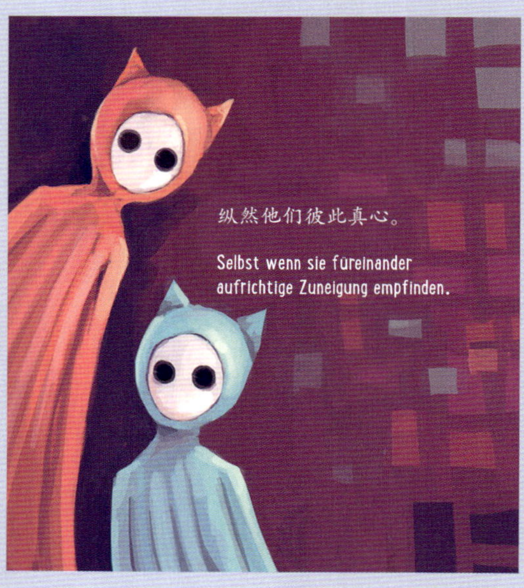
纵然他们彼此真心。
Selbst wenn sie füreinander
aufrichtige Zuneigung empfinden.

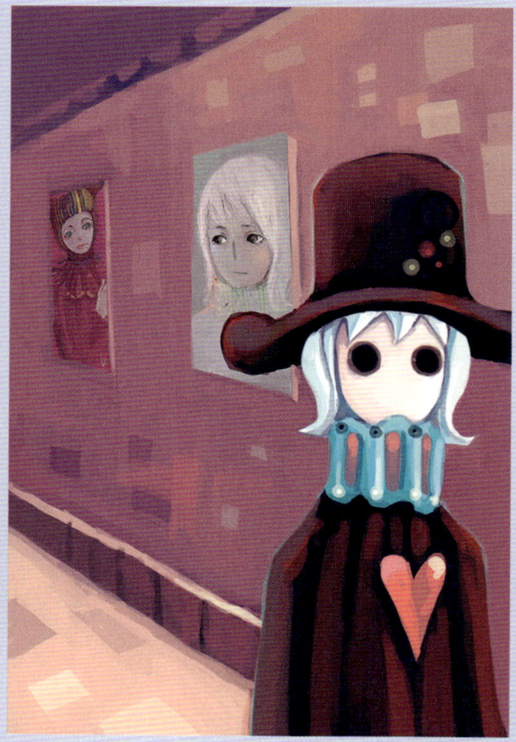

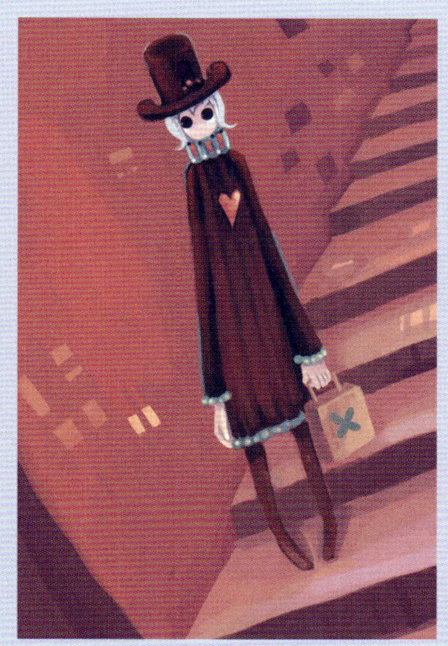

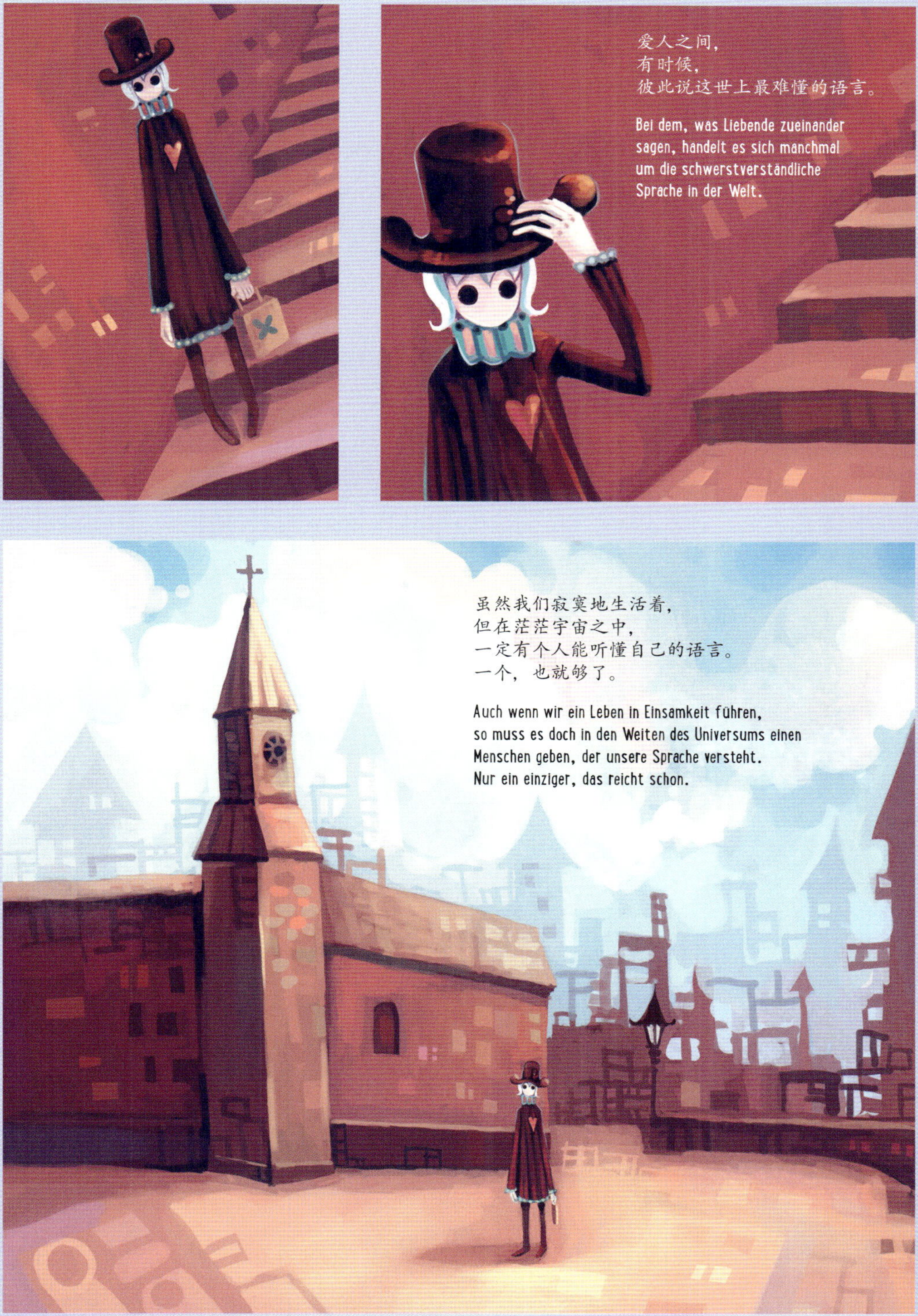

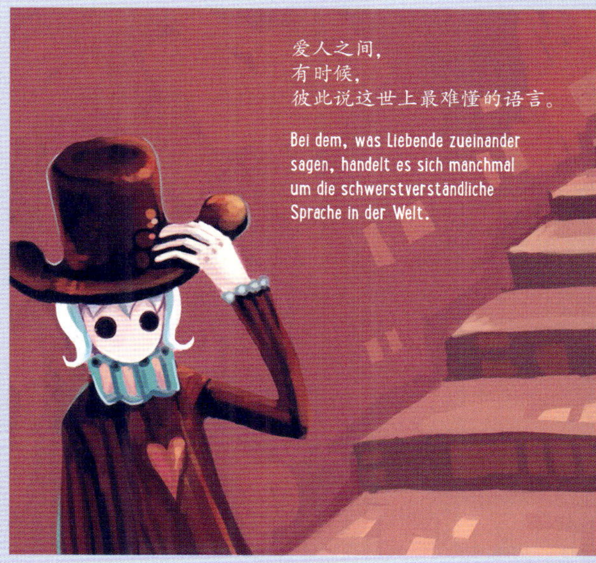

虽然我们寂寞地生活着，
但在茫茫宇宙之中，
一定有个人能听懂自己的语言。
一个，也就够了。

Auch wenn wir ein Leben in Einsamkeit führen,
so muss es doch in den Weiten des Universums einen
Menschen geben, der unsere Sprache versteht.
Nur ein einziger, das reicht schon.

彼岸的星球，散发着温暖美好的光芒。

Der Planet am anderen Ende der Galaxie verströmt ein warmes und wunderschönes Licht.

Something about…

FAR PLANET

我非常喜欢的一个长篇漫画是《银河铁道999》，孤独的列车载着忧伤的孩子去找寻关于生命的意义。列车飞过一个又一个的星球，在银河里前行。它路过了很多的星球，每个星球都有自己的故事。可当列车远离它们的时候，它们又只是银河中的一粒尘埃。

乘坐晚班的飞机，飞过城市的时候，城市里灯火通明，从飞机上看下去，好像星星的海洋。然后就开始幻想着，自己乘坐着银河铁道999，飞过浩瀚寂静的银河。人类用橘黄色的、微弱的灯光，给了背对太阳时漆黑的地球这样一个星星的海洋。飞机将要降落地面的时候，心里总有难以言喻的感动。我们从漆黑的夜空降落，渐渐地，灯光开始包围了视线。那些在天空中看起来微弱的灯光，在地面竟然如此明亮。

那时候会觉得，人类是很了不起的生物——寂寞地来到这黑暗里，却固执地打败了它，点燃了人工的星星的海洋，喧嚣，明亮。

Ich mag die Manga-Reihe „Galaxy Express 999“ wahnsinnig gerne. In dieser Reihe reist ein schwermütiger Junge, der nach dem Sinn des Lebens sucht, in einem Zug einsam durch die Galaxie. Der Zug fliegt an einem Planeten nach dem anderen vorbei und bewegt sich innerhalb der Milchstrasse vorwärts. Er kommt dabei an sehr vielen Planeten vorbei, und ein jeder Planet wartet mit eigenen Geschichten auf. Aber nachdem der Zug die Planeten hinter sich gelassen hat, werden sie wieder zu Staubkörnern in der Milchstrasse.

Ich habe einmal einen Flug am späten Abend genommen. Als das Flugzeug die Stadt überflog, leuchteten die Lichter der Stadt hell auf. Wie ich so von oben auf sie herabblickte, wirkten sie wie ein Meer aus Sternen. Dann begann ich mir in meiner Fantasie auszumalen, ich würde selbst im „Galaxy Express 999“ sitzen und die unermesslich weite und stille Milchstrasse überfliegen. Die Menschheit verwendet schwache, orange Lichter, um der stockdunklen Erde, wenn sie der Sonne abgewandt ist, ein solches Meer aus Sternen zu schenken.

In dem Moment, wenn das Flugzeug kurz vor der Landung steht, verspüre ich in meinem Herzen immer ein schwer zu beschreibendes Gefühl der Rührung. Wir steigen vom pechschwarzen Himmel herab und allmählich wird unser Blickfeld von Lichtern umgeben. Jene Lichter, die vom Himmel aus so schwach erscheinen, verfügen an der Erdoberfläche über so viel Leuchtkraft.

In jenen Momenten finde ich, dass es sich bei der Menschheit um eine ganz unglaubliche Spezies handelt. Einsam kommen wir in dieser Dunkelheit an, aber mit unserer Hartnäckigkeit überwinden wir sie und entfachen ein künstliches Sternenmeer, das voll lärmendem Stimmengewirr hell erstrahlt.

彼岸的星球，
离我一千万公里，
它的光芒依然可以温暖我的心。
因为，你住在那里。

Ein Planet am anderen Ende der Galaxie,
zehn Millionen Kilometer von mir entfernt.
Und doch ist sein Licht imstande, mein Herz zu erwärmen.
Denn du lebst dort.

Mein Weg

Stille Jahre

年华无声

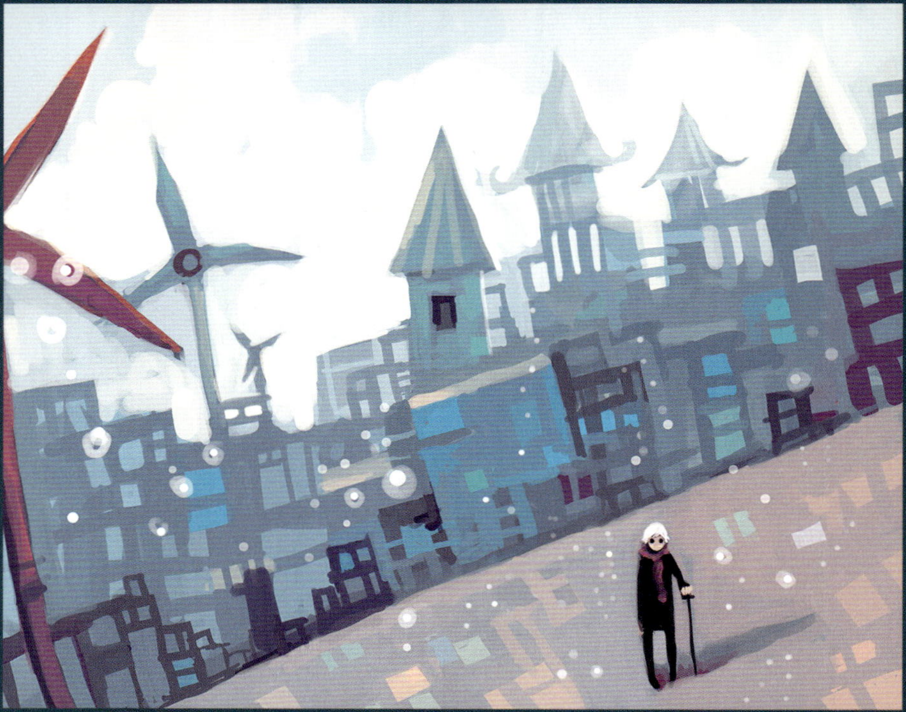

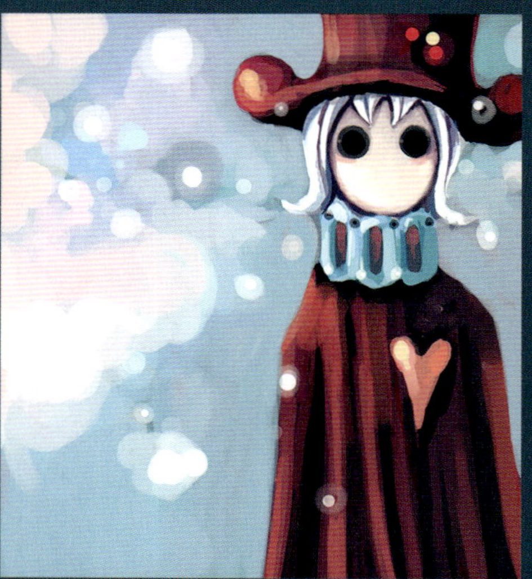

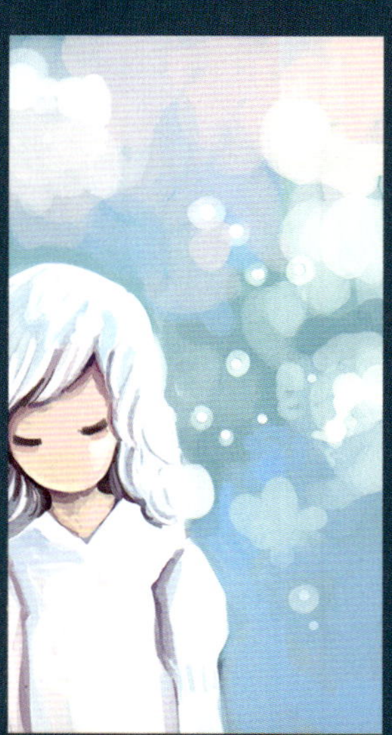

时间让我们苍老，
岁月悄无声息地流走，
目光看尽漫漫人生路，
却是，澄净后的温柔。

Die Zeit lässt uns altern, die Jahre fliessen lautlos dahin.
Endlich blicken wir auf unseren sich langsam entfaltenden
Lebensweg in seiner Gänze zurück.
Aber die Sanftheit und Wärme in unserem Blick
ist erst im Laufe der Jahre gekommen,
nachdem wir zu Klarheit gelangt sind.

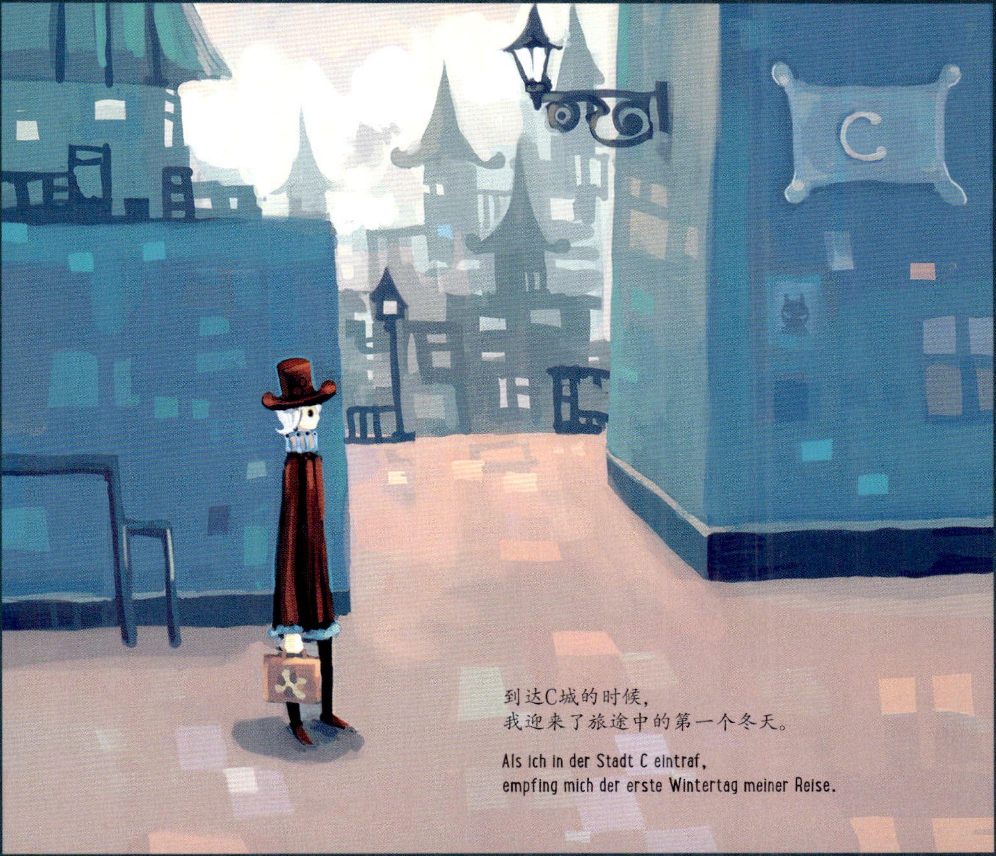

到达C城的时候，
我迎来了旅途中的第一个冬天。

Als ich in der Stadt C eintraf,
empfing mich der erste Wintertag meiner Reise.

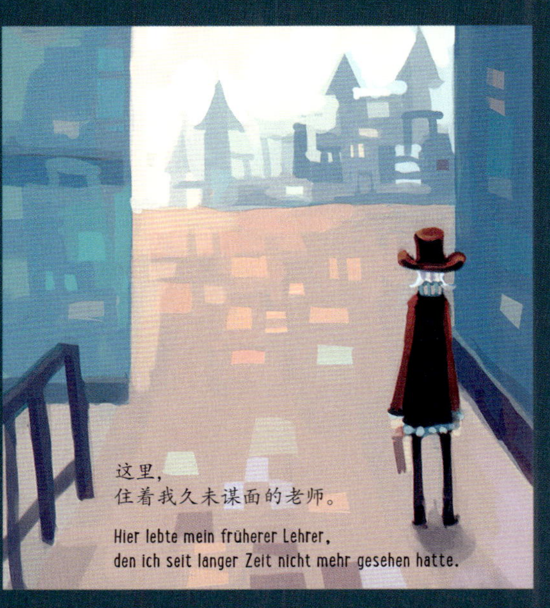

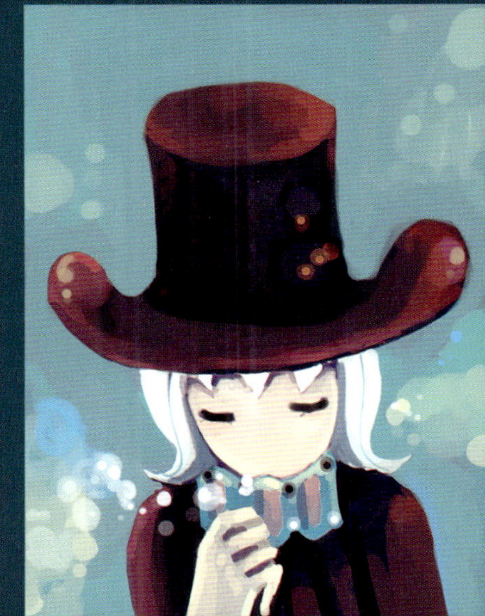

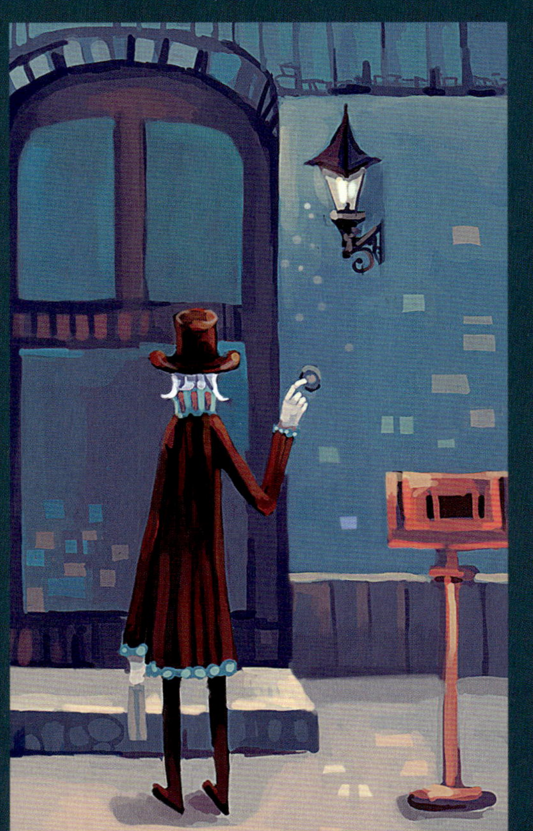

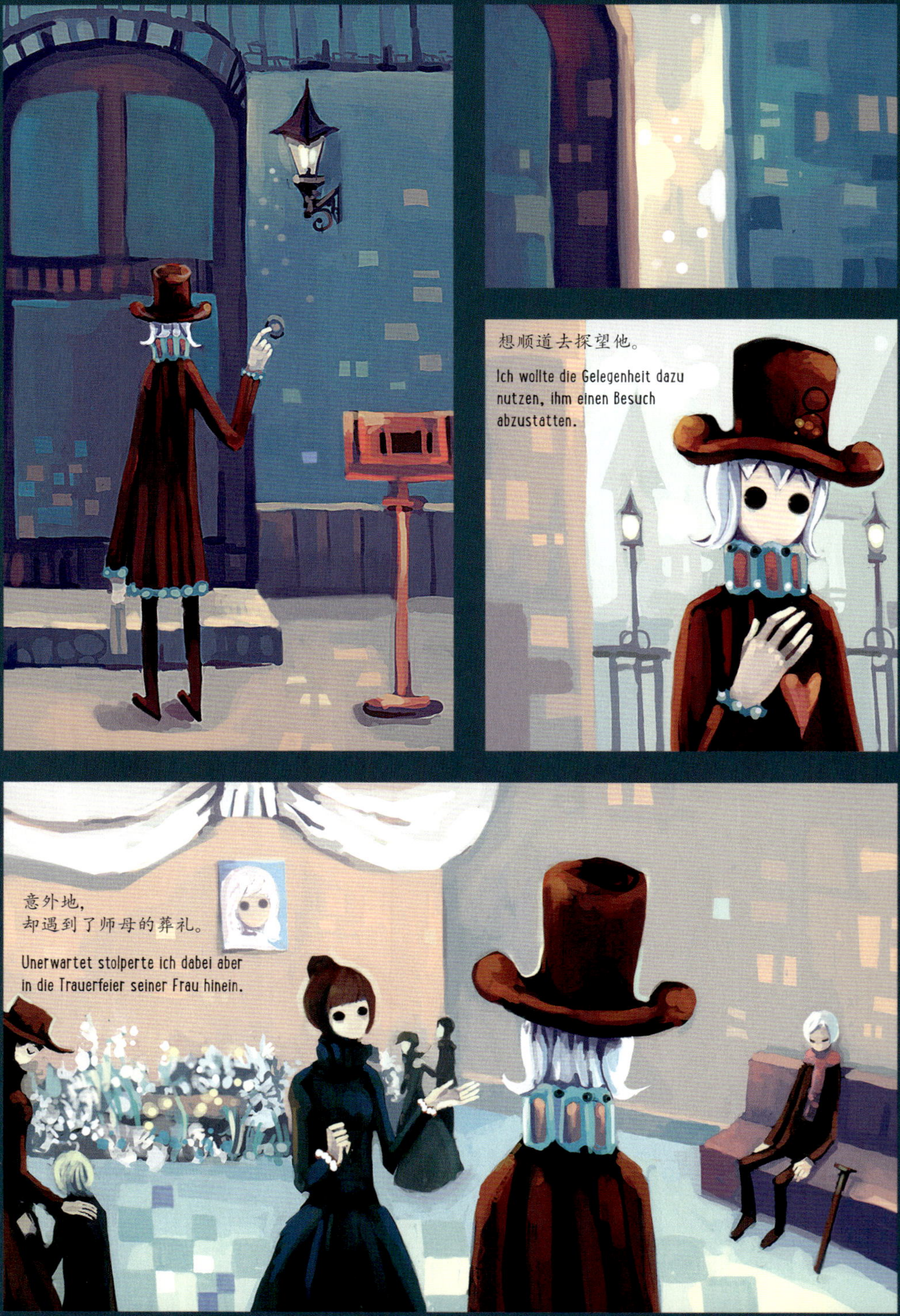

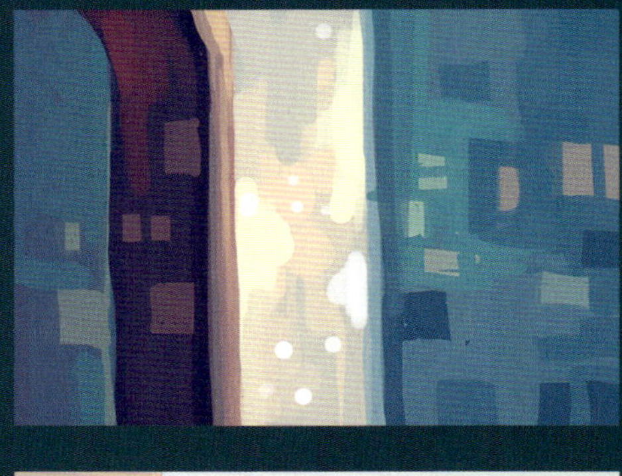

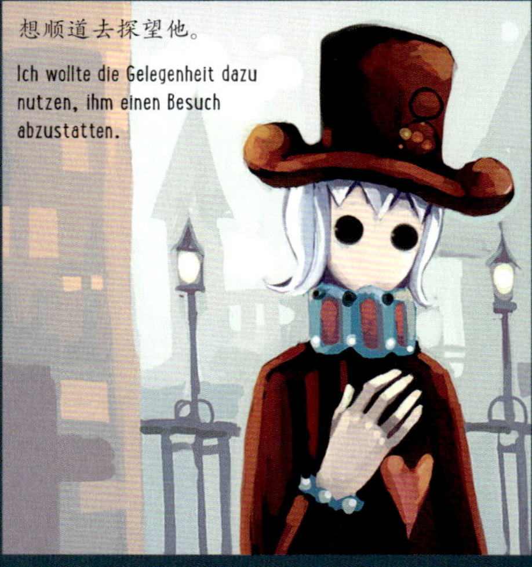

意外地，
却遇到了师母的葬礼。

Unerwartet stolperte ich dabei aber in die Trauerfeier seiner Frau hinein.

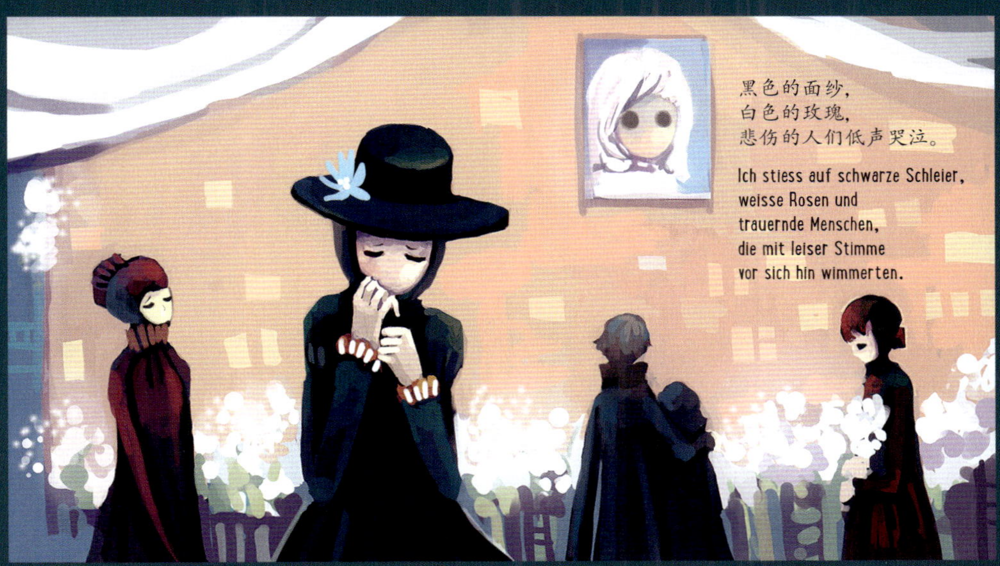
黑色的面纱，
白色的玫瑰，
悲伤的人们低声哭泣。
Ich stiess auf schwarze Schleier,
weisse Rosen und
trauernde Menschen,
die mit leiser Stimme
vor sich hin wimmerten.

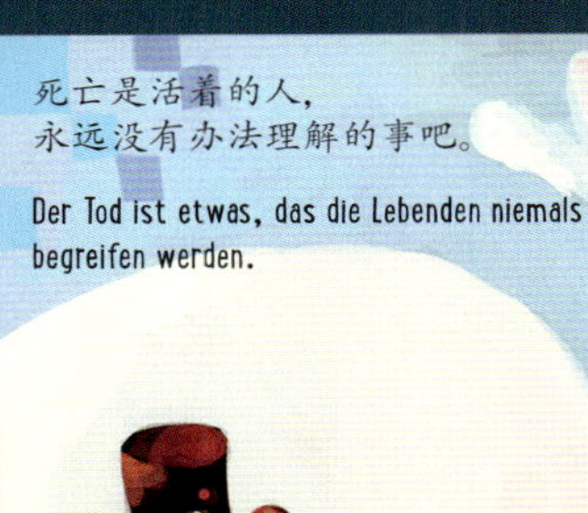
死亡是活着的人，
永远没有办法理解的事吧。
Der Tod ist etwas, das die Lebenden niemals
begreifen werden.

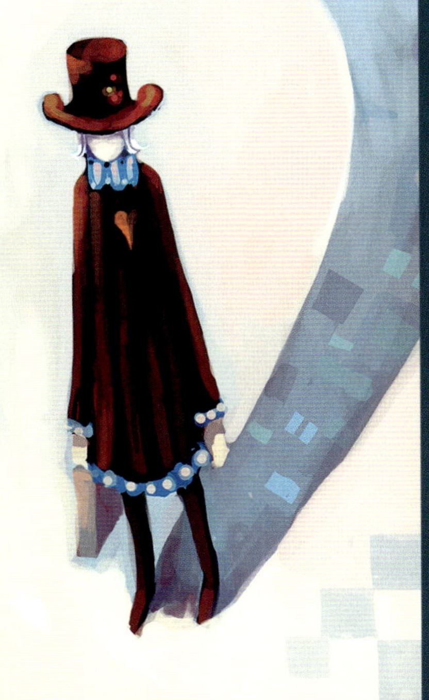

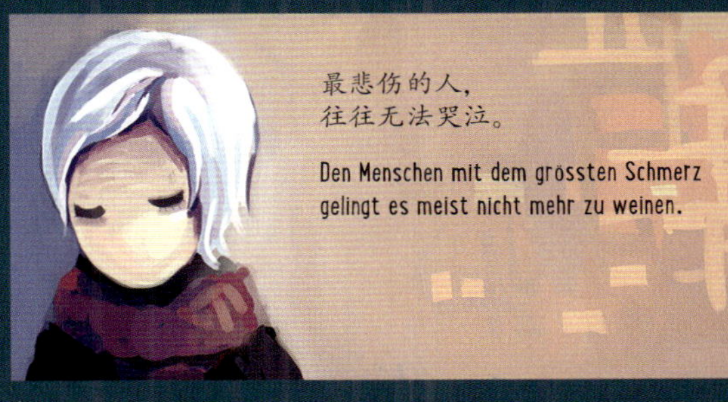
最悲伤的人，
往往无法哭泣。
Den Menschen mit dem grössten Schmerz
gelingt es meist nicht mehr zu weinen.

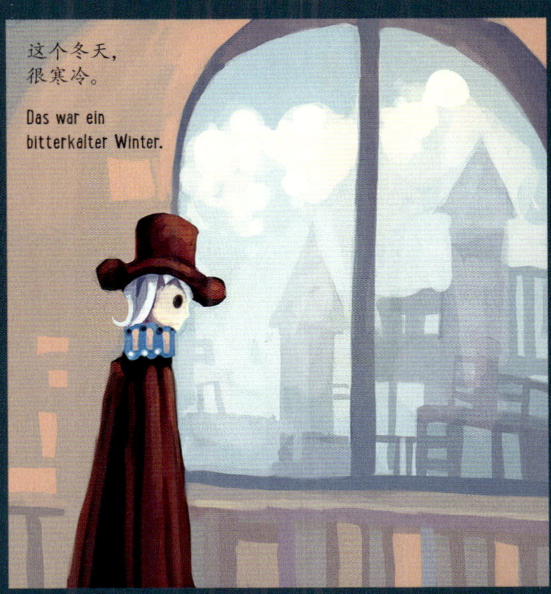
这个冬天，
很寒冷。
Das war ein
bitterkalter Winter.

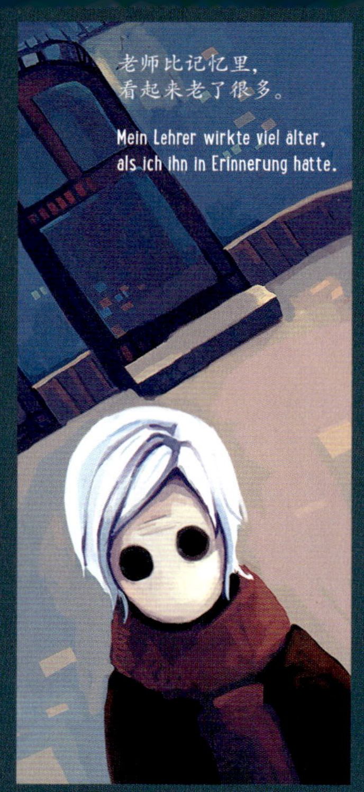
老师比记忆里，
看起来老了很多。
Mein Lehrer wirkte viel älter,
als ich ihn in Erinnerung hatte.

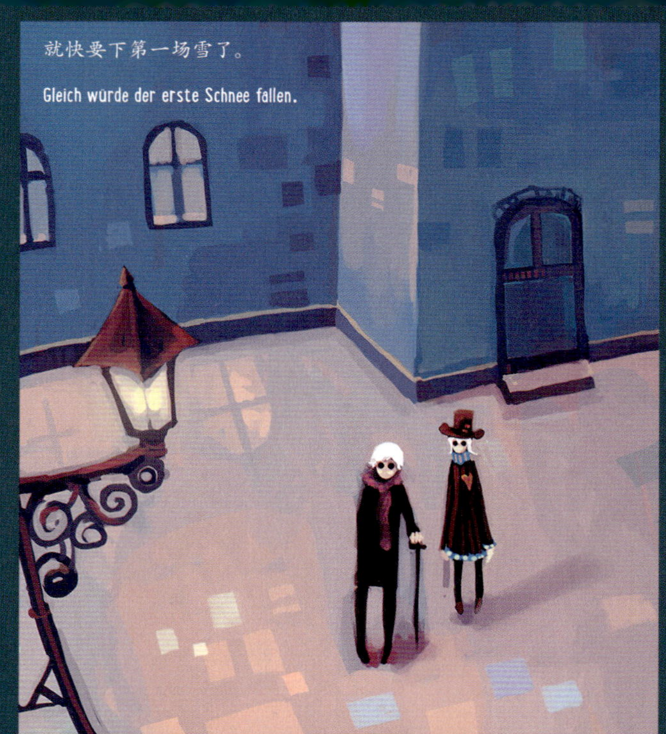
就快要下第一场雪了。
Gleich würde der erste Schnee fallen.

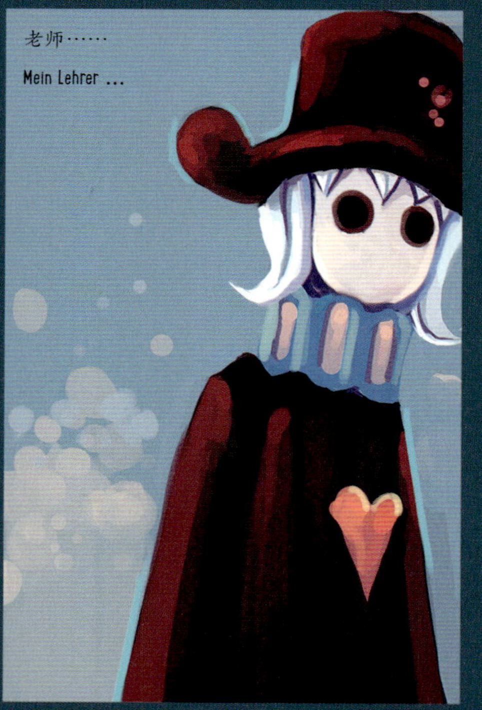
老师……
Mein Lehrer ...

不用说什么。
Du brauchst nichts zu sagen.

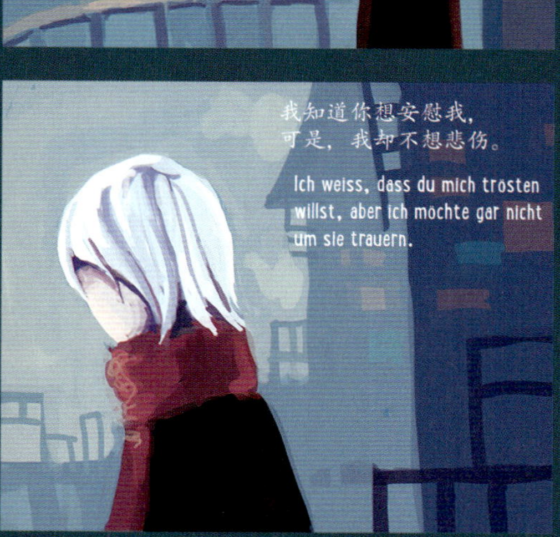
我知道你想安慰我，
可是，我却不想悲伤。
Ich weiss, dass du mich trösten
willst, aber ich möchte gar nicht
um sie trauern.

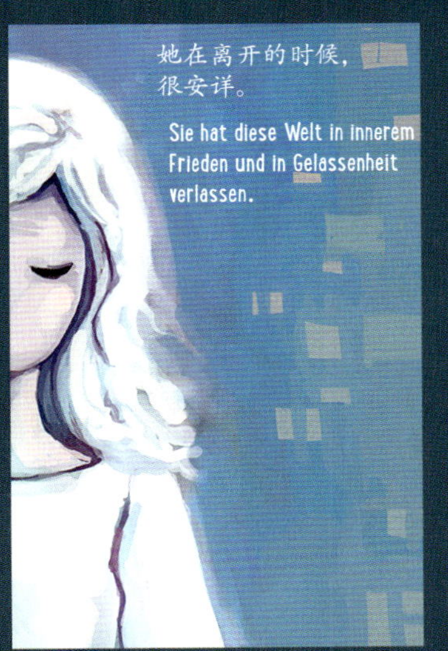
她在离开的时候，
很安详。
Sie hat diese Welt in innerem
Frieden und in Gelassenheit
verlassen.

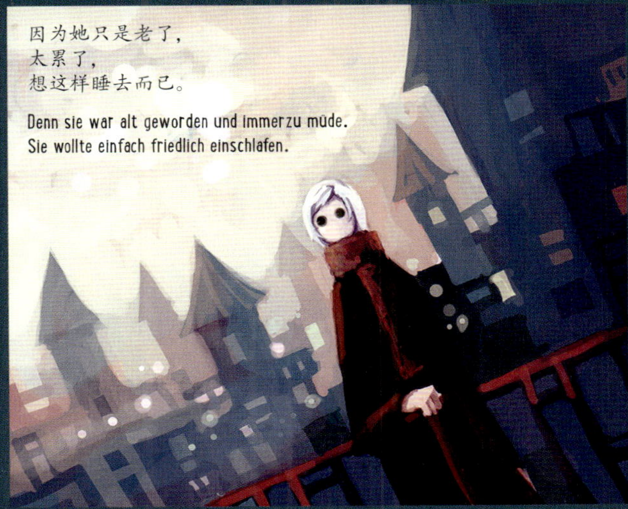
因为她只是老了，
太累了，
想这样睡去而已。
Denn sie war alt geworden und immerzu müde.
Sie wollte einfach friedlich einschlafen.

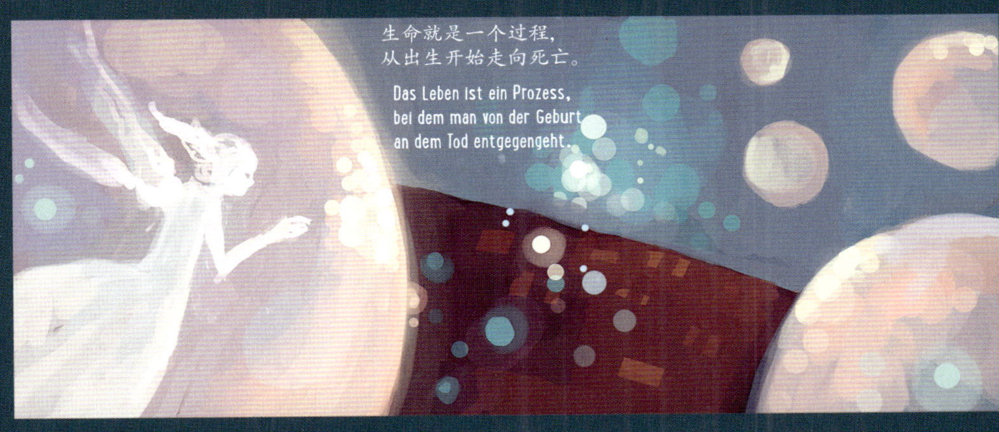
生命就是一个过程，
从出生开始走向死亡。
Das Leben ist ein Prozess,
bei dem man von der Geburt
an dem Tod entgegengeht.

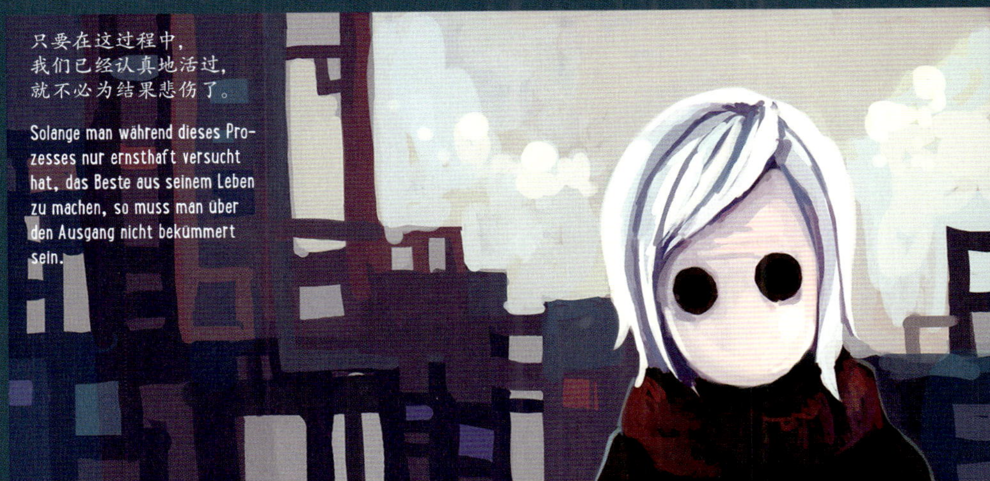
只要在这过程中，
我们已经认真地活过，
就不必为结果悲伤了。
Solange man während dieses Pro-
zesses nur ernsthaft versucht
hat, das Beste aus seinem Leben
zu machen, so muss man über
den Ausgang nicht bekümmert
sein.

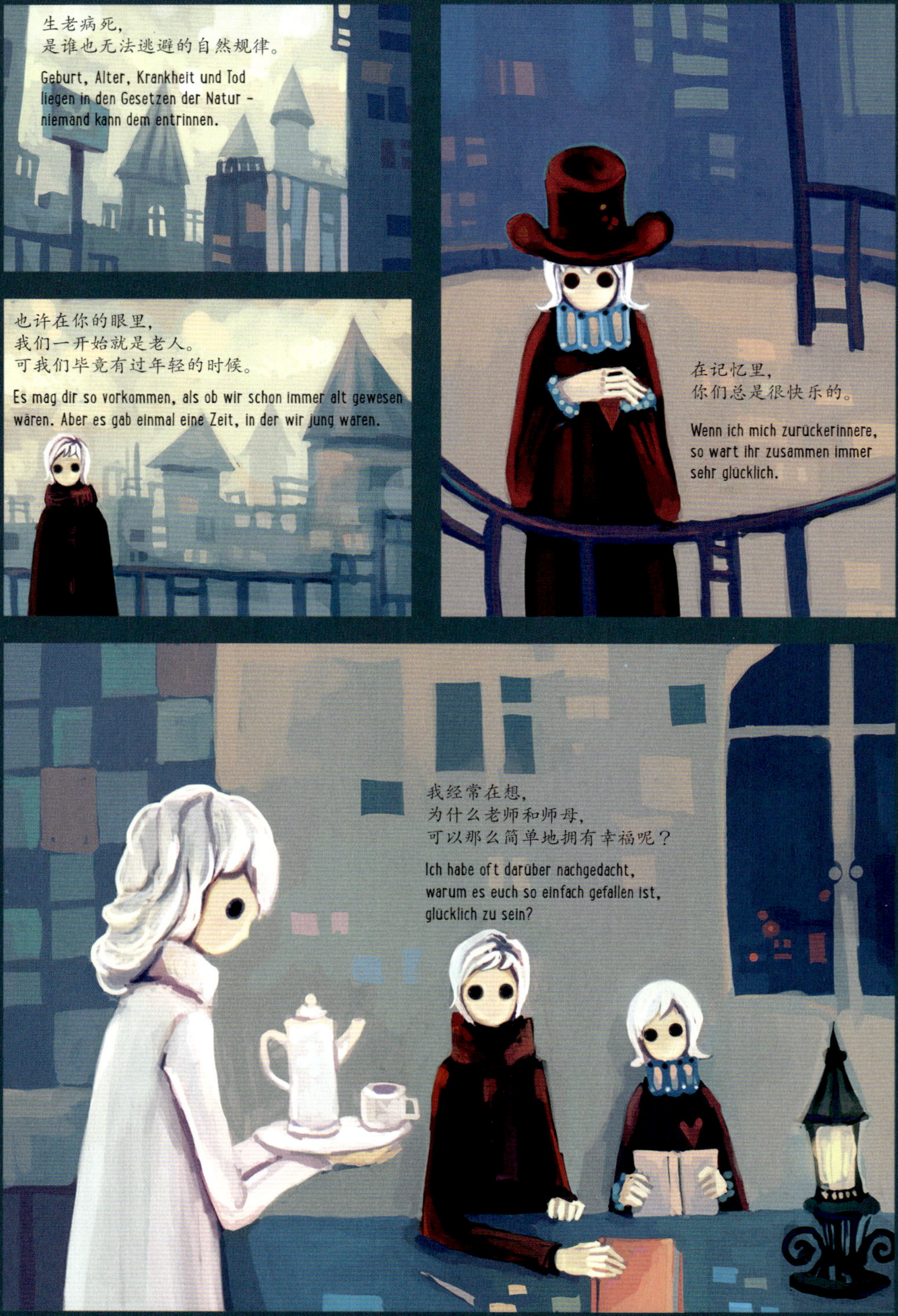

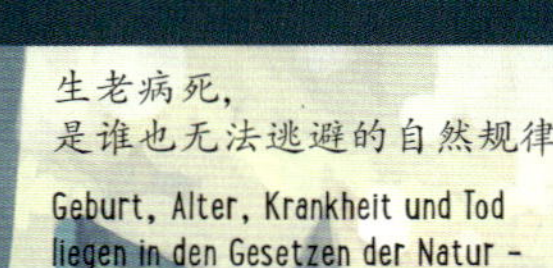

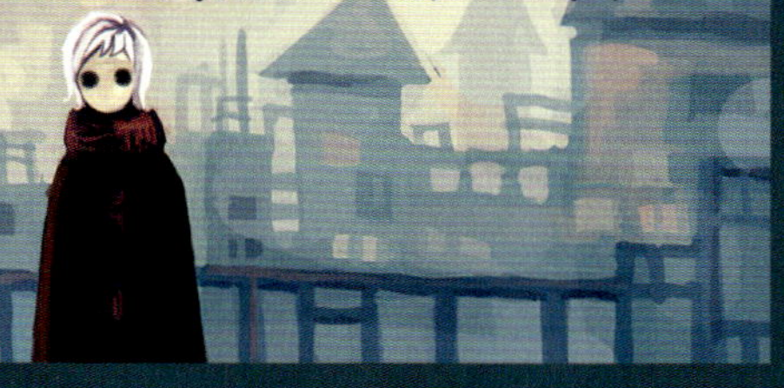

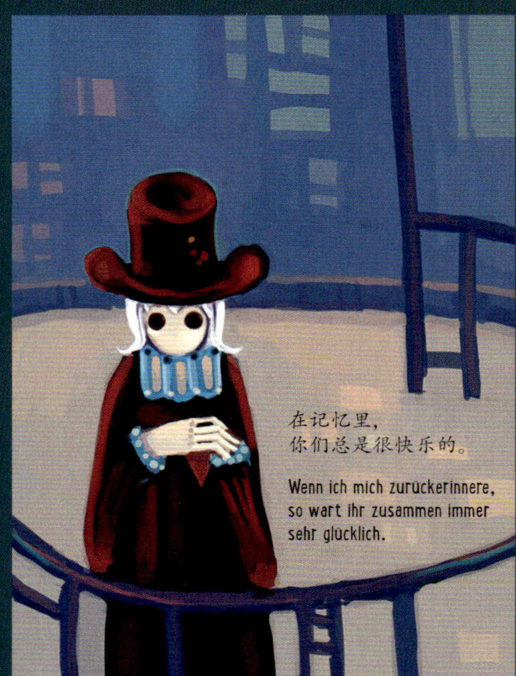

我经常在想，
为什么老师和师母，
可以那么简单地拥有幸福呢？

Ich habe oft darüber nachgedacht,
warum es euch so einfach gefallen ist,
glücklich zu sein?

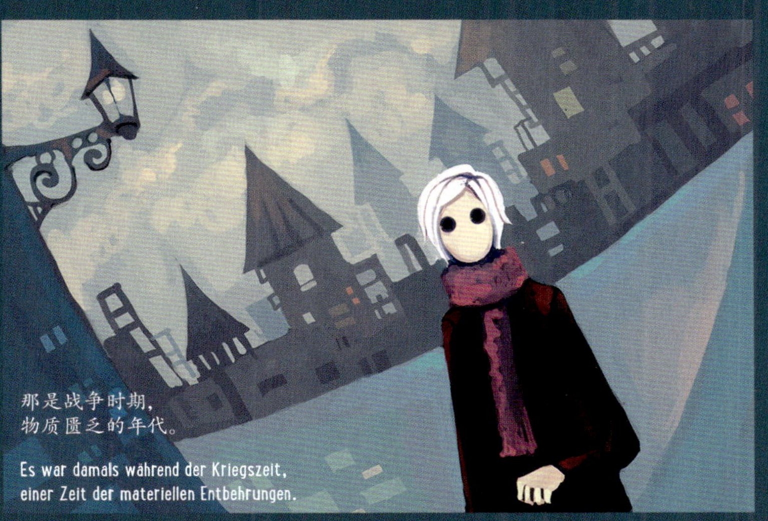
那是战争时期，
物质匮乏的年代。
Es war damals während der Kriegszeit,
einer Zeit der materiellen Entbehrungen.

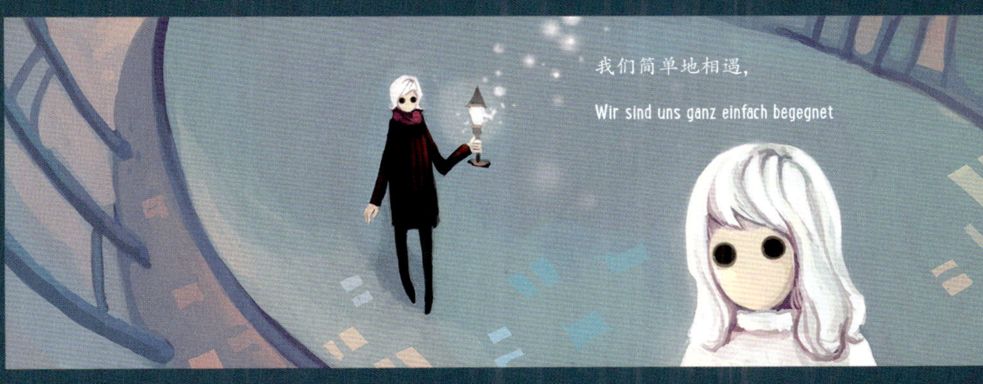
我们简单地相遇，
Wir sind uns ganz einfach begegnet

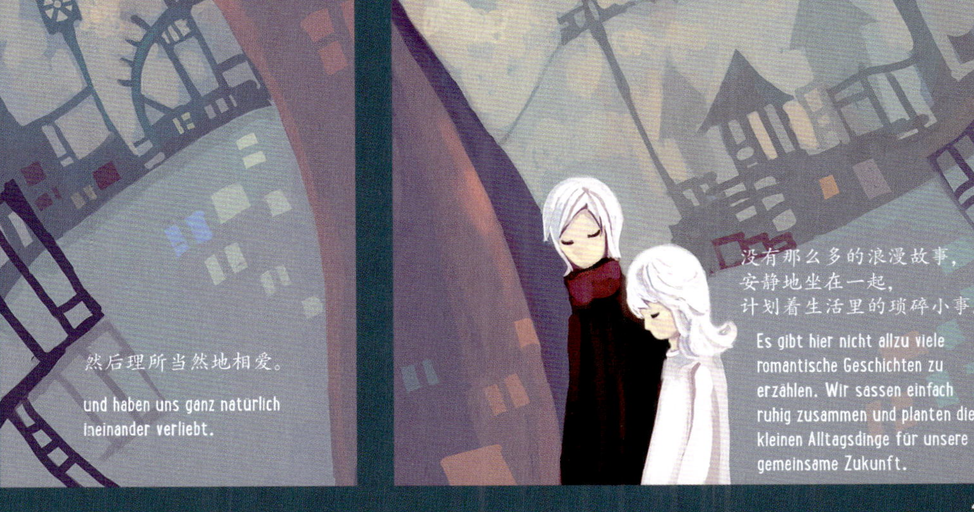
然后理所当然地相爱。
und haben uns ganz natürlich ineinander verliebt.
没有那么多的浪漫故事，
安静地坐在一起，
计划着生活里的琐碎小事。
Es gibt hier nicht allzu viele romantische Geschichten zu erzählen. Wir sassen einfach ruhig zusammen und planten die kleinen Alltagsdinge für unsere gemeinsame Zukunft.

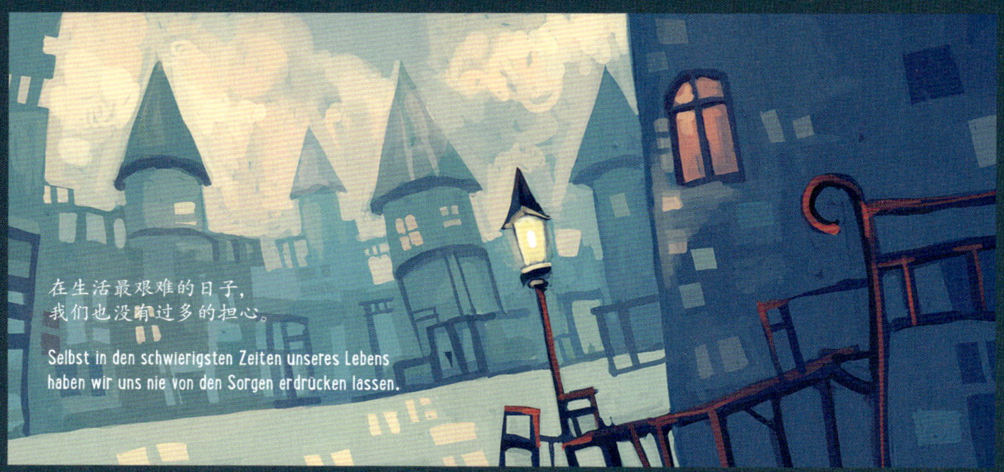
在生活最艰难的日子，
我们也没有过多的担心。
Selbst in den schwierigsten Zeiten unseres Lebens
haben wir uns nie von den Sorgen erdrücken lassen.

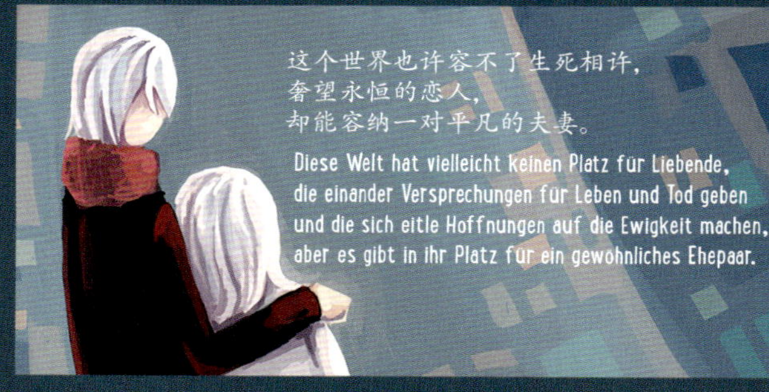
这个世界也许容不了生死相许，
奢望永恒的恋人，
却能容纳一对平凡的夫妻。
Diese Welt hat vielleicht keinen Platz für Liebende,
die einander Versprechungen für Leben und Tod geben
und die sich eitle Hoffnungen auf die Ewigkeit machen,
aber es gibt in ihr Platz für ein gewöhnliches Ehepaar.

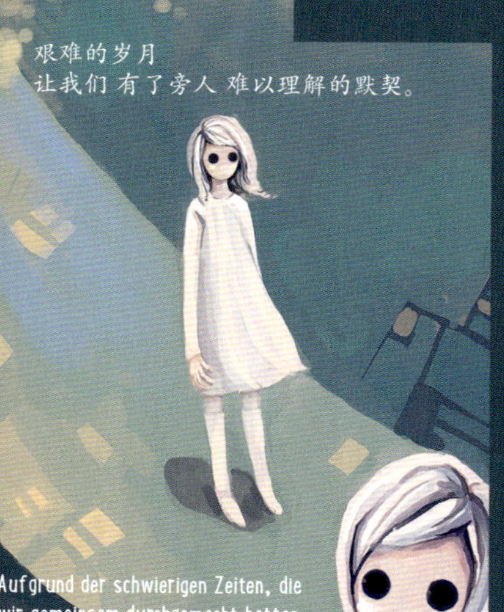
艰难的岁月
让我们有了旁人难以理解的默契。
Aufgrund der schwierigen Zeiten, die
wir gemeinsam durchgemacht hatten,
entstand zwischen uns eine Form von
stillschweigendem, gegenseitigem
Verstehen, das für Aussen-
stehende schwer begreiflich ist.

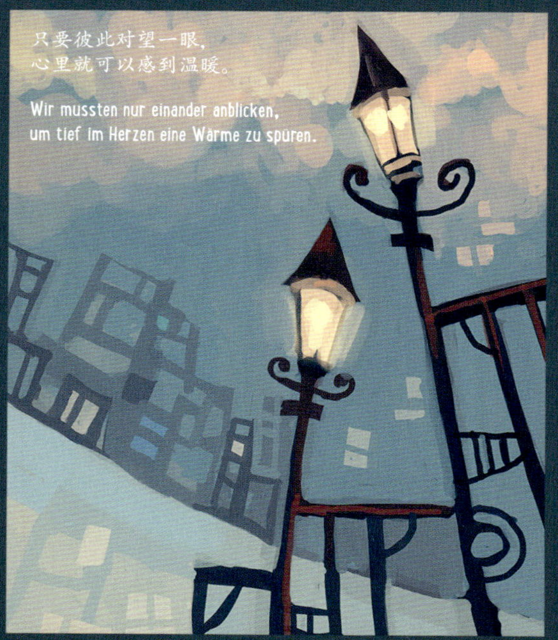
只要彼此对望一眼，
心里就可以感到温暖。
Wir mussten nur einander anblicken,
um tief im Herzen eine Wärme zu spüren.

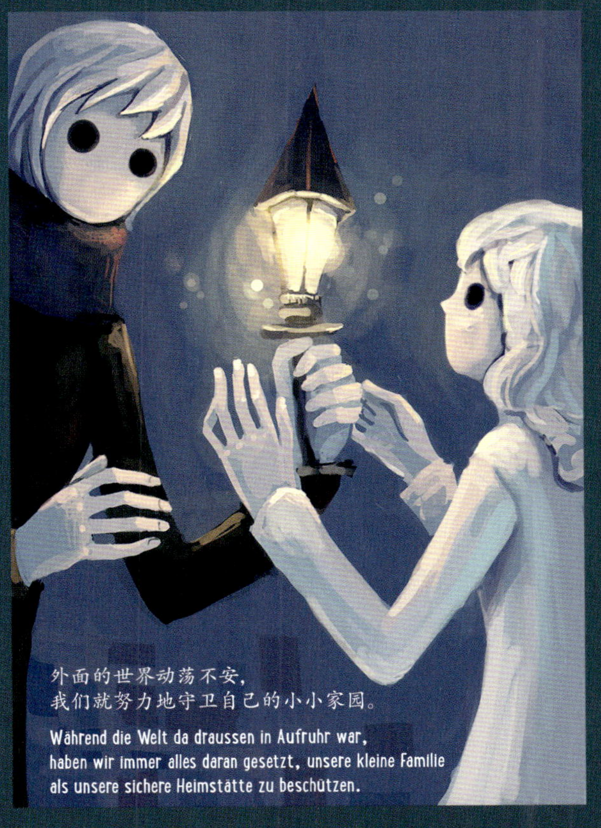

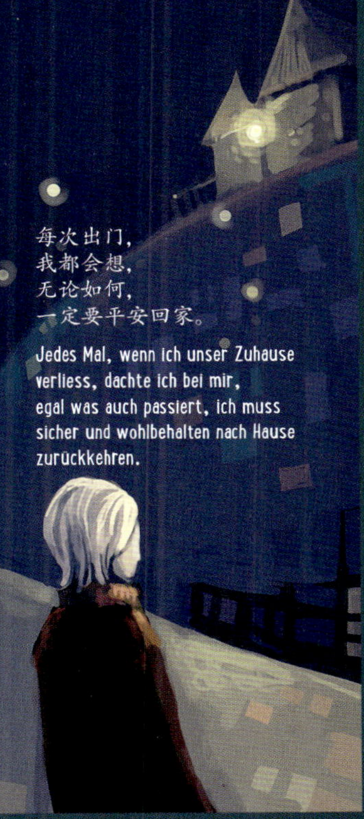

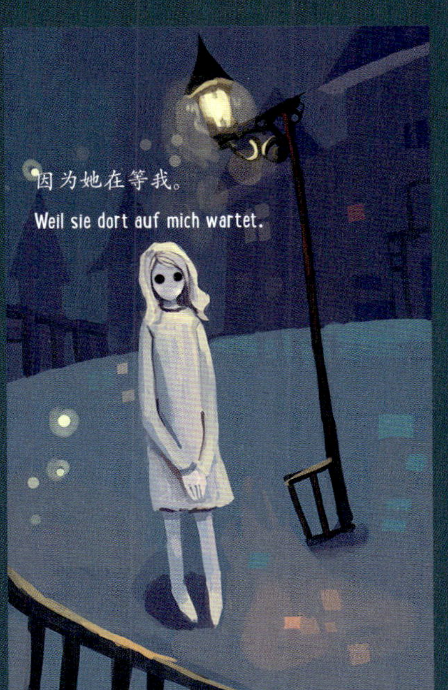

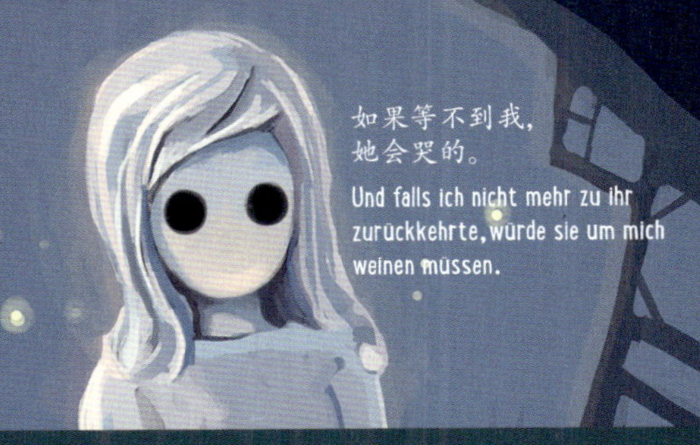

而她的眼泪，
是我最不能承受的痛苦。

Und der Anblick ihrer Tränen bedeutete für mich den schlimmsten Schmerz, der für mich am unerträglichsten war.

在那个动荡的年代，
爱情不是奢侈的消遣，
而是我们坚持的信念，
和支持下去的力量。

In diesen unsteten Zeiten war die Liebe für uns keine luxuriöse Zerstreuung, sondern ein Glaube, an dem wir festhielten, und eine Kraft, die es uns ermöglichte, durchzuhalten und allen Widrigkeiten im Leben zu trotzen.

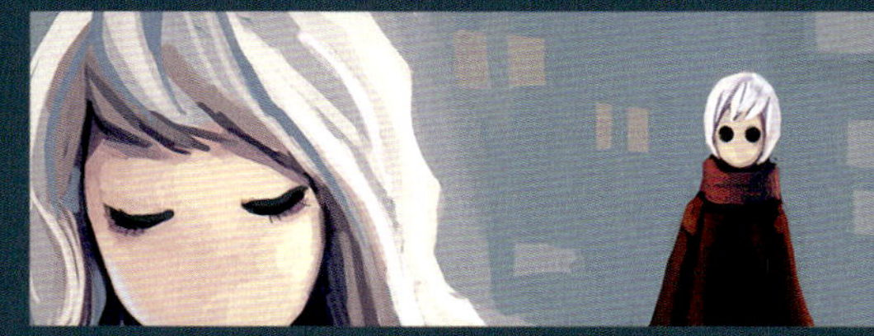

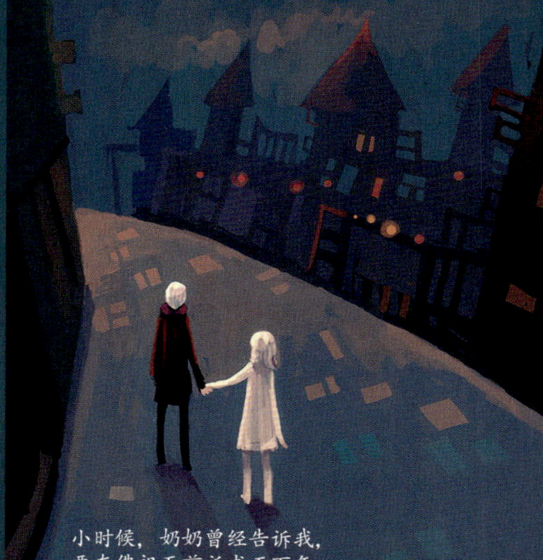

小时候，奶奶曾经告诉我，
要在佛祖面前祈求五百年，
才会换来和爱人相守一生的幸福。

Als ich noch ein Kind war, meinte meine Grossmutter oft zu mir, man müsse 500 Jahre lang vor Buddha beten, um das Glück zu erlangen, ein ganzes Leben lang mit seinem Geliebten übereinander zu wachen und füreinander da sein zu dürfen.

所以一定要好好珍惜，
那个爱着你，牵着你手的人。

Wir müssen also unbedingt diesen einen Menschen wertschätzen, von dem wir geliebt werden und der unsere Hand in seiner hält.

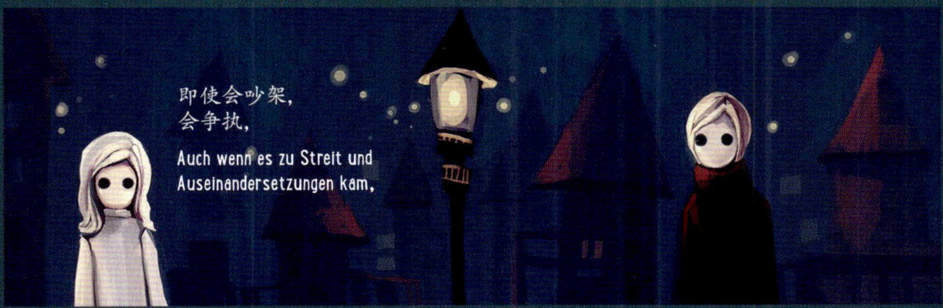
即使会吵架，
会争执，
Auch wenn es zu Streit und
Auseinandersetzungen kam,

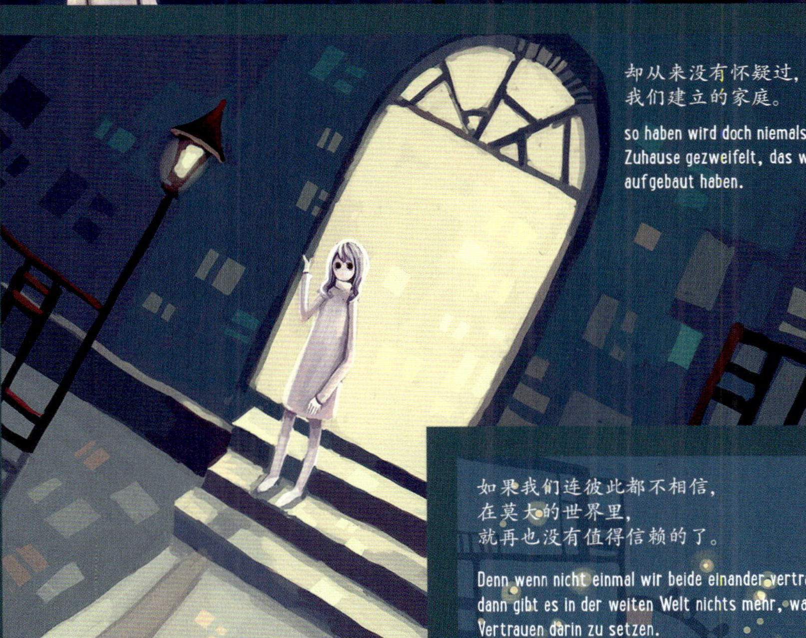
却从来没有怀疑过，
我们建立的家庭。
so haben wird doch niemals an dem
Zuhause gezweifelt, das wir gemeinsam
aufgebaut haben.

如果我们连彼此都不相信，
在莫大的世界里，
就再也没有值得信赖的了。
Denn wenn nicht einmal wir beide einander vertrauen können,
dann gibt es in der weiten Welt nichts mehr, was es wert wäre,
Vertrauen darin zu setzen.

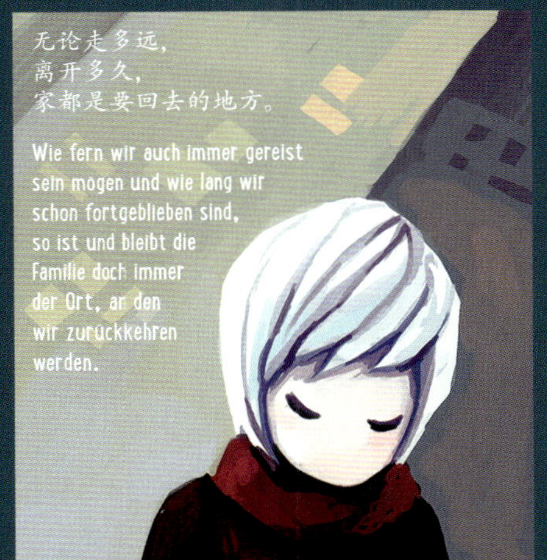
无论走多远，
离开多久，
家都是要回去的地方。
Wie fern wir auch immer gereist
sein mögen und wie lang wir
schon fortgeblieben sind,
so ist und bleibt die
Familie doch immer
der Ort, an den
wir zurückkehren
werden.

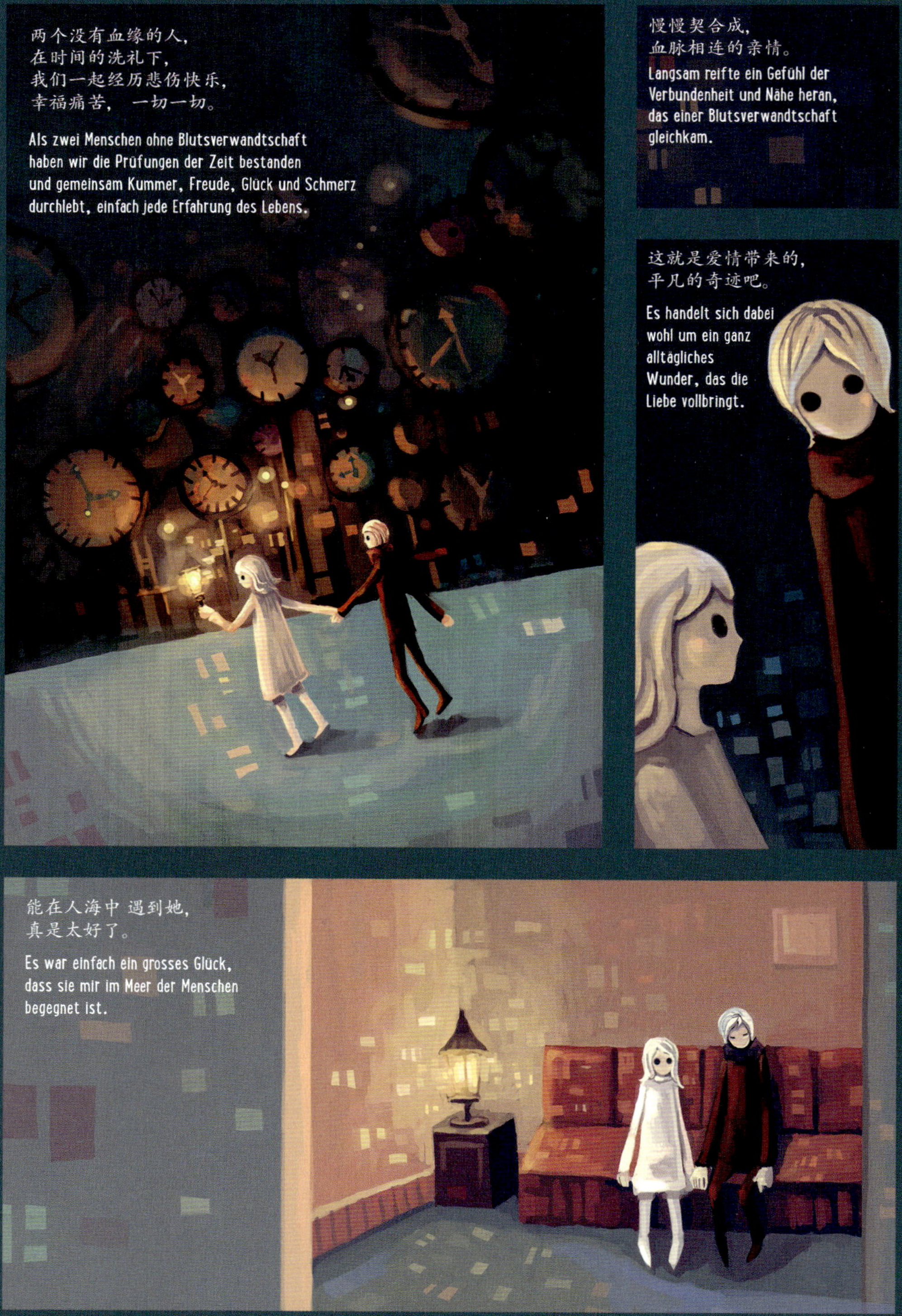

两个没有血缘的人，
在时间的洗礼下，
我们一起经历悲伤快乐，
幸福痛苦，　一切一切。

Als zwei Menschen ohne Blutsverwandtschaft haben wir die Prüfungen der Zeit bestanden und gemeinsam Kummer, Freude, Glück und Schmerz durchlebt, einfach jede Erfahrung des Lebens.

慢慢契合成，
血脉相连的亲情。

Langsam reifte ein Gefühl der Verbundenheit und Nähe heran, das einer Blutsverwandtschaft gleichkam.

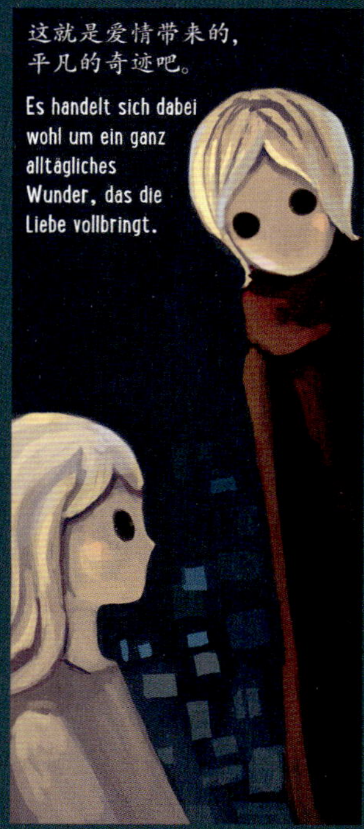

能在人海中 遇到她，
真是太好了。

Es war einfach ein grosses Glück, dass sie mir im Meer der Menschen begegnet ist.

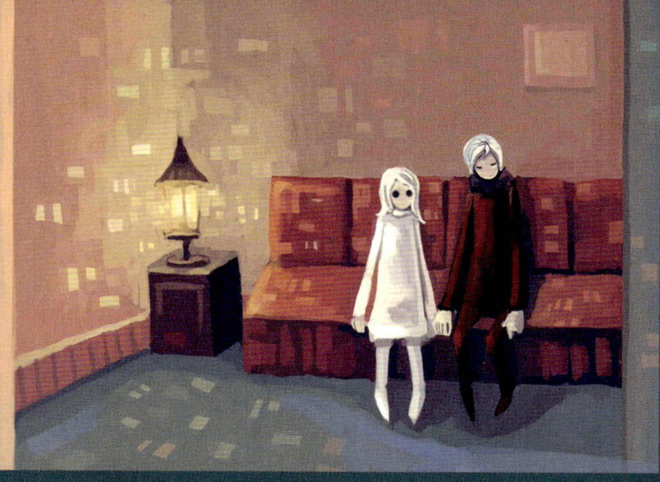

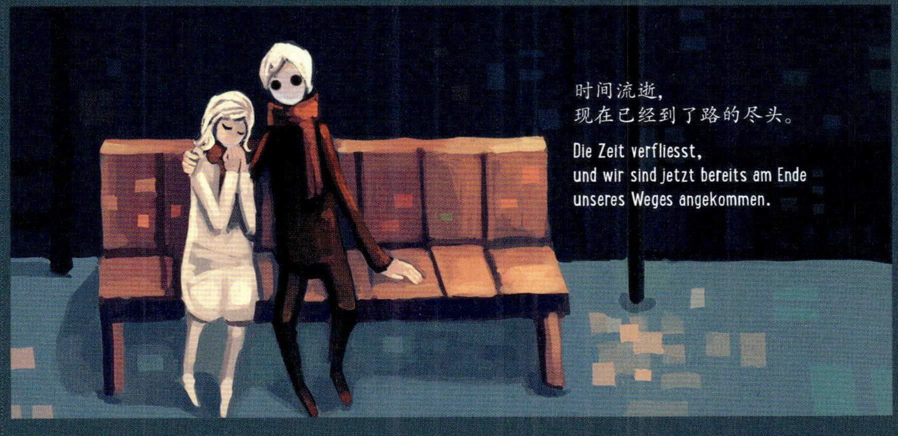

即使我们一起，战胜过生活里的一切，
也不能战胜死亡。
她比我先走，
我反而，觉得有点欣慰。

Auch wenn wir gemeinsam sämtliche Schwierigkeiten im Leben gemeistert haben, so kann es uns doch nicht gelingen, über den Tod zu triumphieren.
Sie ist vor mir gegangen ... und ich fühle mich darüber fast ein wenig erleichtert.

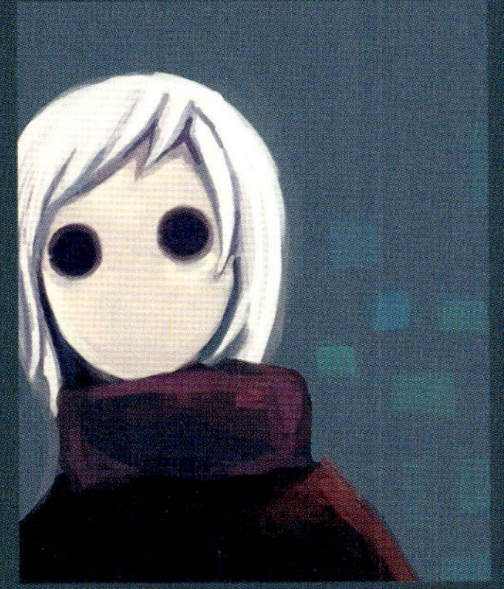

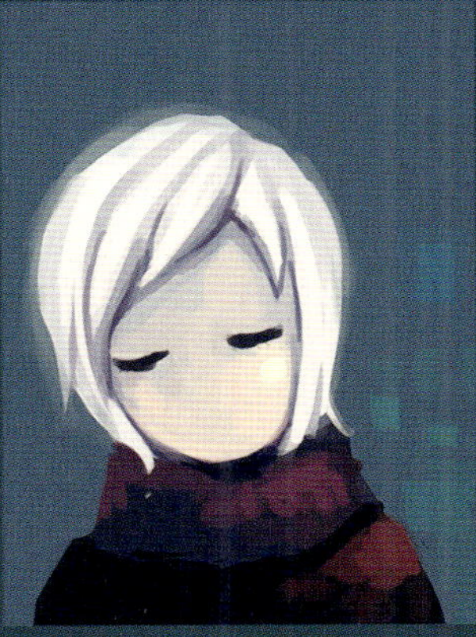

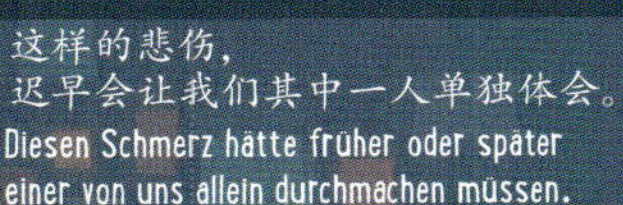

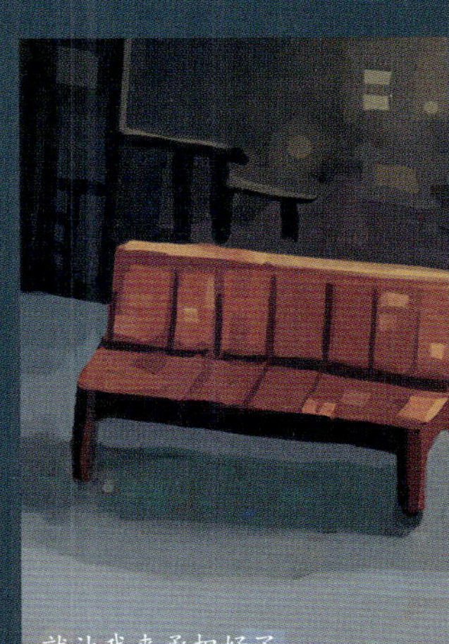

就让我来承担好了。

Dann soll es eben ich sein, der diesen Schmerz auf sich nehmen muss.

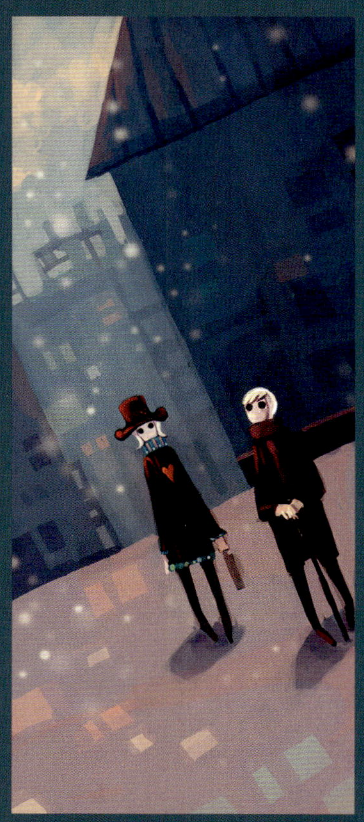

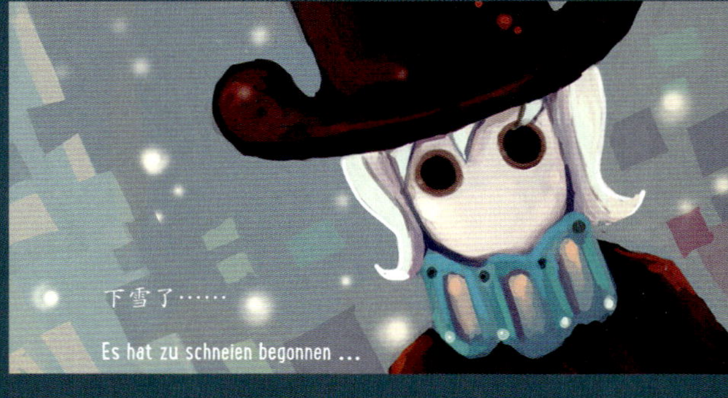
下雪了……
Es hat zu schneien begonnen ...

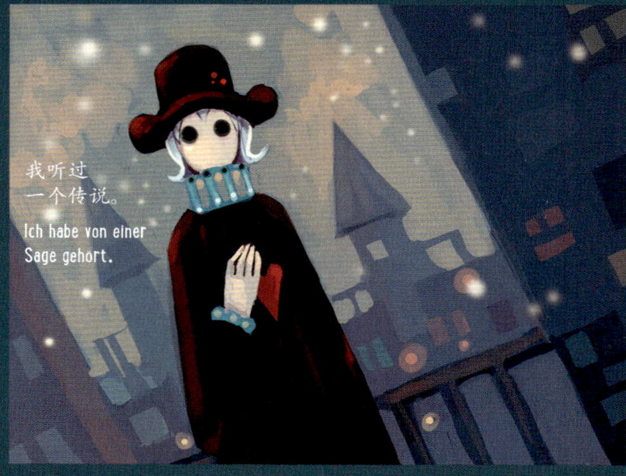
我听过
一个传说。
Ich habe von einer
Sage gehort.

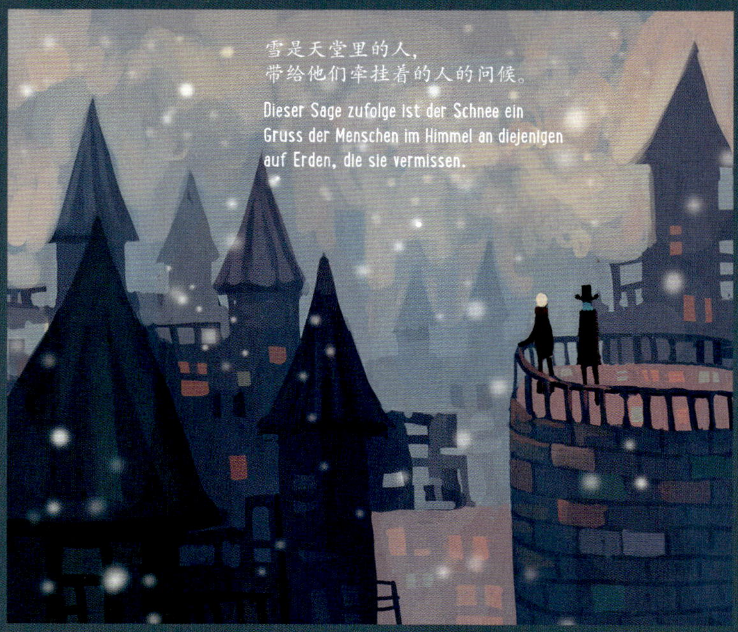
雪是天堂里的人，
带给他们牵挂着的人的问候。
Dieser Sage zufolge ist der Schnee ein
Gruss der Menschen im Himmel an diejenigen
auf Erden, die sie vermissen.

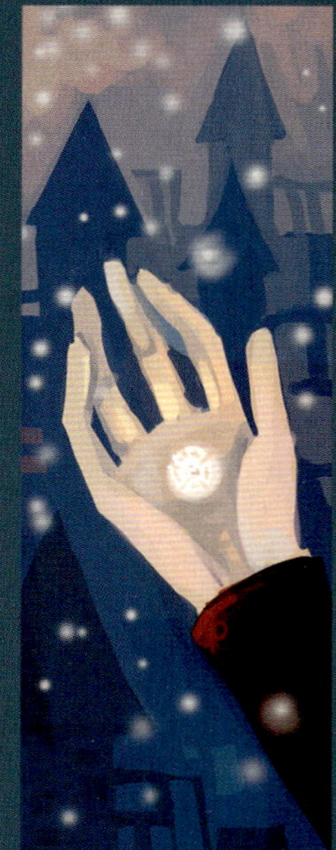

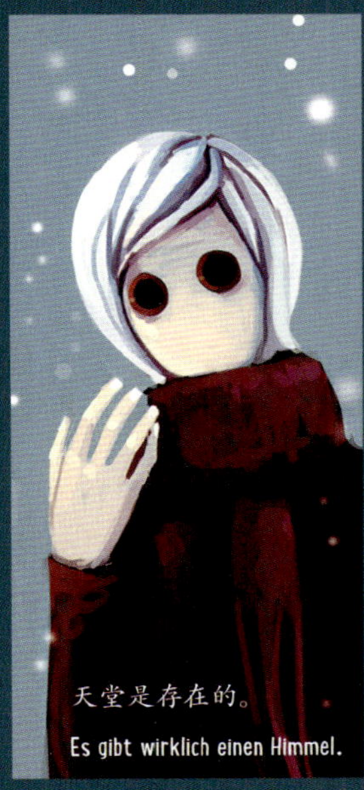

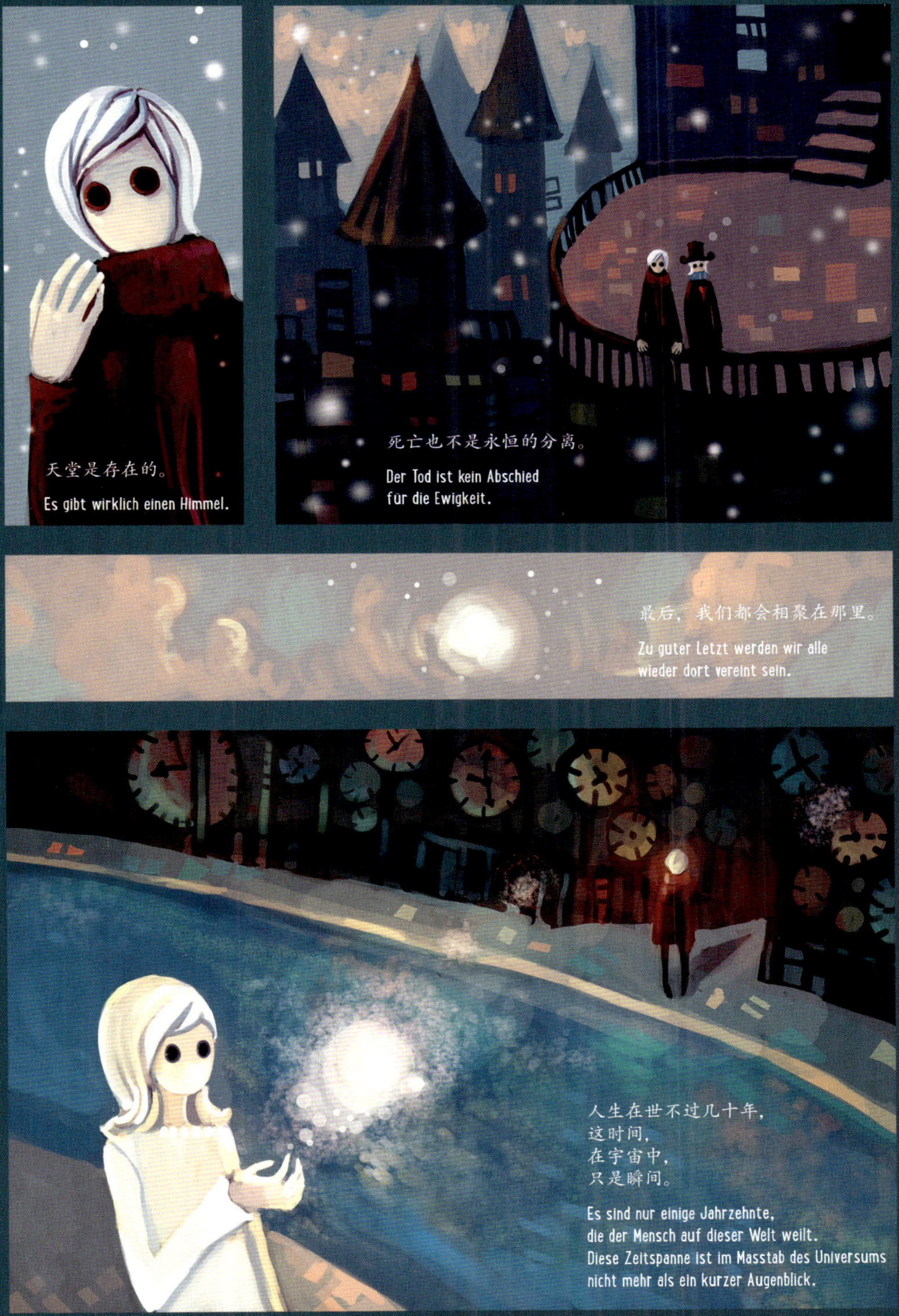

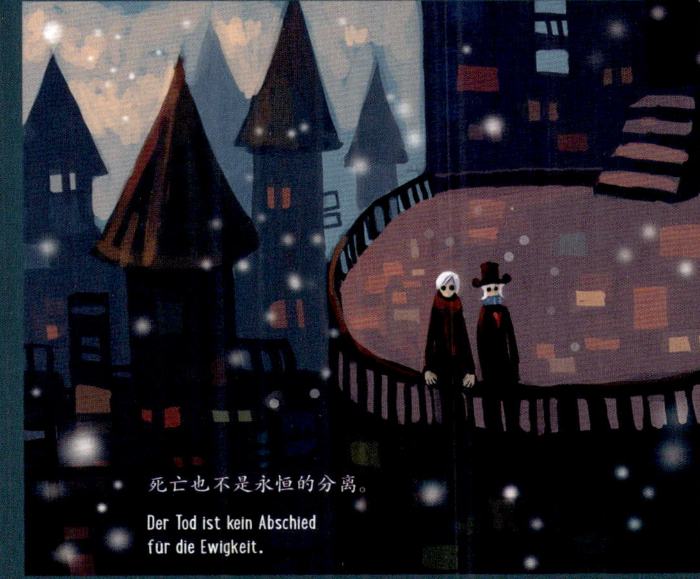

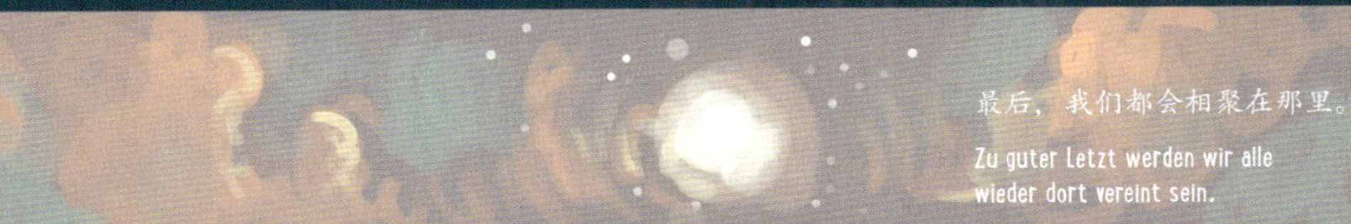

人生在世不过几十年，
这时间，
在宇宙中，
只是瞬间。

Es sind nur einige Jahrzehnte,
die der Mensch auf dieser Welt weilt.
Diese Zeitspanne ist im Masstab des Universums
nicht mehr als ein kurzer Augenblick.

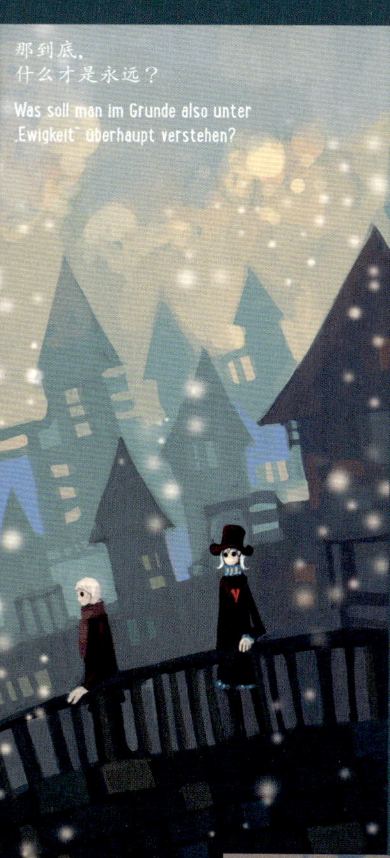

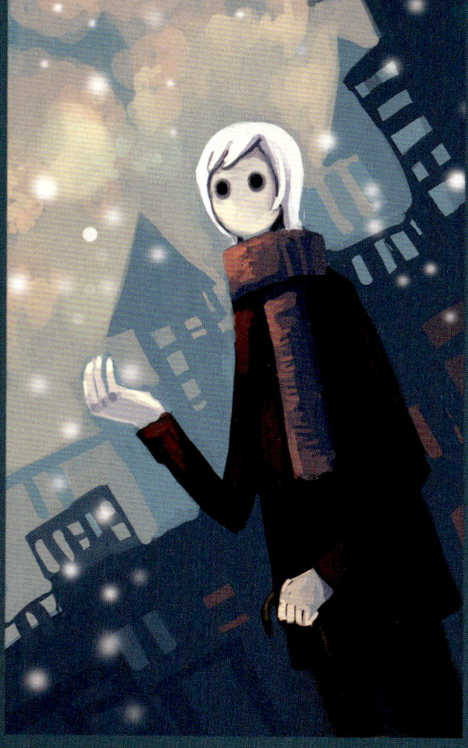

入冬的第一场雪，
越下越大，
渐渐覆盖了这个世界。

Der erste Schnee des einbrechenden Winters fiel in immer dichteren Flocken herunter und bedeckte nach und nach die ganze Welt.

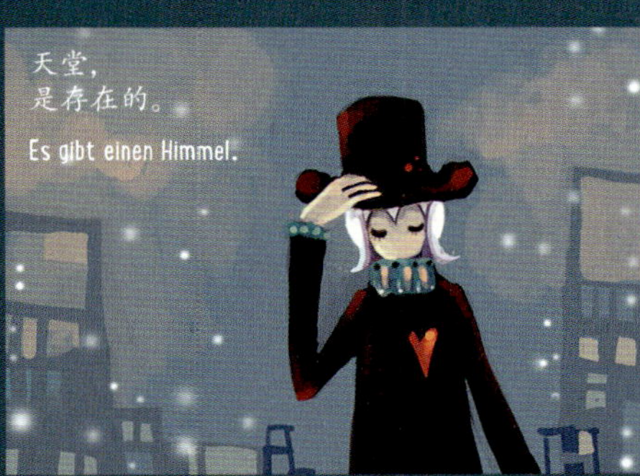

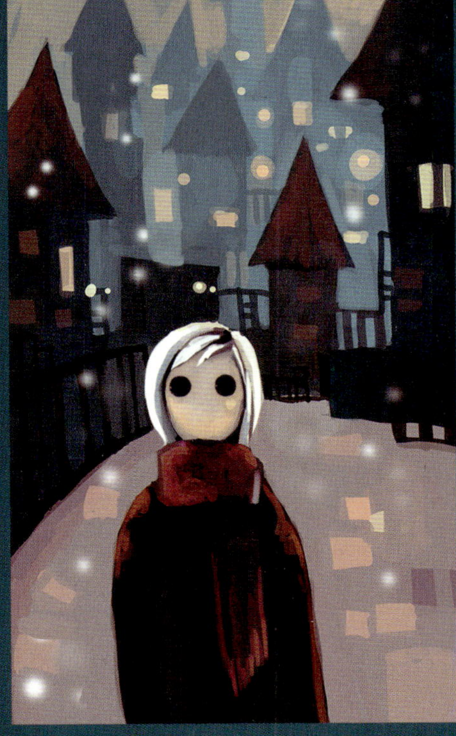

新年的钟声即将敲响，
这个城市屏住呼吸，
等待着新生。

Die Glocken, die das neue Jahr ankündigen,
wurden sogleich erklingen.
Diese Stadt hatte ihren Atem angehalten,
während sie auf den Anbruch von neuem
Leben wartete.

在这样的夜晚，
我又独自踏上了旅途。

In dieser Nacht habe ich mich wieder
allein auf meinen Weg gemacht.

最悲伤的人，往往无法哭泣。

Den Menschen mit dem tiefsten Kummer versagen meist die Tränen.

Something about…

EVERYTHING IN SILENCE

几年前奶奶去世的时候回到老家，我爷爷就是那么坚强的，他照顾和安排一切。子女都在悲伤哭泣，可我想仍然没有谁的悲伤比得过爷爷。

爷爷只是说，他无法睡觉，一闭上眼睛就想起奶奶。现在有这么多人在，有这么多事做，反而很好。

爷爷给我们讲了他和奶奶的事情：文革的时候，奶奶出身不好，组织坚决要求他和奶奶划清界限，但爷爷却坚定地要和奶奶在一起。

于是爷爷被抓到山上去劳动改造，奶奶每天走很远很远的山路，就是为了给爷爷送饭，为了能看到爷爷。

说起来好像小说里的情节。但这些爱情，都真实地发生在我们祖辈的身上。

悲伤的人拥有的是回忆，我们有时会觉得他们太老根本不懂得我们。其实无知的人是我们。我们的生活太安逸，世界太平静，早已不能理解属于他们的年代，那样的，坎坷却永恒的爱情。

Vor einigen Jahren, als meine Grossmutter starb, kehrte ich an meinen Geburtsort zurück. Mein Grossvater war so standhaft und tapfer, er kümmerte sich um alles und organisierte alles. Die Nachkommen weinten alle vor Kummer. Dennoch glaube ich, dass niemandes Schmerz sich mit dem Schmerz, den mein Grossvater ertragen musste, messen lassen kann.

Grossvater sagte nur, dass er nicht mehr schlafen könne. Sobald er die Augen schliesse, müsse er an unsere Grossmutter denken. Jetzt aber seien so viele Menschen da und es gäbe so viel zu tun, weshalb es nun für ihn erträglicher geworden sei.

Grossvater erzählte uns die Geschichte von ihm und Grossmutter: Während der Kulturrevolution galt die familiäre Herkunft der Grossmutter als problematisch. Die Kommune forderte unseren Grossvater entschieden dazu auf, sich von unserer Grossmutter deutlich zu distanzieren, aber Grossvater war dennoch fest dazu entschlossen, mit Grossmutter zusammen zu bleiben.

Folglich wurde Grossvater festgenommen und zur Umerziehung durch Arbeit in die Berge geschickt. Unsere Grossmutter legte daher jeden Tag eine lange Wegstrecke durch die Berge zurück, um Grossvater sein Essen zu bringen und auch um ihn sehen zu können.

Das klingt alles sehr nach der Handlung in einem Roman. Jedoch hat sich diese Liebesgeschichte so wirklich im Leben unserer Vorfahren zugetragen.

Menschen, die Leid erfahren haben, besitzen viele Erinnerungen. Wir meinen manchmal, dass sie einfach schon zu alt sind und unsere Generation nicht mehr verstehen können. In der Tat sind es jedoch wir, die nichts begreifen.

Unsere Leben sind zu bequem, unsere Welt zu friedlich. Wir sind längst ausserstande, die Epoche, der sie angehörten, zu begreifen, sowie auch jene steinige, aber ewig währende Liebe.

在重逢的那天来临之前，
我会好好活下去。

Bevor der Tag kommt, an dem wir uns wiederbegegnen,
werde ich versuchen, mein Leben auf die beste Weise zu leben.

Mein Weg

Ihr Lächeln

微笑

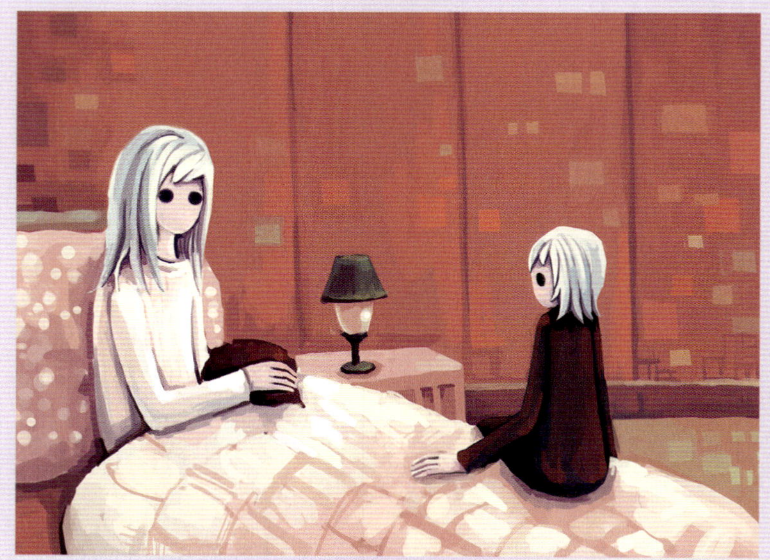

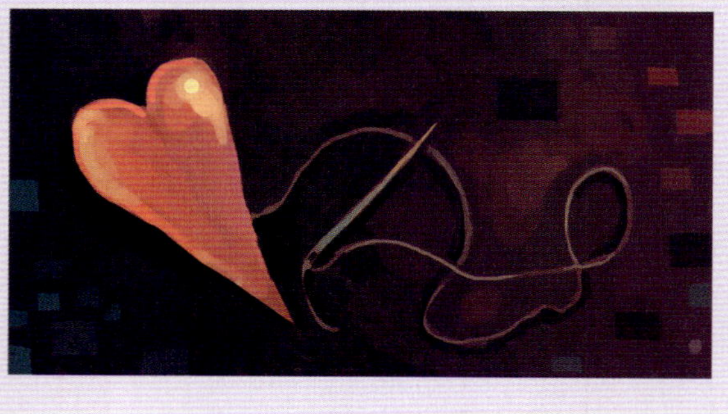

微笑吧，
因为生命如夏花般短暂，
即使来不及看够灿烂的风景，
也请把嘴角扬起。
至少，在消逝前，
留下灿烂的表情。

Lächeln wir, denn das Leben ist so vergänglich wie eine Sommerblume.
Auch wenn uns nicht die Zeit vergönnt war, die strahlenden Landschaften eingehend zu betrachten, so heben wir trotzdem unsere Mundwinkel zu einem Lächeln an.
Zumindest werden wir dann, bevor wir aus dieser Welt verschwinden, ein strahlendes Lächeln hinterlassen.

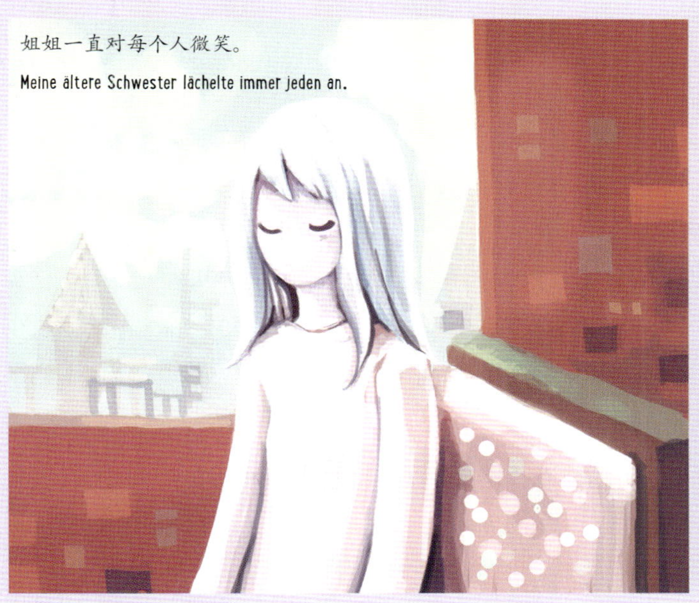
姐姐一直对每个人微笑。
Meine ältere Schwester lächelte immer jeden an.

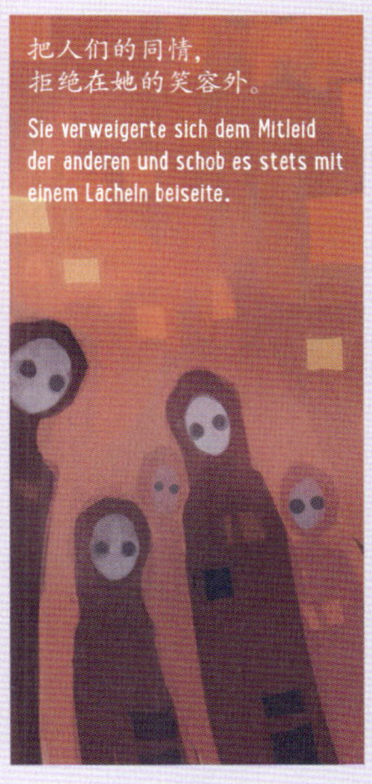
把人们的同情，
拒绝在她的笑容外。
Sie verweigerte sich dem Mitleid
der anderen und schob es stets mit
einem Lächeln beiseite.

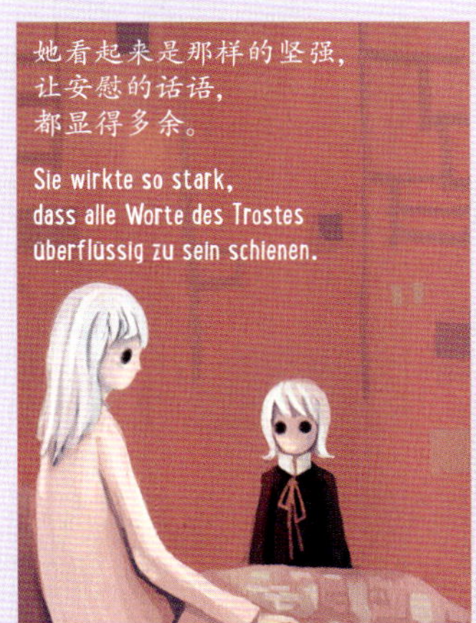
她看起来是那样的坚强，
让安慰的话语，
都显得多余。
Sie wirkte so stark,
dass alle Worte des Trostes
überflüssig zu sein schienen.

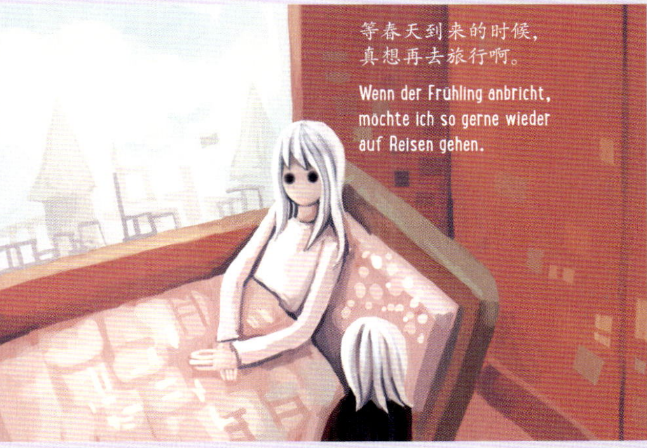
等春天到来的时候，
真想再去旅行啊。
Wenn der Frühling anbricht,
möchte ich so gerne wieder
auf Reisen gehen.

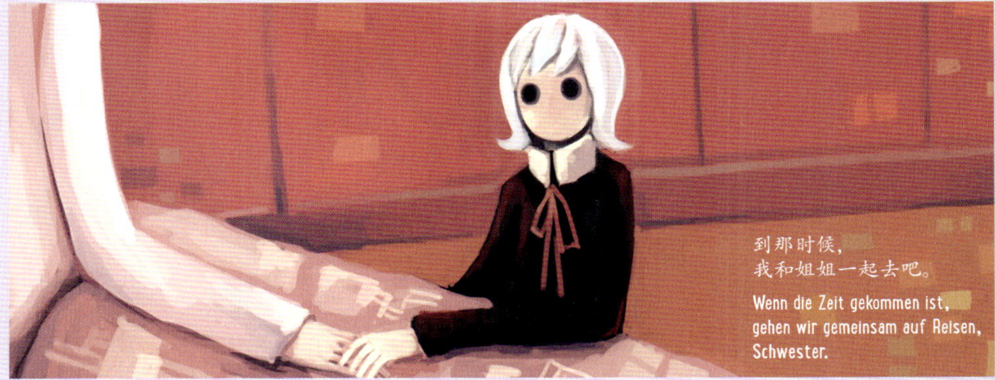
到那时候，
我和姐姐一起去吧。
Wenn die Zeit gekommen ist,
gehen wir gemeinsam auf Reisen,
Schwester.

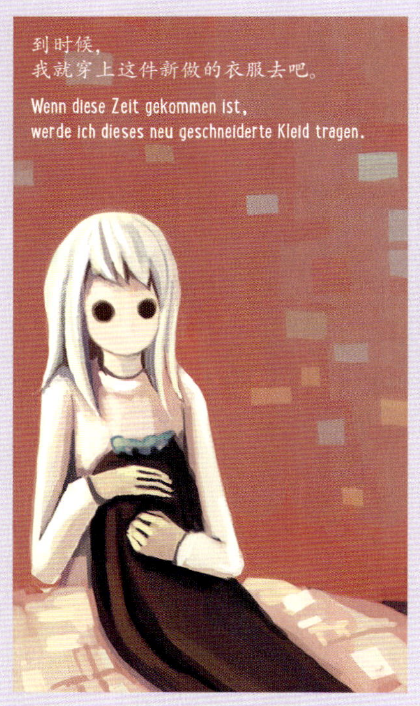
到时候，
我就穿上这件新做的衣服去吧。
Wenn diese Zeit gekommen ist,
werde ich dieses neu geschneiderte Kleid tragen.

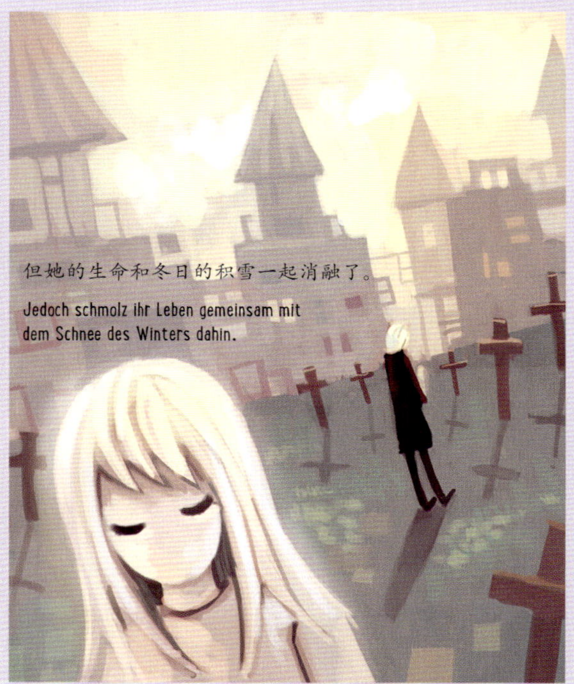
但她的生命和冬日的积雪一起消融了。
Jedoch schmolz ihr Leben gemeinsam mit
dem Schnee des Winters dahin.

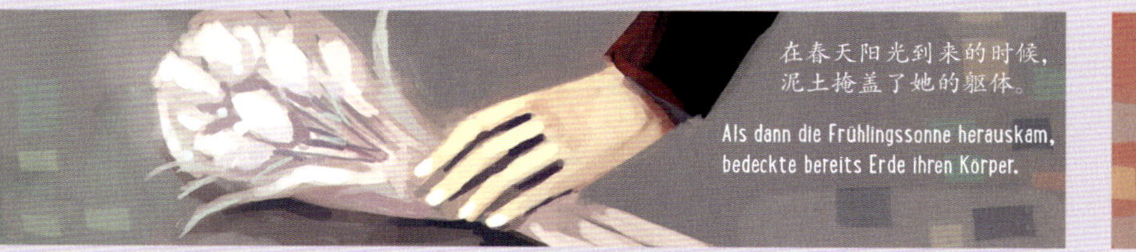
在春天阳光到来的时候，
泥土掩盖了她的躯体。
Als dann die Frühlingssonne herauskam,
bedeckte bereits Erde ihren Körper.

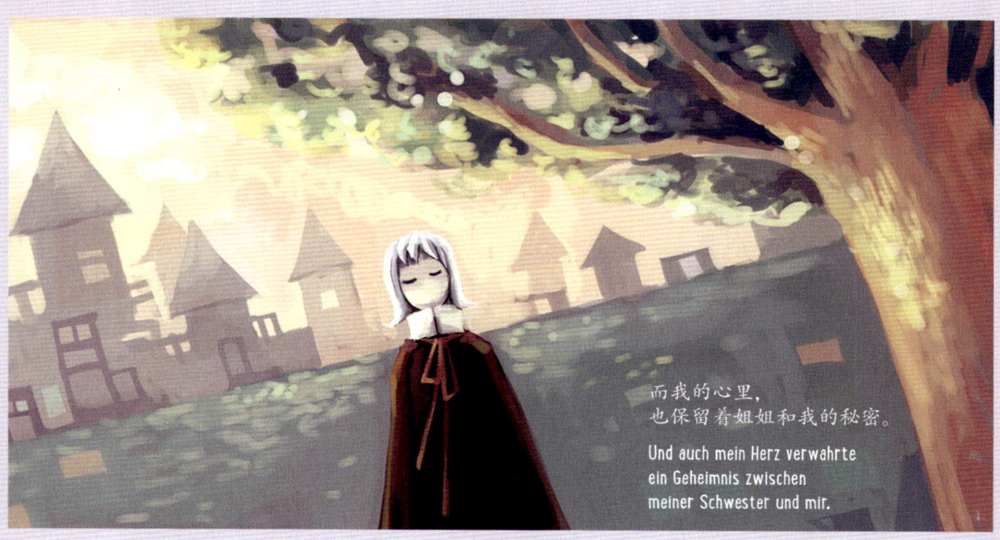
而我的心里，
也保留着姐姐和我的秘密。
Und auch mein Herz verwahrte
ein Geheimnis zwischen
meiner Schwester und mir.

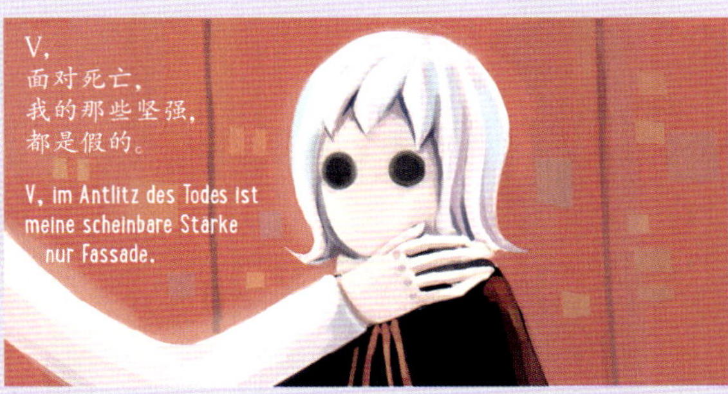
V，
面对死亡，
我的那些坚强，
都是假的。
V, im Antlitz des Todes ist
meine scheinbare Stärke
nur Fassade.

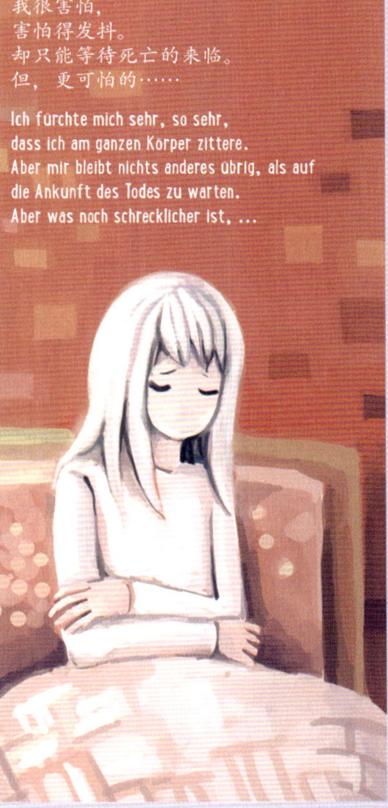
我很害怕，
害怕得发抖。
却只能等待死亡的来临。
但，更可怕的……
Ich fürchte mich sehr, so sehr,
dass ich am ganzen Körper zittere.
Aber mir bleibt nichts anderes übrig, als auf
die Ankunft des Todes zu warten.
Aber was noch schrecklicher ist, …

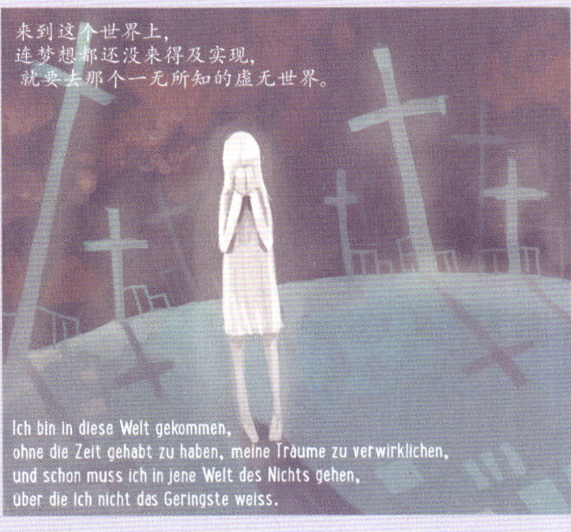
来到这个世界上，
连梦想都还没来得及实现，
就要去那个一无所知的虚无世界。
Ich bin in diese Welt gekommen,
ohne die Zeit gehabt zu haben, meine Träume zu verwirklichen,
und schon muss ich in jene Welt des Nichts gehen,
über die ich nicht das Geringste weiss.

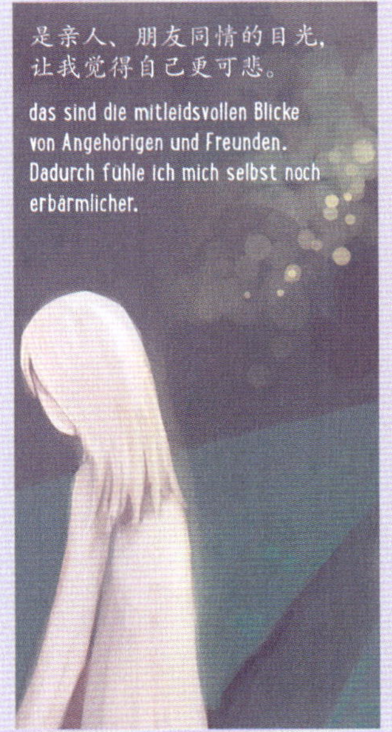
是亲人、朋友同情的目光，
让我觉得自己更可悲。
das sind die mitleidsvollen Blicke
von Angehörigen und Freunden.
Dadurch fühle ich mich selbst noch
erbärmlicher.

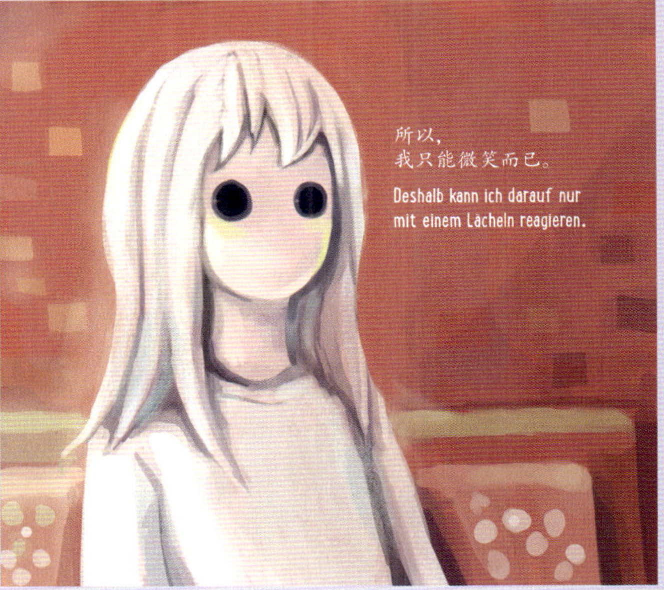
所以，
我只能微笑而已。
Deshalb kann ich darauf nur
mit einem Lächeln reagieren.

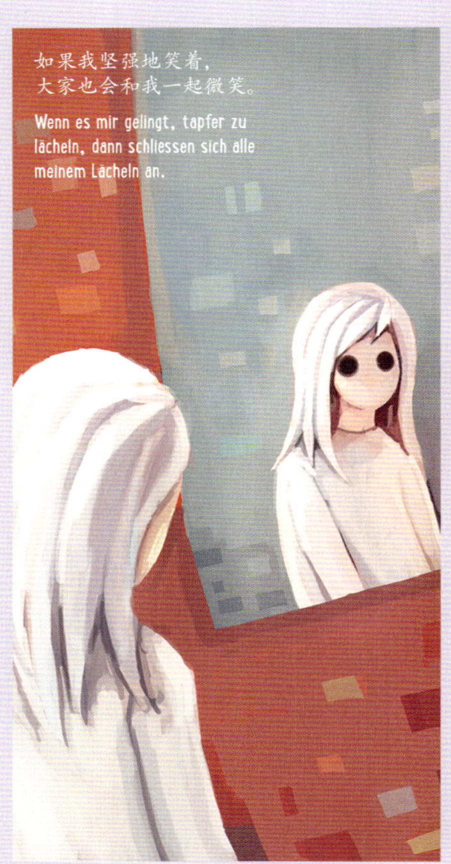
如果我坚强地笑着，
大家也会和我一起微笑。
Wenn es mir gelingt, tapfer zu lächeln, dann schliessen sich alle meinem Lächeln an.

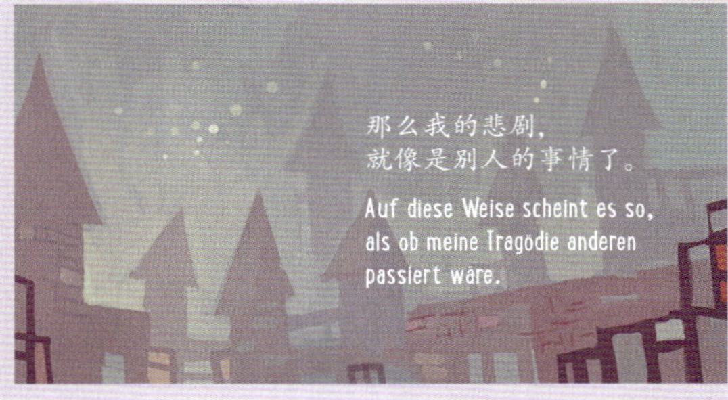
那么我的悲剧，
就像是别人的事情了。
Auf diese Weise scheint es so, als ob meine Tragödie anderen passiert wäre.

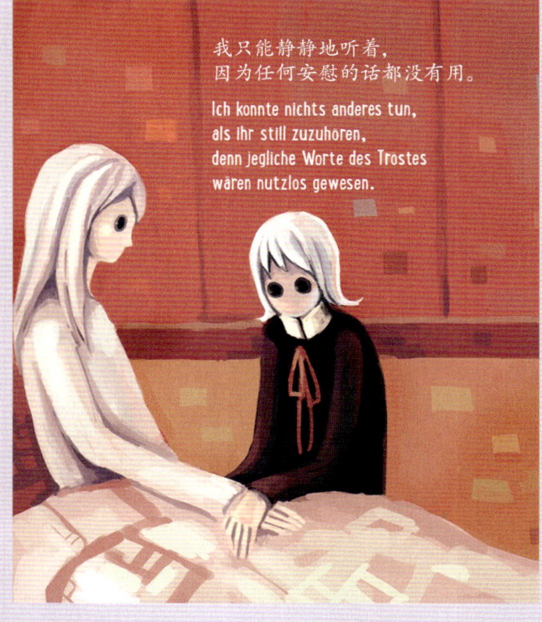
我只能静静地听着，
因为任何安慰的话都没有用。
Ich konnte nichts anderes tun, als ihr still zuzuhören, denn jegliche Worte des Trostes wären nutzlos gewesen.

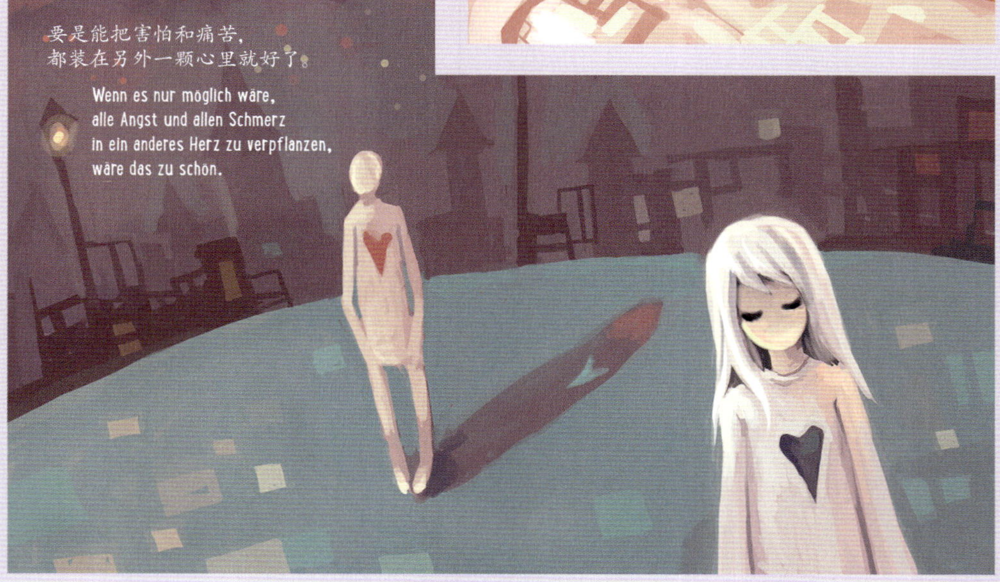
要是能把害怕和痛苦，
都装在另外一颗心里就好了。
Wenn es nur möglich wäre, alle Angst und allen Schmerz in ein anderes Herz zu verpflanzen, wäre das zu schön.

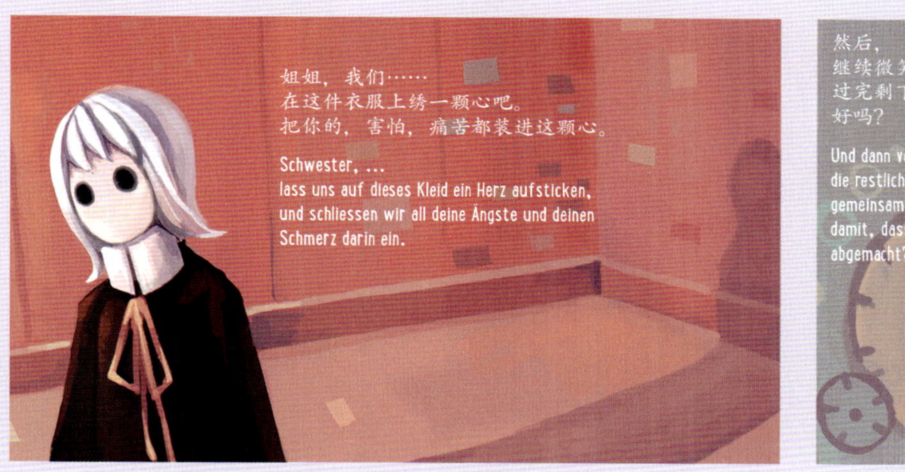
姐姐，我们……
在这件衣服上绣一颗心吧。
把你的，害怕，痛苦都装进这颗心。
Schwester, ...
lass uns auf dieses Kleid ein Herz aufsticken,
und schliessen wir all deine Ängste und deinen
Schmerz darin ein.

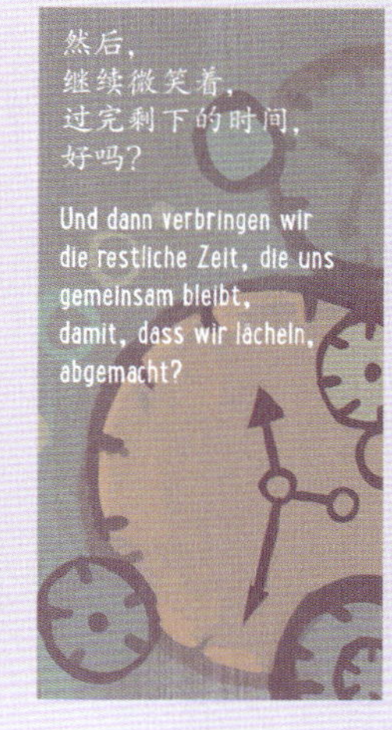
然后，
继续微笑着，
过完剩下的时间，
好吗？
Und dann verbringen wir
die restliche Zeit, die uns
gemeinsam bleibt,
damit, dass wir lächeln,
abgemacht?

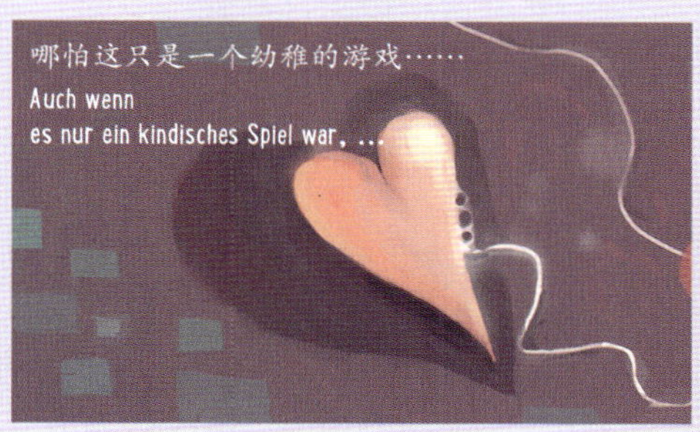
哪怕这只是一个幼稚的游戏……
Auch wenn
es nur ein kindisches Spiel war, ...

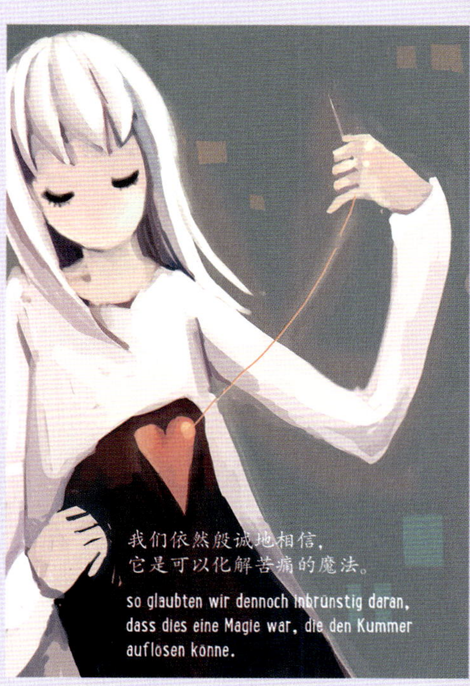
我们依然殷诚地相信，
它是可以化解苦痛的魔法。
so glaubten wir dennoch inbrünstig daran,
dass dies eine Magie war, die den Kummer
auflösen könne.

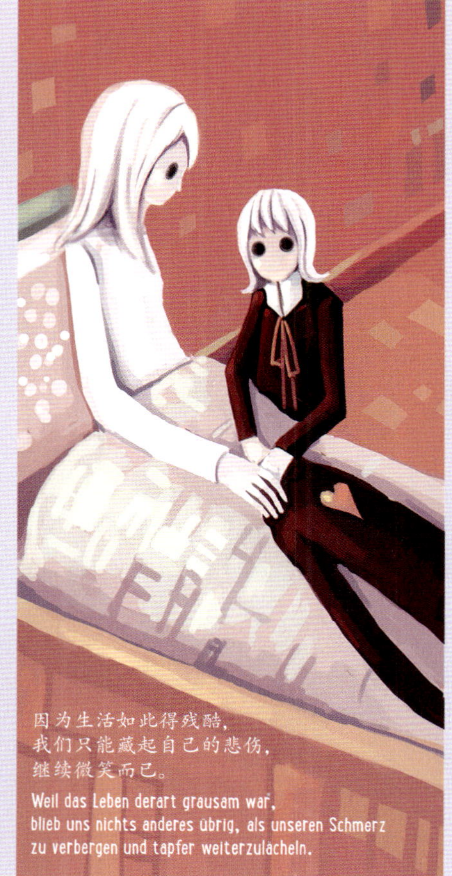
因为生活如此得残酷，
我们只能藏起自己的悲伤，
继续微笑而已。
Weil das Leben derart grausam war,
blieb uns nichts anderes übrig, als unseren Schmerz
zu verbergen und tapfer weiterzulächeln.

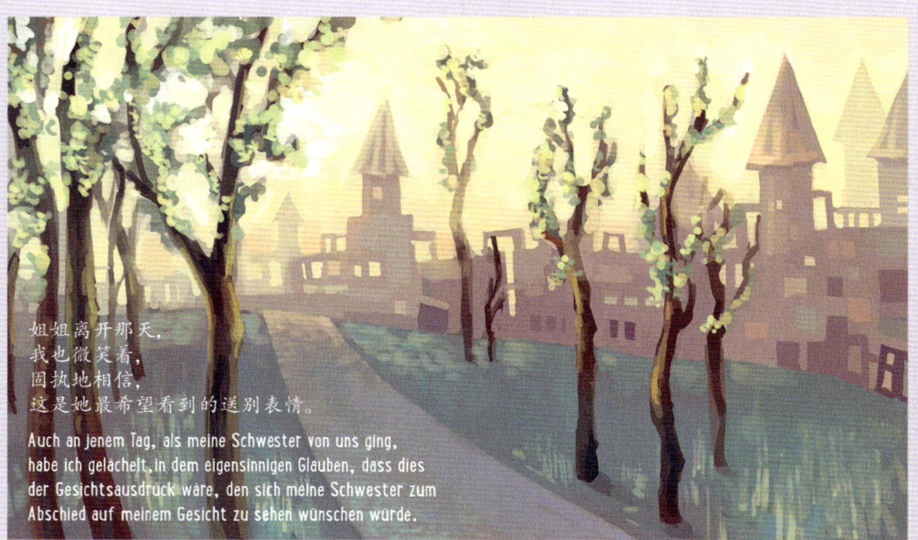
姐姐离开那天，
我也微笑着，
固执地相信，
这是她最希望看到的送别表情。
Auch an jenem Tag, als meine Schwester von uns ging,
habe ich gelächelt, in dem eigensinnigen Glauben, dass dies
der Gesichtsausdruck wäre, den sich meine Schwester zum
Abschied auf meinem Gesicht zu sehen wünschen würde.

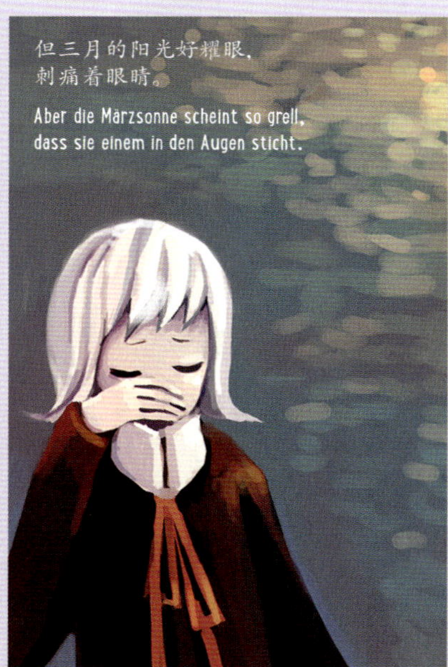
但三月的阳光好耀眼，
刺痛着眼睛。
Aber die Märzsonne scheint so grell,
dass sie einem in den Augen sticht.

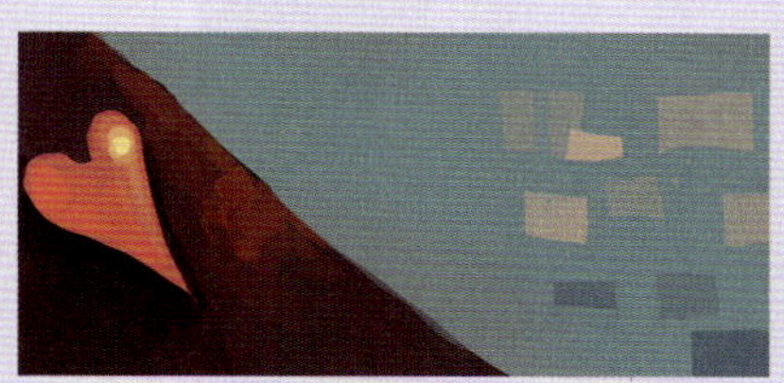

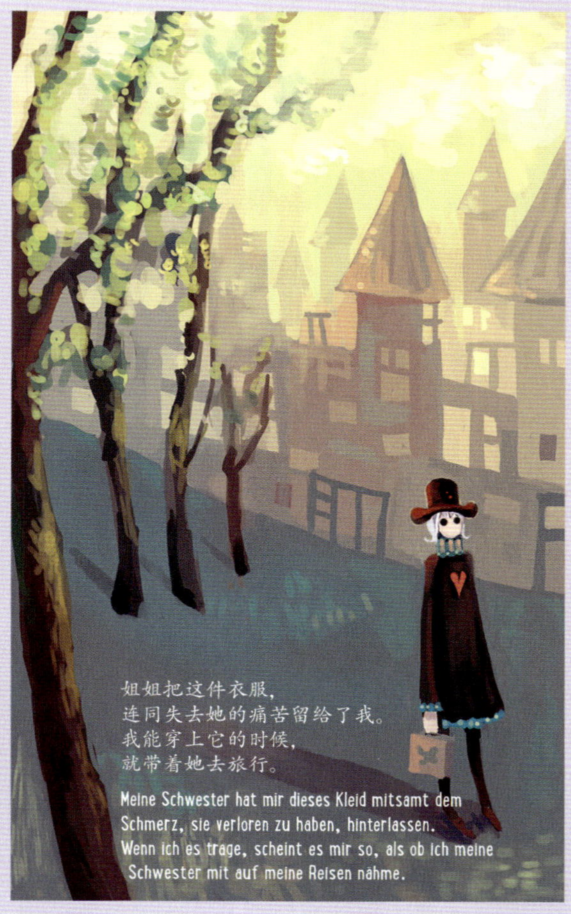
姐姐把这件衣服，
连同失去她的痛苦留给了我。
我能穿上它的时候，
就带着她去旅行。
Meine Schwester hat mir dieses Kleid mitsamt dem
Schmerz, sie verloren zu haben, hinterlassen.
Wenn ich es trage, scheint es mir so, als ob ich meine
Schwester mit auf meine Reisen nähme.

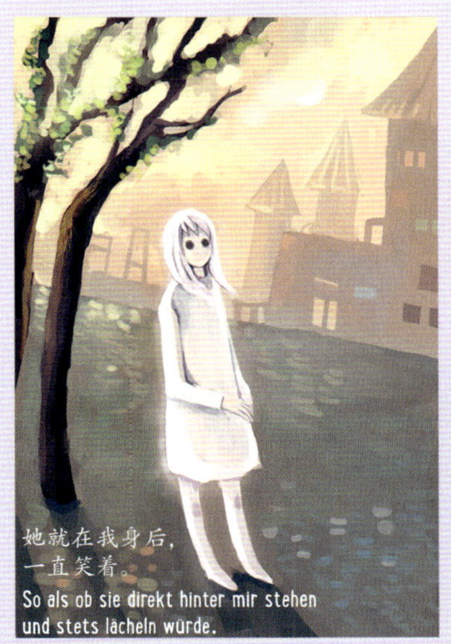

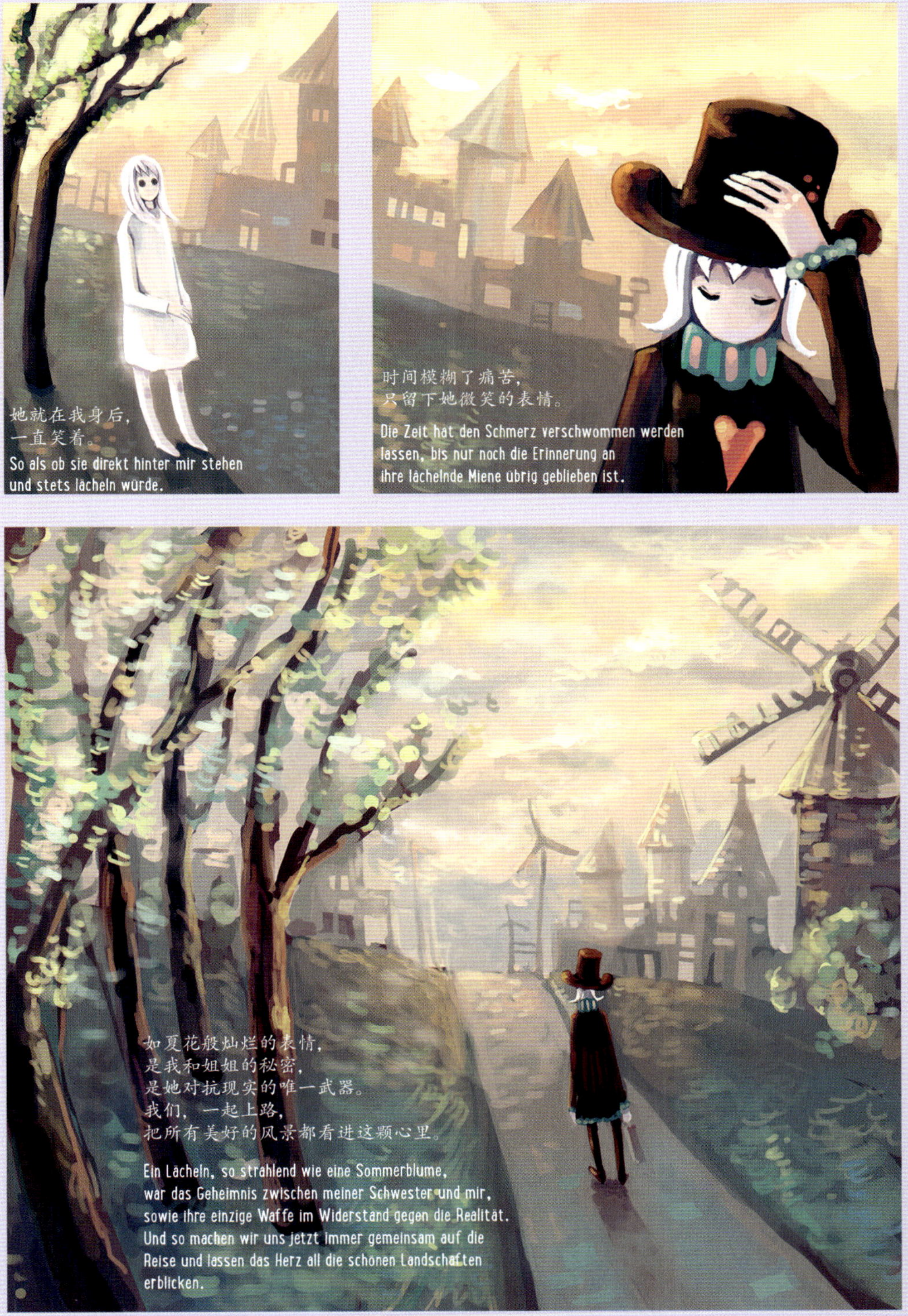

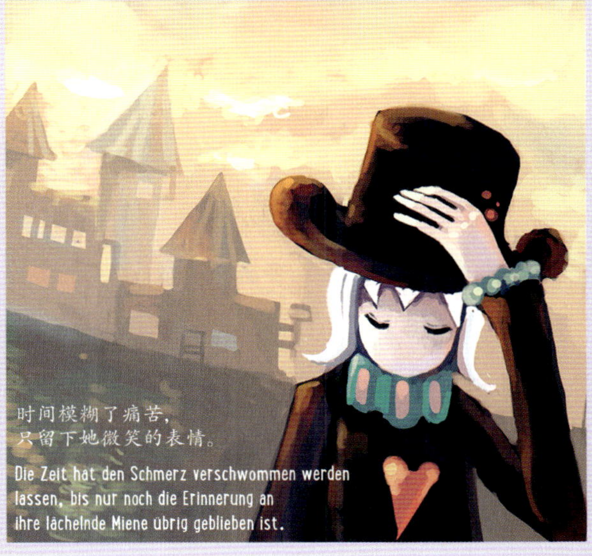

如夏花般灿烂的表情，
是我和姐姐的秘密，
是她对抗现实的唯一武器。
我们，一起上路，
把所有美好的风景都看进这颗心里。

Ein Lächeln, so strahlend wie eine Sommerblume,
war das Geheimnis zwischen meiner Schwester und mir,
sowie ihre einzige Waffe im Widerstand gegen die Realität.
Und so machen wir uns jetzt immer gemeinsam auf die
Reise und lassen das Herz all die schönen Landschaften
erblicken.

时间模糊了痛苦，只留下她微笑的表情。

Die Zeit hat den Schmerz verschwommen werden lassen,
bis nur noch die Erinnerung an ihr wunderschönes Lächeln übrig geblieben ist.

Something about…

SMILE

几天前忽然接到好朋友的电话，说她爸爸被诊断出白血病，情况好也许可以活一两年，如果CT拍出来，癌细胞扩散到肺，就随时都很危险。

到她家，我们高中的照片放在桌子上，那时候我们的样子都很丑，穿着很难看的校服，白色的袖子总是因为水粉颜料和素描铅笔而脏脏的。但那时候我们的笑容可以那么灿烂。

其实那时也会因为很多事情悲伤得觉得全世界都失去阳光，那些事无非都是生活无忧的少女情怀，无非是来的去的现在已经无关紧要的人，一点点物是人非幼稚的感叹。

生活里的大事由家长担着，我们要照看的，就是自己的那点小情绪。

而现在，我看到她那么勇敢，像个大人一样，想着现实的问题，在她爸爸面前表现出很乐观的情绪。觉得时间很残忍，不断地要对生活毫无准备的我们去接受一些我们根本无法接受的事情。是的，生活远比电影和小说复杂得多。

我深知失去亲人的痛苦，所以心情变得悲伤，开始有一点怨恨生活。谁知今天下午又接到她的电话，生活忽然又给了我们一个无比开怀的奇迹——他爸爸的CT结果忽然什么癌细胞也没有，身体恢复了正常。医生们都不相信这个检验结果。我们拿着电话在马路上旁若无人地哈哈大笑，一边骂着那狗屁医院的混蛋，我一边在想，是啊，生活，不总是那么糟糕的。

奇迹还是存在的。

Vor einigen Tagen erhielt ich plötzlich den Anruf einer engen Freundin. Sie erzählte, dass bei ihrem Vater Blutkrebs diagnostiziert worden sei und dass er vielleicht bestenfalls noch ein bis zwei Jahre leben würde. Sollte die Tomografieuntersuchung jedoch feststellen, dass sich die Krebszellen bereits in die Lunge ausgebreitet hätten, dann befände er sich jetzt schon in akuter Lebensgefahr, dann müsse bereits jetzt jederzeit mit seinem Ableben gerechnet werden.

Als ich zu ihr nach Hause kam, waren Fotos aus unserer Zeit an der Oberschule auf dem Tisch aufgestellt. Damals sahen wir recht unansehnlich aus, wir trugen sehr hässliche Schuluniformen und unsere weissen Ärmel waren ständig beschmiert mit Wassermalfarben und dem Graphit der Skizzenstifte. Aber in jener Zeit konnte sich noch das strahlendstes Lächeln auf unseren Gesichtern spiegeln.

Tatsächlich bekümmerten uns auch damals schon viele Angelegenheiten so sehr, dass wir meinten, das Sonnenlicht sei ganz aus der Welt gewichen. Aber diese waren nichts anderes als die Gefühlswelten von jungen Mädchen, die wahre Sorgen in ihrem Leben noch nicht kennengelernt haben. Unser Kummer betraf nichts anderes als Menschen, die in unseren Leben auftauchten und wieder verschwanden, aber jetzt mittlerweile irrelevant sind. Es handelte sich bei allem auch ein wenig um ein naives Berührtsein darüber, dass wir und die Welt um uns herum sich zu schnell veränderten, unsere Jugend zu schnell an uns vorbeizog und dass im Leben nichts so bleiben kann, wie es war.

Die wichtigen Angelegenheiten im Leben wurden uns durch die Eltern abgenommen, wir brauchten uns also nur um unsere kleinen, trivialen Stimmungen zu kümmern.

Aber jetzt beobachte ich, wie tapfer sie geworden ist, ganz wie ein Mensch, der erwachsen geworden ist und sich mit den Problemen der realen Welt auseinandersetzen muss. In Anwesenheit ihres Vaters hält sie eine optimistische Haltung aufrecht. Ich finde, dass die fortschreitende Zeit sehr grausam ist. Sie zwingt uns, die wir noch völlig unvorbereitet auf das Leben sind, fortwährend dazu, das eigentlich Inakzeptable zur akzeptieren.

Es stimmt, dass das Leben viel komplizierter ist, als uns das Filme oder Romane glauben lassen.

Ich kenne aus eigener Erfahrung, welchen Schmerz es bedeutet, einen nahestehenden Menschen zu verlieren. Man verliert sich in deprimierenden Gedanken und beginnt sogar damit, das Leben ein wenig zur hassen.

Wer hätte jemals gedacht, dass ich heute Nachmittag nochmals einen Anruf von ihr bekommen habe, in dem sie mir berichtet hat, dass das Leben plötzlich eine in unvergleichlicher Weise fröhlich stimmende wunderhafte Wendung für uns parat halten würde: Laut Resultat der Computertomografieuntersuchung ihres Vaters waren plötzlich sämtliche Krebszellen nicht mehr auffindbar und sein Gesundheitszustand hatte sich wieder normalisiert. Die Ärzte selbst hatten Mühe, an die Korrektheit der Testresultate zu glauben.

Wir hielten unsere Mobiltelefone in der Hand, während wir am Strassenrand standen und so lautstark lachten, als wären keine anderen Menschen um uns herum. Wir schimpften auf die Idioten des verdammten Krankenhauses, während wir uns dabei dachten: Ja, das Leben ist an sich doch nicht immer so miserabel.
Wunder gibt es also doch.

Mein Weg

Ein Baum als Schutzgeist

守护树

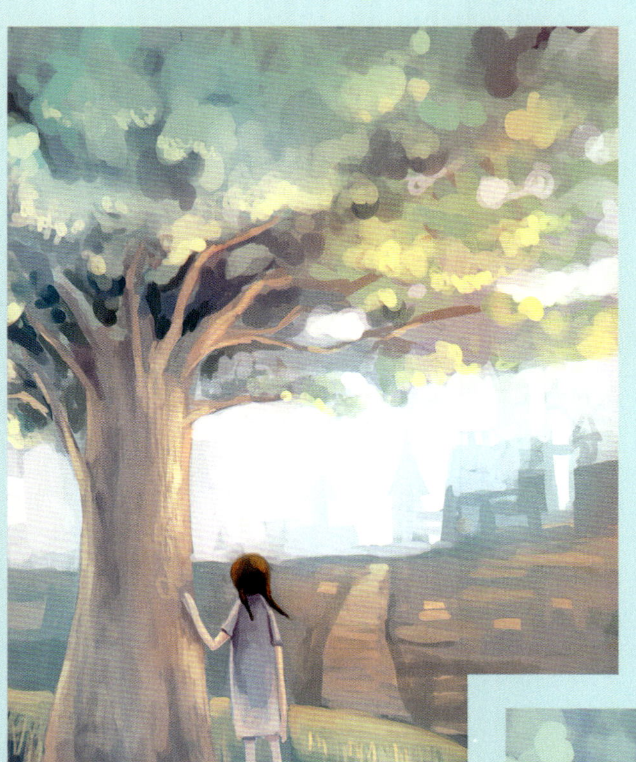

去远方吧，孩子。
我的脚下束缚着土地，
只能送你安详的目光。
来年春风轻扬，
我把种子，
撒在你前行的路上。

Ziehe in die Ferne, mein Kind.
Meine Füsse sind an das Erdreich gefesselt,
ich kann dich nur mit meinem ruhigen Blick begleiten.
Wenn im nächsten Frühling sanfte Winde wehen,
so streue ich meine Samen auf deinen Weg.

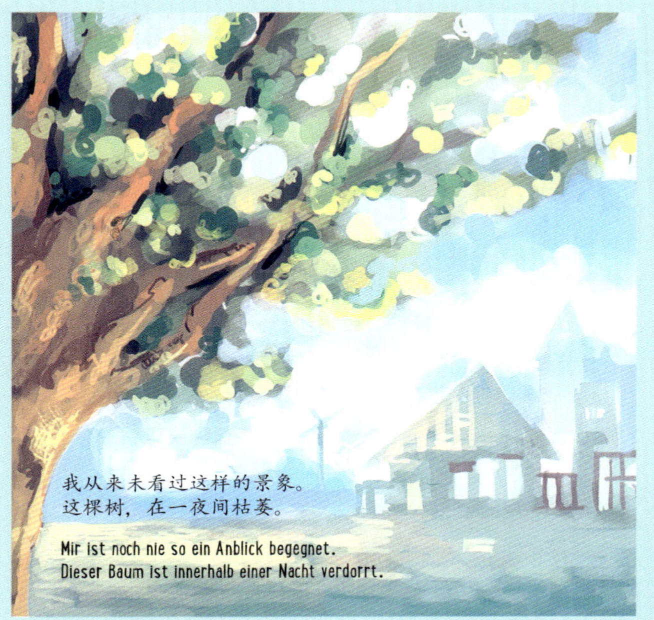

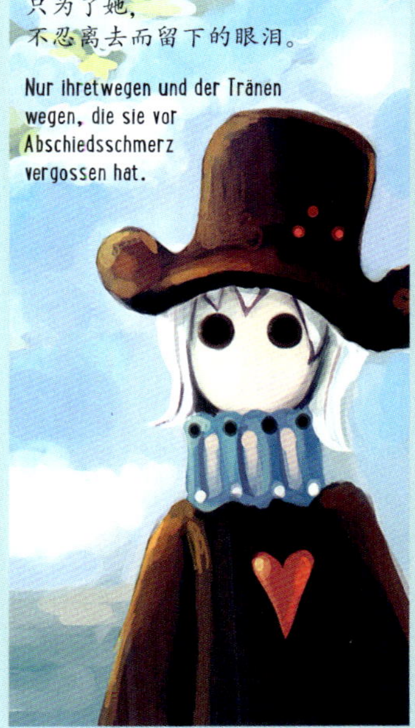

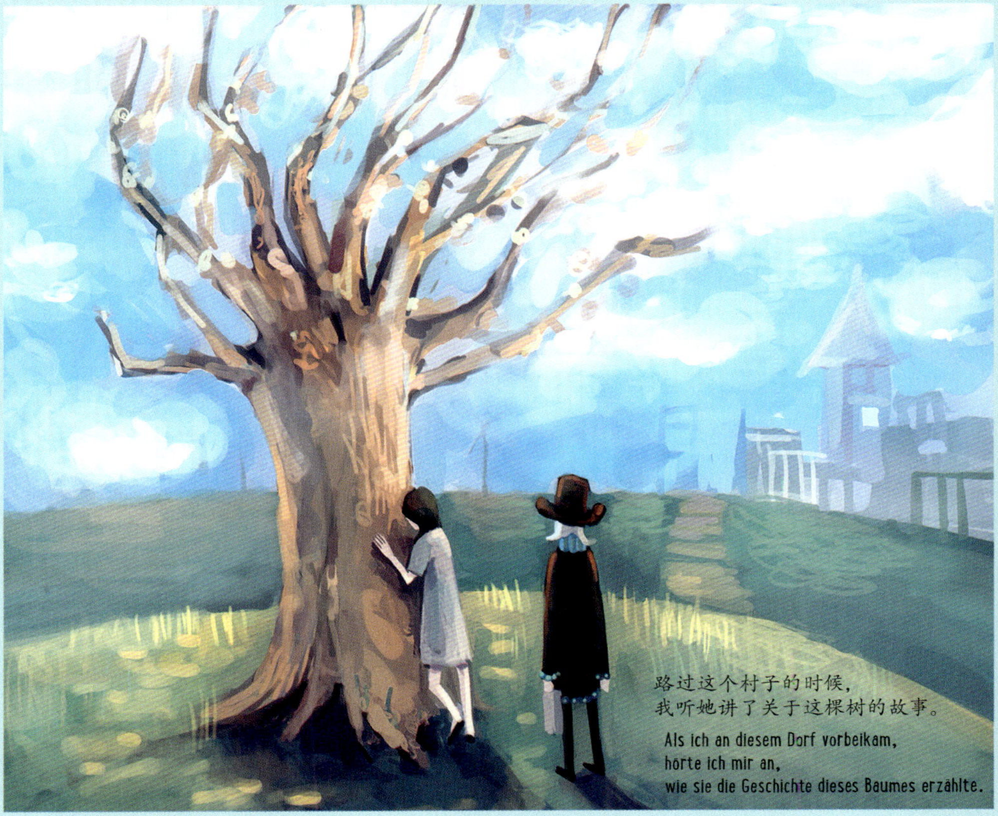

路过这个村子的时候，
我听她讲了关于这棵树的故事。

Als ich an diesem Dorf vorbeikam,
hörte ich mir an,
wie sie die Geschichte dieses Baumes erzählte.

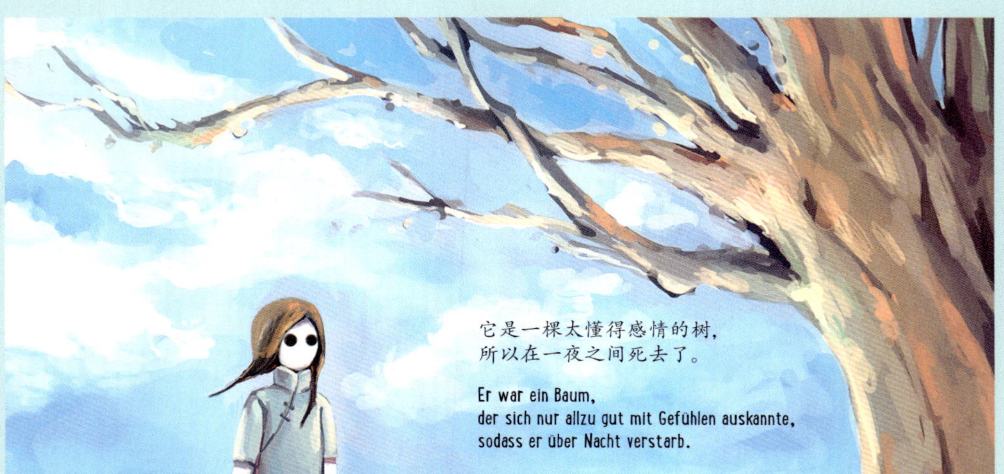

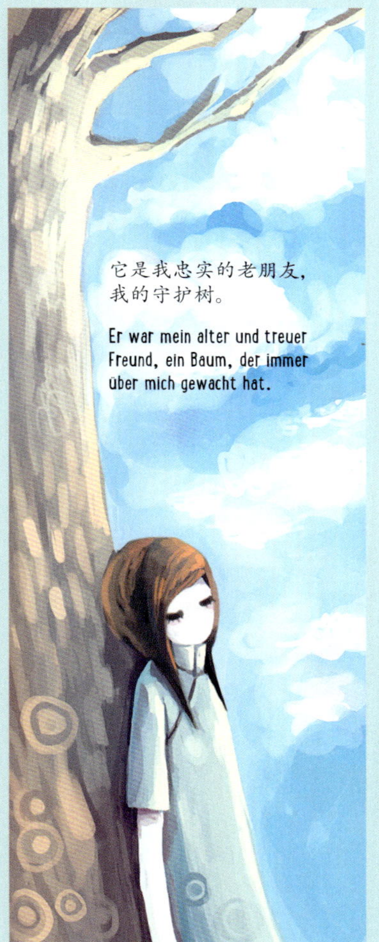

一直看护着我的成长。
用它的躯干，枝叶守护着我。
让我顽皮地在它的手掌里爬行，
不受到任何伤害。

Er hat immer über mich gewacht, als ich heranwuchs. Er hat mich mit seinem Stamm, seinen Zweigen und Blättern beschützt. Er hat es zugelassen, dass ich lausbübisch in seinen Handflächen herumgekrochen bin, und hat darauf achtgegeben, dass ich mich dabei nicht verletze.

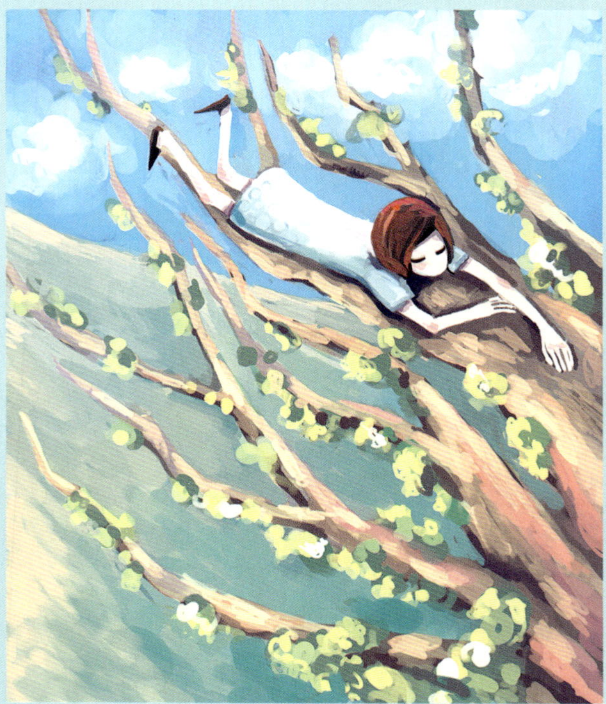

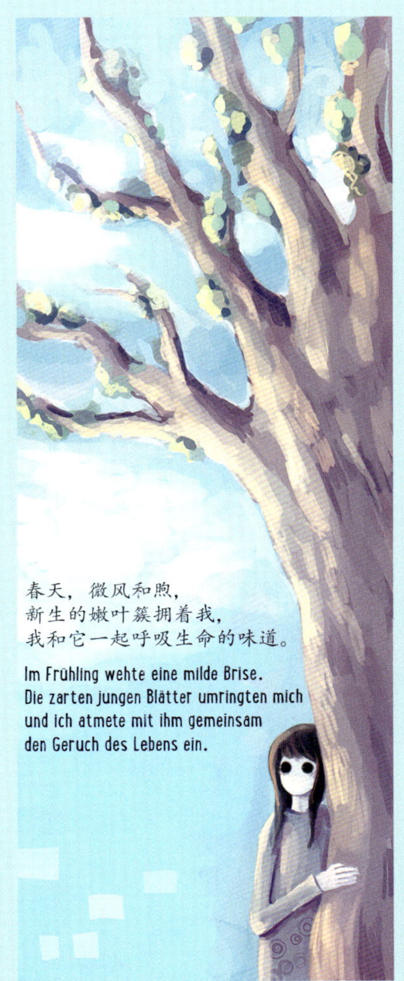

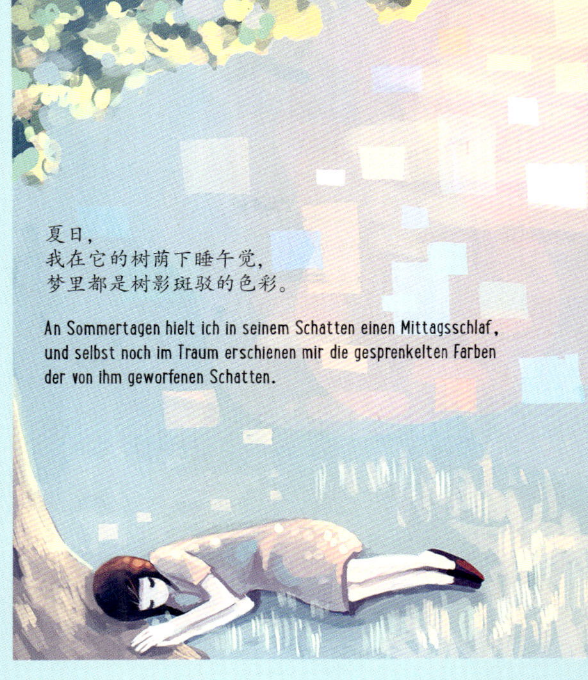

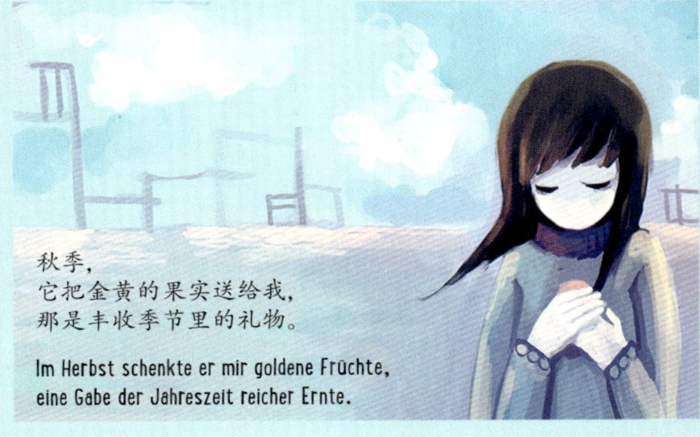

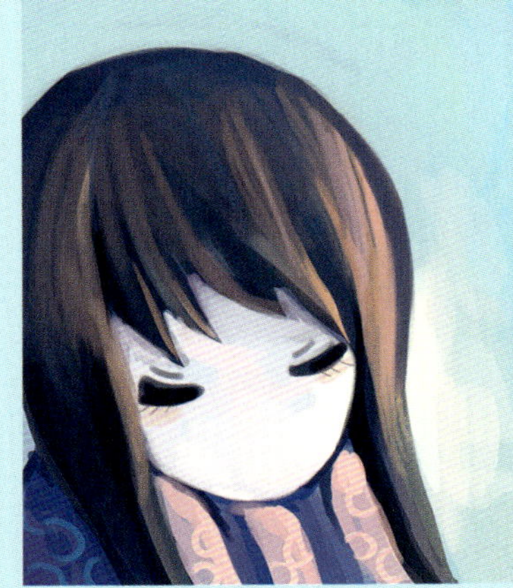

隆冬，
我们一起在雪地聆听，
冰封的原野下，
生命将要苏醒的暖流。

Im tiefen Winter lauschten wir gemeinsam den warmen Strömungen des bald wiedererwachenden Lebens unter den zugefrorenen Feldern.

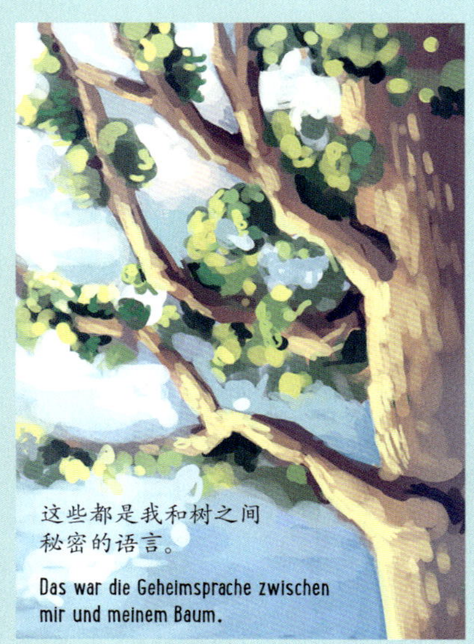

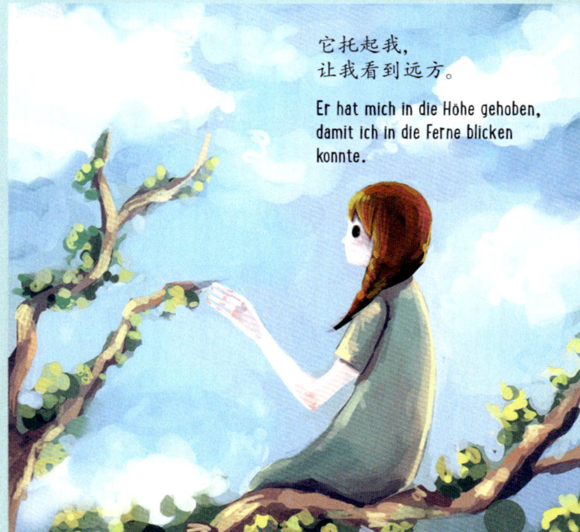

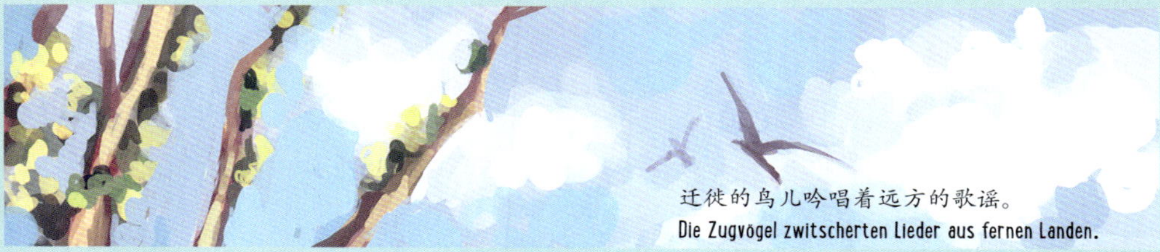

迁徙的鸟儿吟唱着远方的歌谣。

Die Zugvögel zwitscherten Lieder aus fernen Landen.

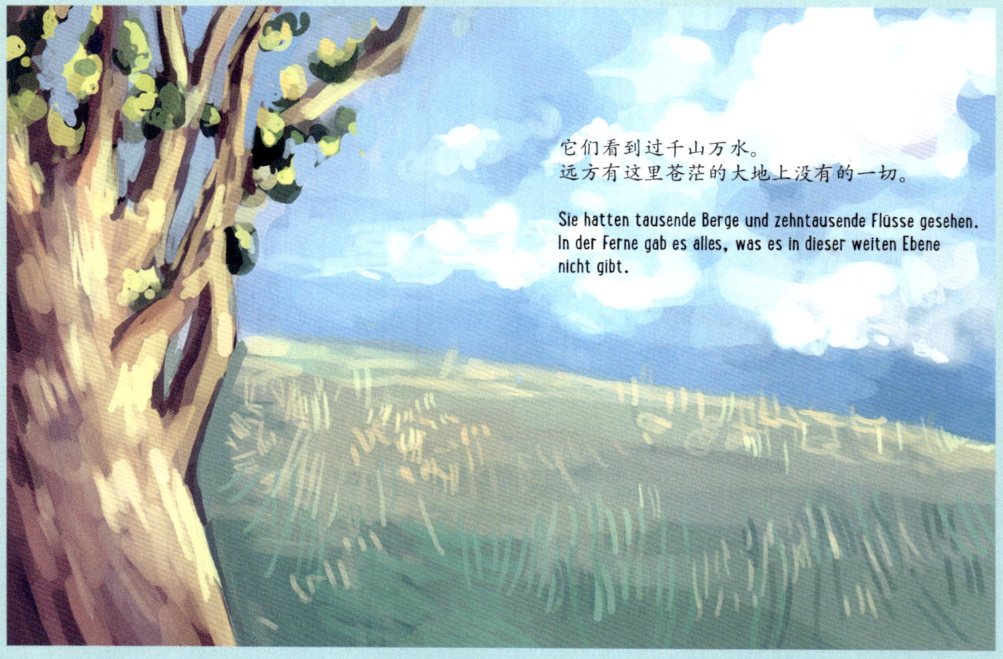

它们看到过千山万水。
远方有这里苍茫的大地上没有的一切。

Sie hatten tausende Berge und zehntausende Flüsse gesehen. In der Ferne gab es alles, was es in dieser weiten Ebene nicht gibt.

我听着树描述关于遥远地方的故事，
一点点地构筑起我想象的城市。

Ich hörte dem Baum zu, wie er Geschichten von fernen Gegenden erzählte, wobei ich Stück für Stück in meiner Vorstellung eine Stadt erbaut habe.

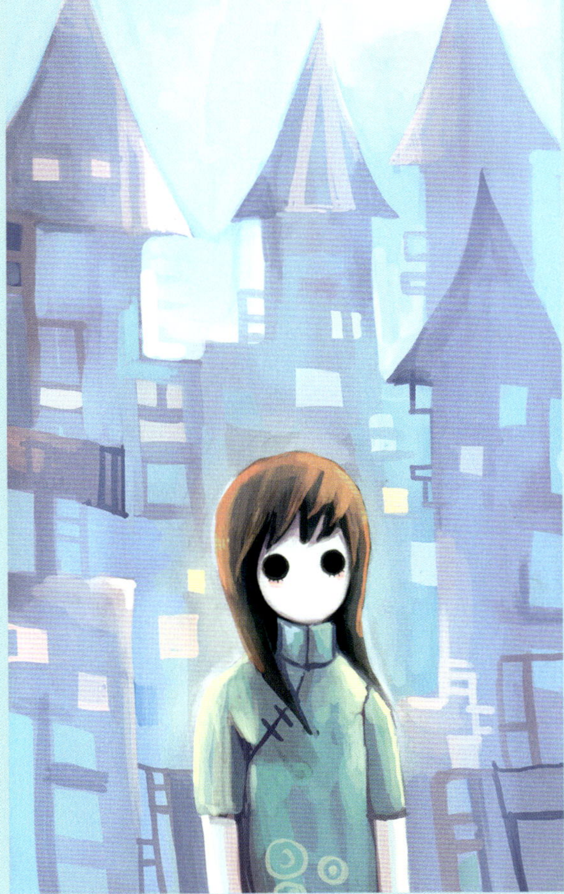

慢慢的，
远行的梦想在我心里，
变成一首歌谣。

Langsam reiften die Träume von Reisen in die Ferne in meinem Herzen zu einem Lied heran.

"去远方吧，去远方。
远方才有你色彩的梦想。
世界很大，
亲爱的孩子，
你应该比我看得更远更远。"

Zieh in die Ferne, weit weg von hier.
Nur in der Ferne gibt es die Träume in deinen Farben.
Die Welt ist sehr gross, mein geliebtes Kind.
Du sollst viel weiter blicken können,
als ich das kann.

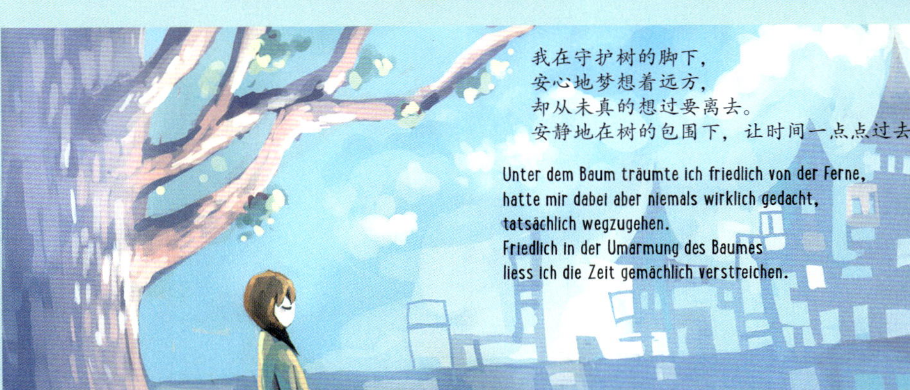

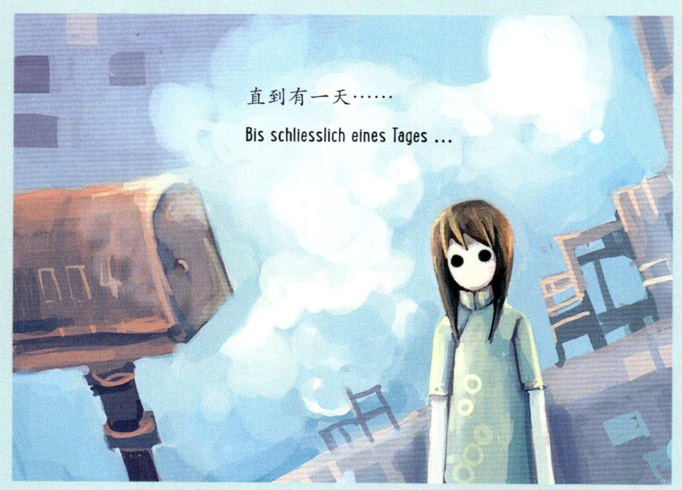
直到有一天……
Bis schliesslich eines Tages ...

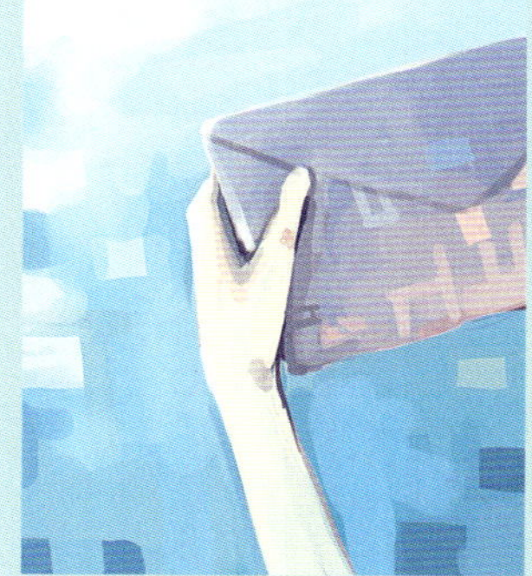
从遥远的城市，
寄来一封信函。
aus einer weit entfernten Stadt
ein Brief eintraf.

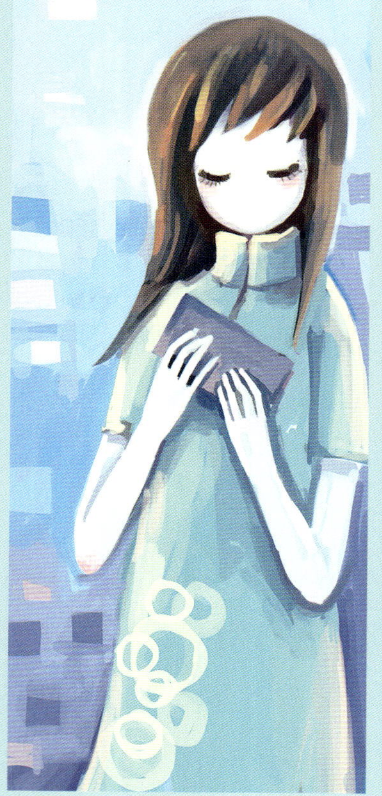
我将有机会，
前往自己梦想的地方。
Ich würde die Chance haben,
an die Orte zu gelangen, von denen
ich bisher nur geträumt hatte.

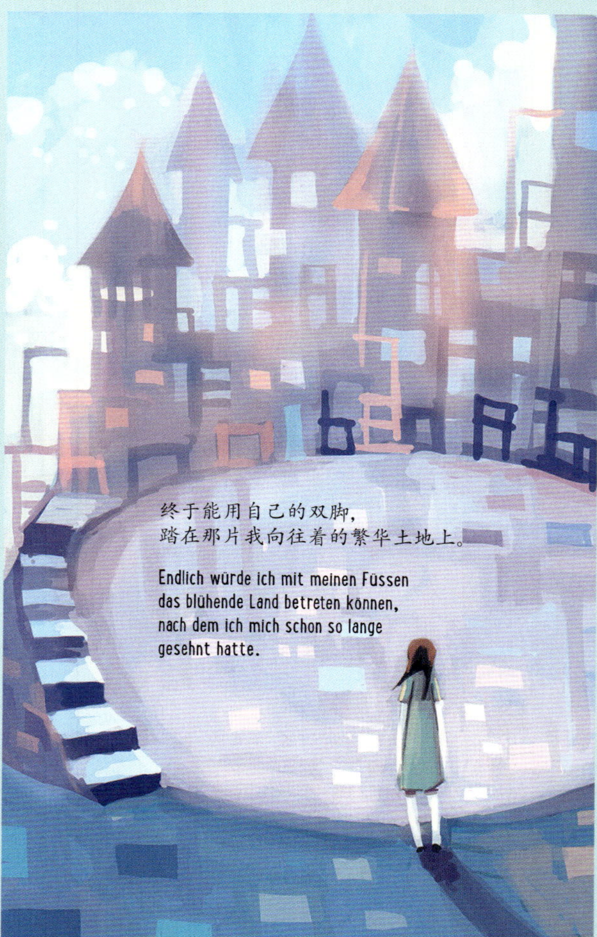
终于能用自己的双脚，
踏在那片我向往着的繁华土地上。
Endlich würde ich mit meinen Füssen
das blühende Land betreten können,
nach dem ich mich schon so lange
gesehnt hatte.

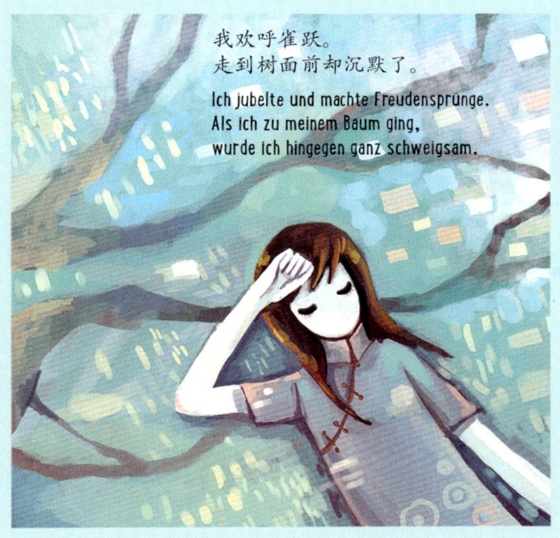

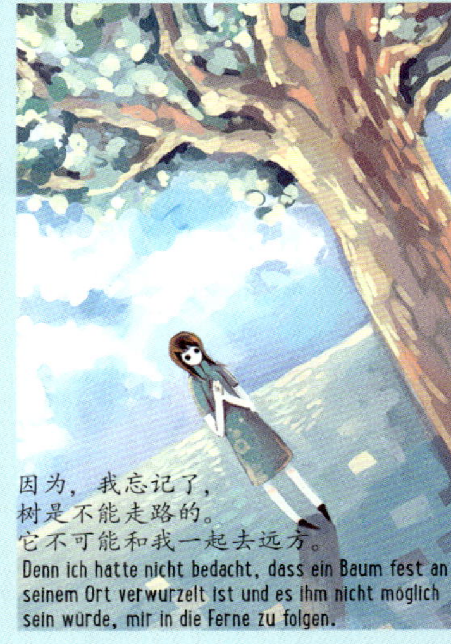

城市是一个遥远的地方，
远得我回头无法看到树的目光。

Die Stadt ist so weit weg, dass ich von dort aus, wenn ich mich umdrehe und zurückblicke, den Blick meines Baumes nicht mehr sehen kann.

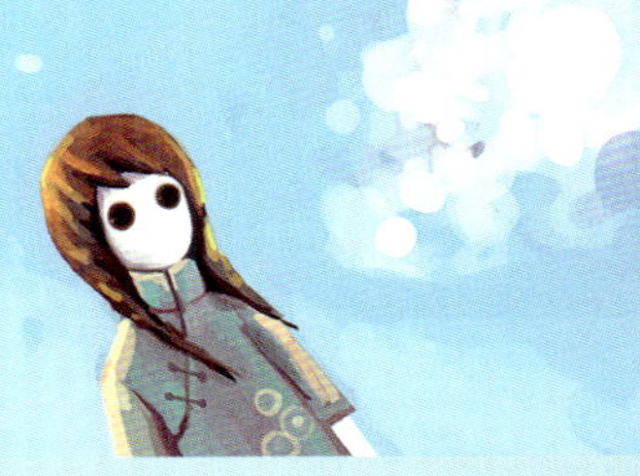

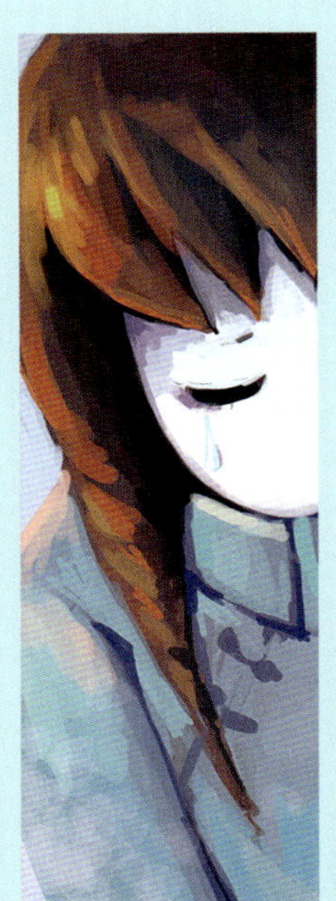

但城市斑斓的梦想刺痛着我的心。
我拥抱着它，
眼泪一滴滴的，
沁入它脚下的土地。

Aber der Traum von der farbenprächtigen Stadt stach mir im Herzen.
Ich umarmte meinen Baum und meine Tränen kullerten in schweren Tropfen herab und versickerten in der Erde um seine Wurzeln.

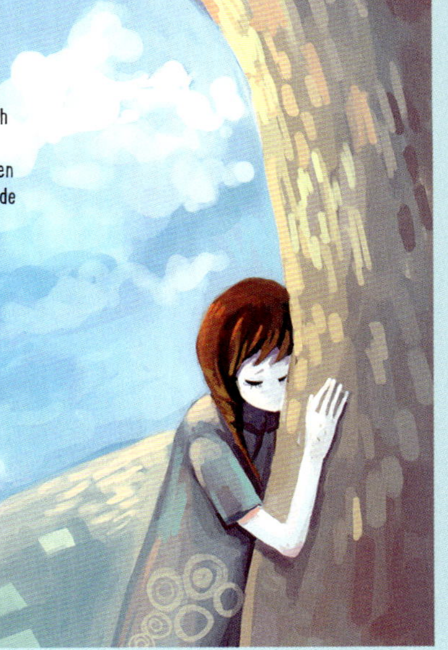

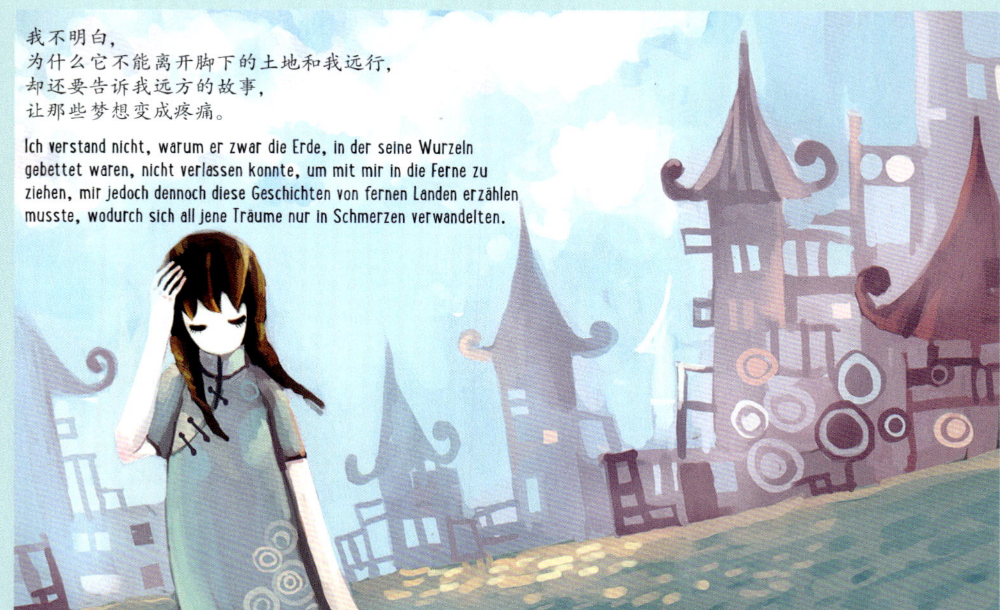

但它是一棵懂得感情的树。

Aber er war ein Baum,
der empfänglich war für Gefühle.

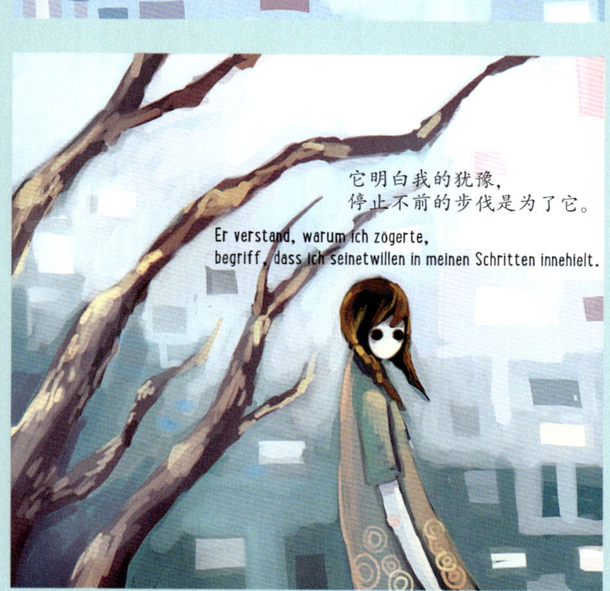

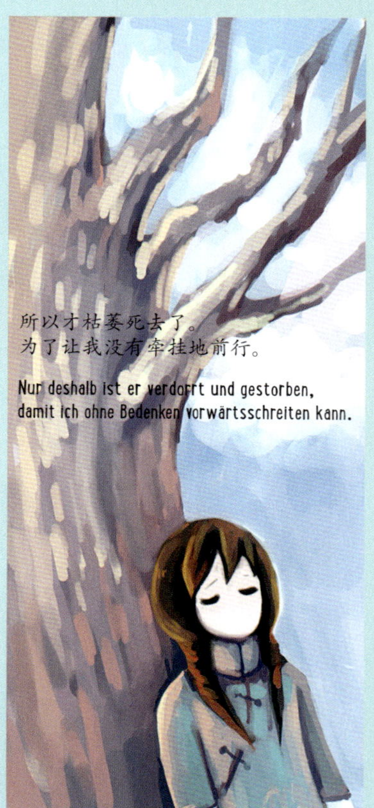

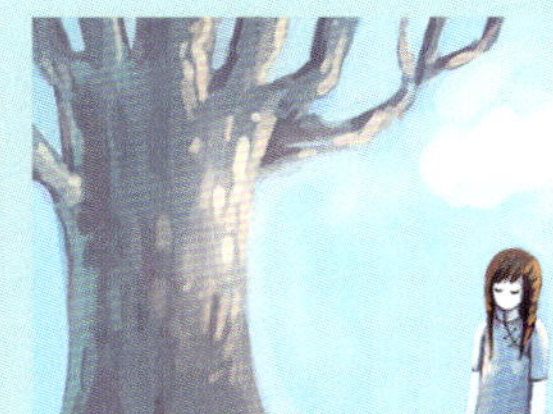
它是如此无私，
用全部的生命疼爱我。
Er war dermassen selbstlos und
hat mich mit seiner ganzen Existenz geliebt.

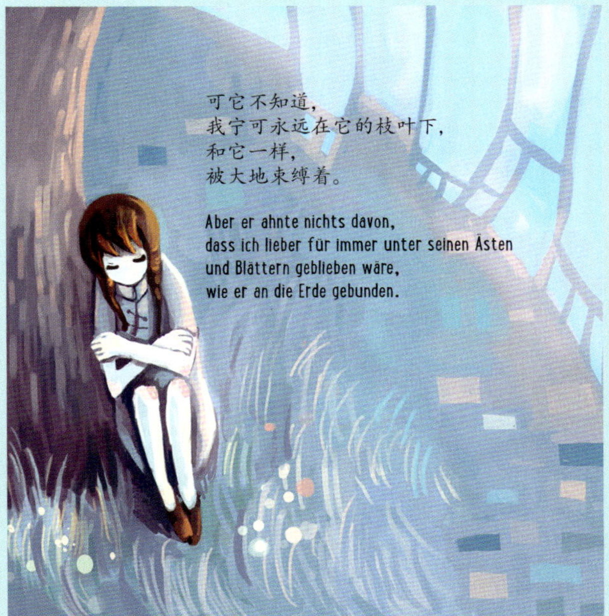
可它不知道，
我宁可永远在它的枝叶下，
和它一样，
被大地束缚着。
Aber er ahnte nichts davon,
dass ich lieber für immer unter seinen Ästen
und Blättern geblieben wäre,
wie er an die Erde gebunden.

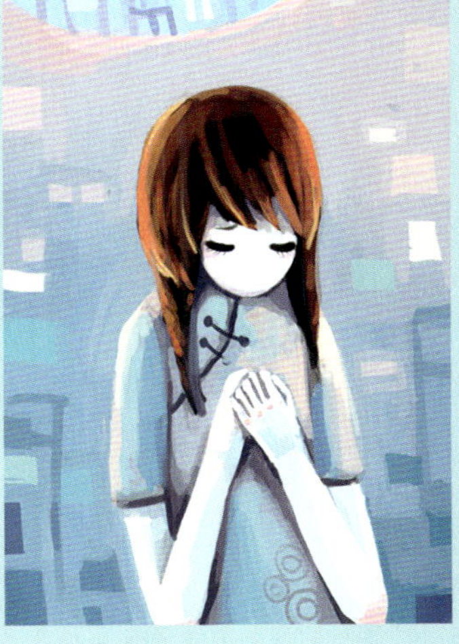
失去一切我向往的
幸福都无所谓，
守在它的脚下就好。
Es hätte mir nichts ausgemacht,
alles herbeigesehnte Glück zu verlieren,
wenn ich nur zu seinen Wurzeln immer
hätte über ihn wachen können.

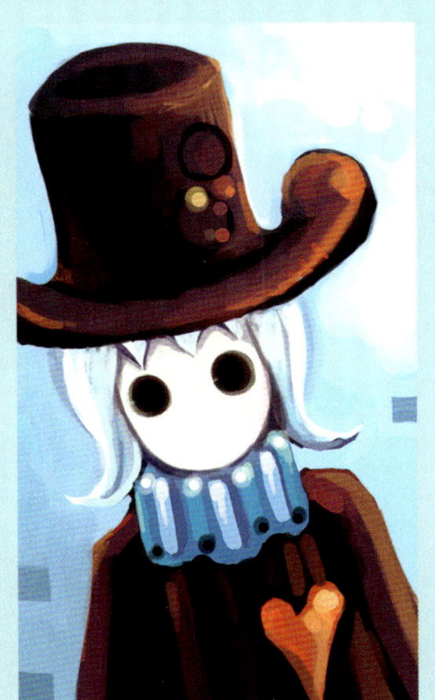

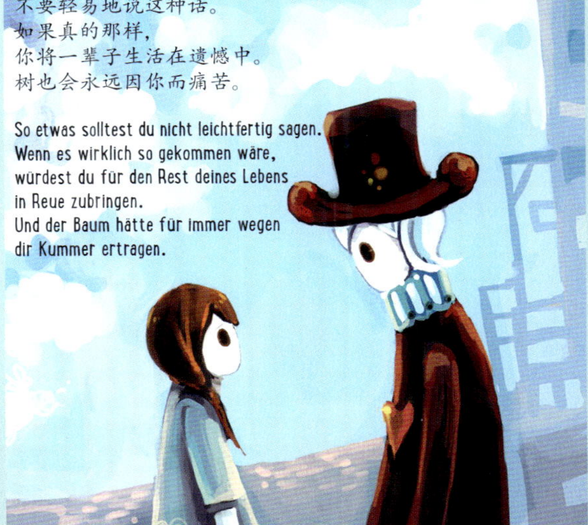
不要轻易地说这种话。
如果真的那样，
你将一辈子生活在遗憾中。
树也会永远因你而痛苦。
So etwas solltest du nicht leichtfertig sagen.
Wenn es wirklich so gekommen wäre,
würdest du für den Rest deines Lebens
in Reue zubringen.
Und der Baum hätte für immer wegen
dir Kummer ertragen.

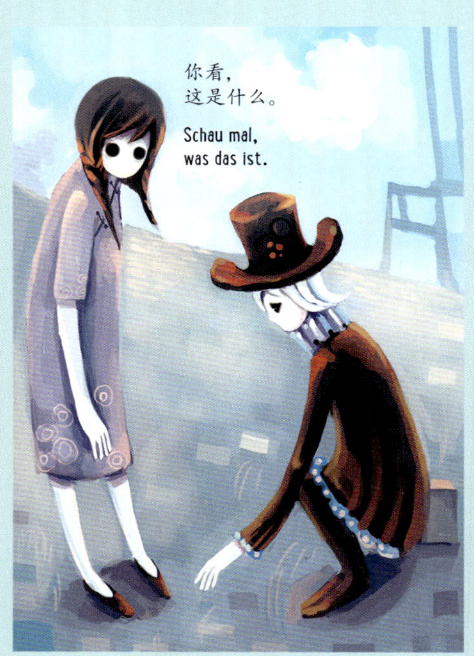
你看，
这是什么。
Schau mal,
was das ist.

是它的种子啊。
Das sind seine Samen.

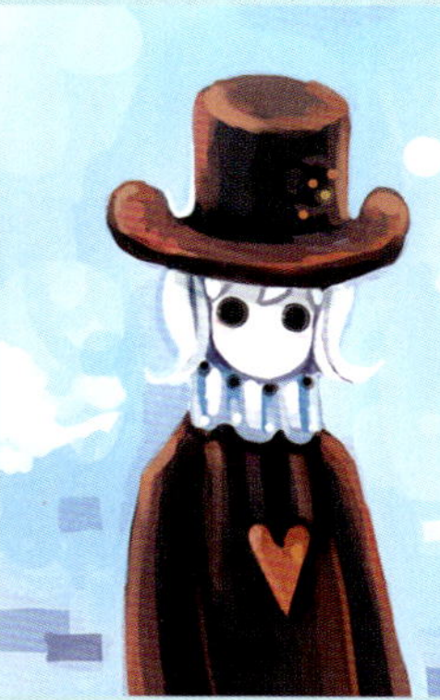
傻孩子，
你还不明白树的想法吗？
Mein törichtes Kind,
verstehst du immer noch nicht,
was der Baum beabsichtigt hatte?

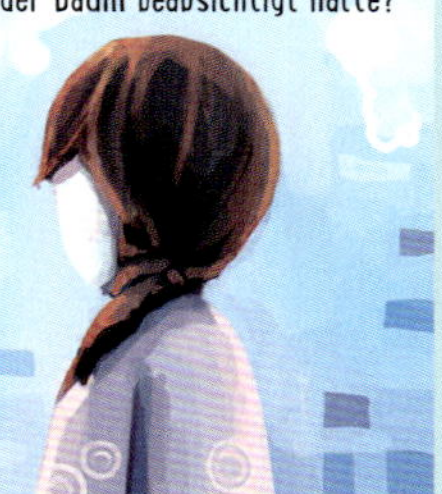

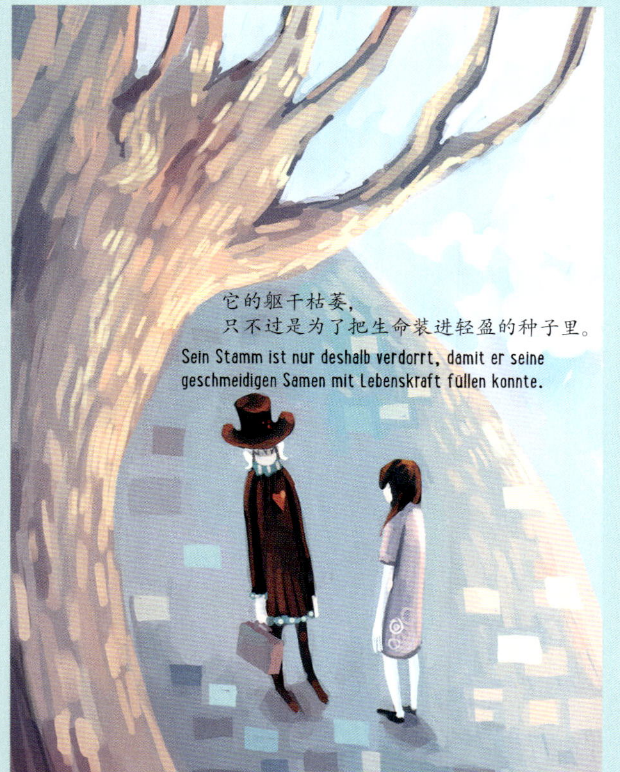
它的躯干枯萎，
只不过是为了把生命装进轻盈的种子里。
Sein Stamm ist nur deshalb verdorrt, damit er seine
geschmeidigen Samen mit Lebenskraft füllen konnte.

听这风声，
它正吹往城市的方向。
它的种子，
也一起飞往你要去的地方。
Lausche den Geräuschen des Windes.
Er weht gerade in Richtung der Stadt.
Die Samen deines Baumes fliegen gleichfalls
dorthin, wo du hingehen möchtest.

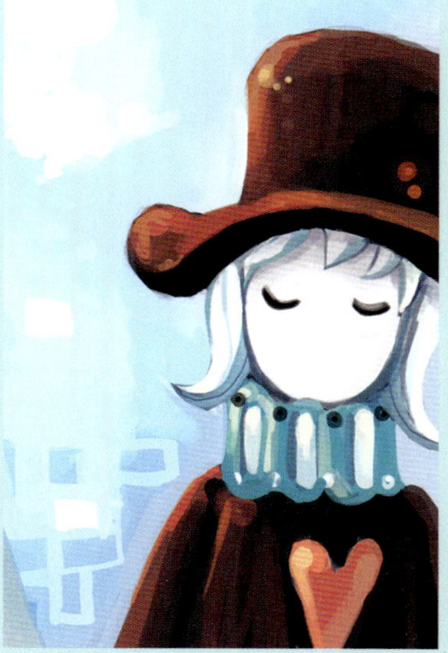

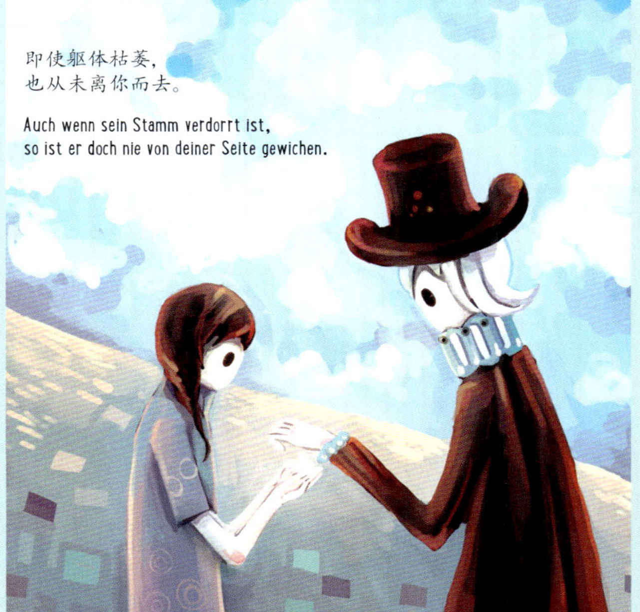

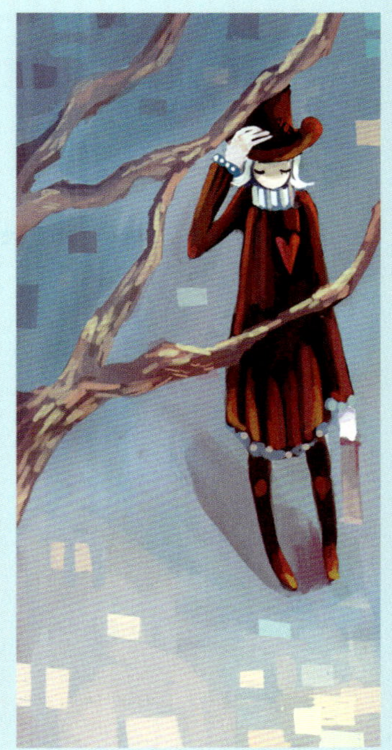

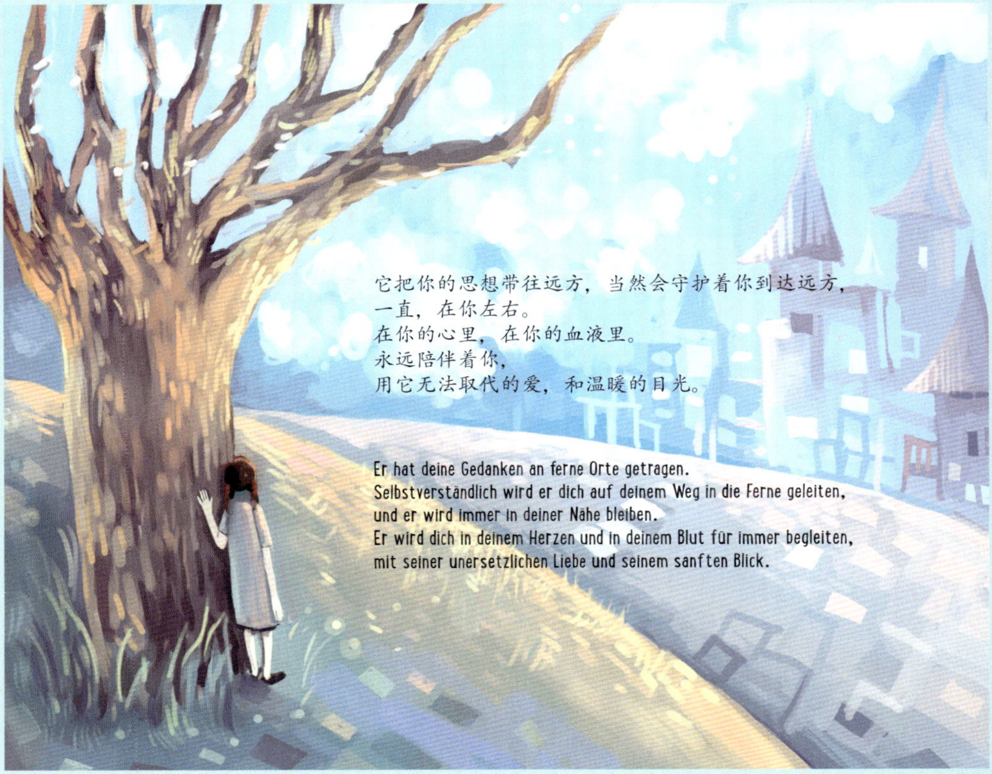

它把你的思想带往远方，当然会守护着你到达远方，
一直，在你左右。
在你的心里，在你的血液里。
永远陪伴着你，
用它无法取代的爱，和温暖的目光。

Er hat deine Gedanken an ferne Orte getragen.
Selbstverständlich wird er dich auf deinem Weg in die Ferne geleiten,
und er wird immer in deiner Nähe bleiben.
Er wird dich in deinem Herzen und in deinem Blut für immer begleiten,
mit seiner unersetzlichen Liebe und seinem sanften Blick.

即使躯体枯萎，却从未离你而去。

Auch wenn sein Stamm verdorrt ist,
so ist er doch nie von deiner Seite gewichen.

Something about…

EUDEMON = TREE

也许要等足够的时间过去之后，我才敢写出那些怀念的字句。
这个故事。送给妈妈。
对我来说，永远无可取代的，这个世界上最伟大的妈妈。

Vielleicht war es notwendig, genügend Zeit verstreichen zu lassen, bis ich es habe wagen können, jene sehnsuchtsvollen Zeilen niederzuschreiben:

Diese Geschichte ist meiner Mutter gewidmet.
Für mich war sie die grossartigste Mutter dieser Welt, die für immer unersetzlich bleiben wird.

你不在这世界里，
却一直一直在我心里。

Du weilst nicht mehr in dieser Welt,
aber auf ewig weilst du in meinem Herzen.

Mein Weg

Bonbons

糖果

你最后的笑容，
和甜甜的糖果黏在一起，
融化成，
永不褪色的风景。

Dein allerletztes Lächeln haftet dem Geschmack der süssen Bonbons an und verschmilzt dabei zu einer imaginären Landschaft, deren Farben niemals verblassen werden.

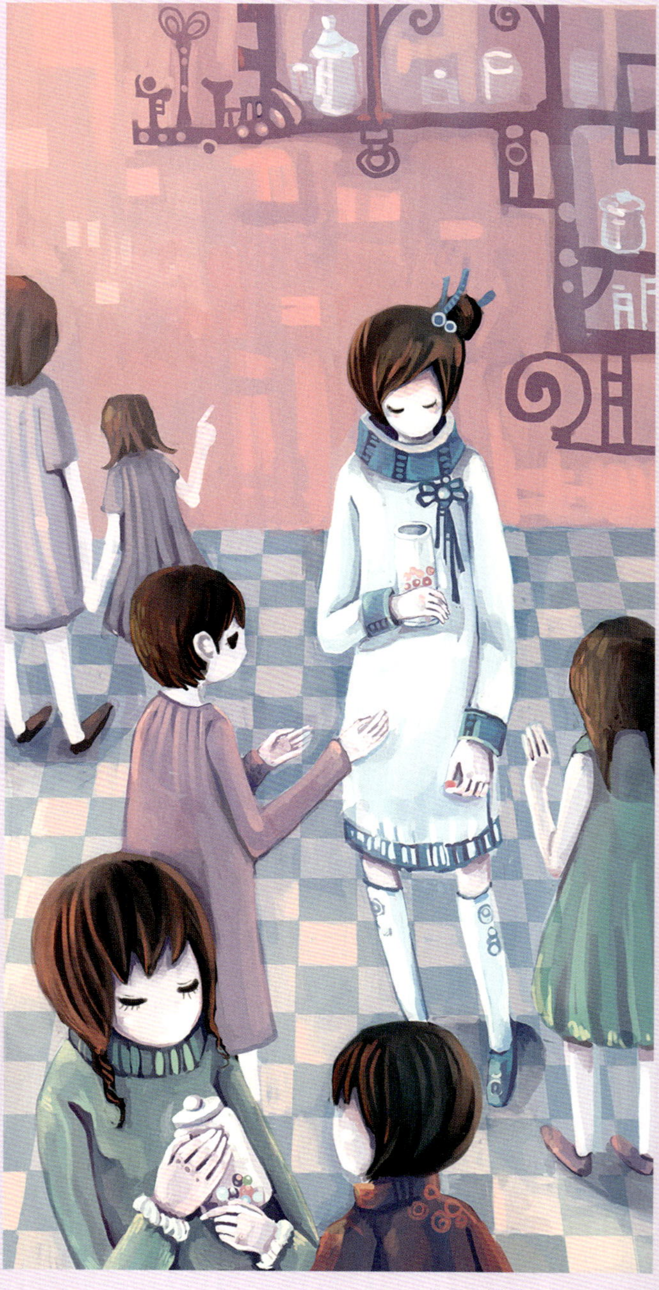

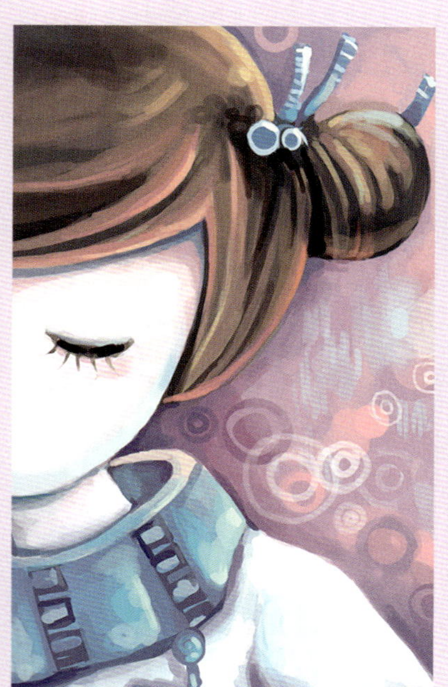

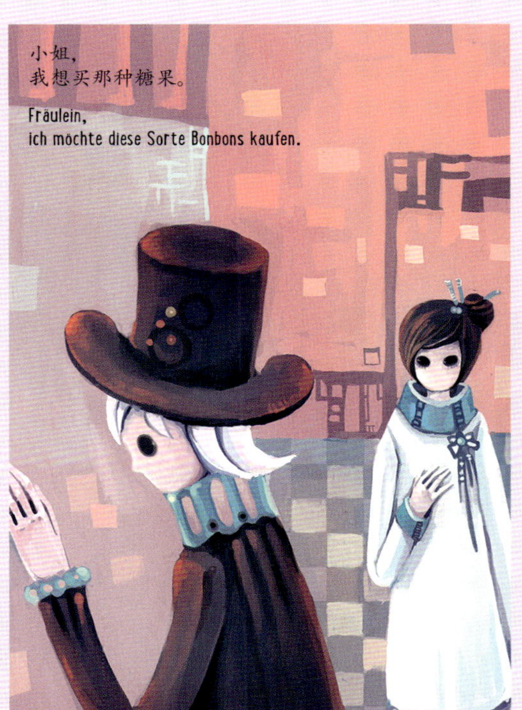
小姐，
我想买那种糖果。
Fräulein,
ich möchte diese Sorte Bonbons kaufen.

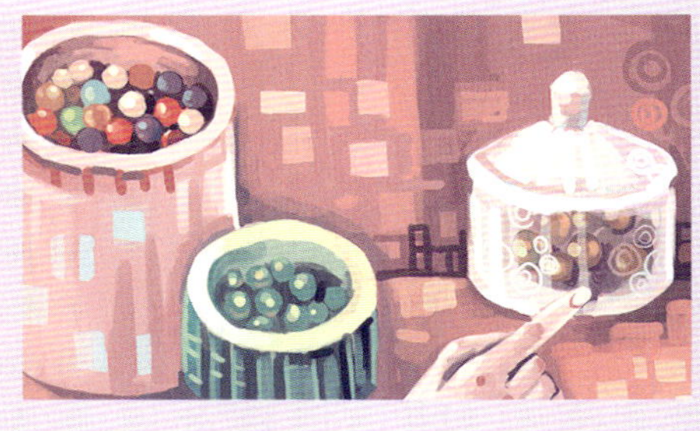

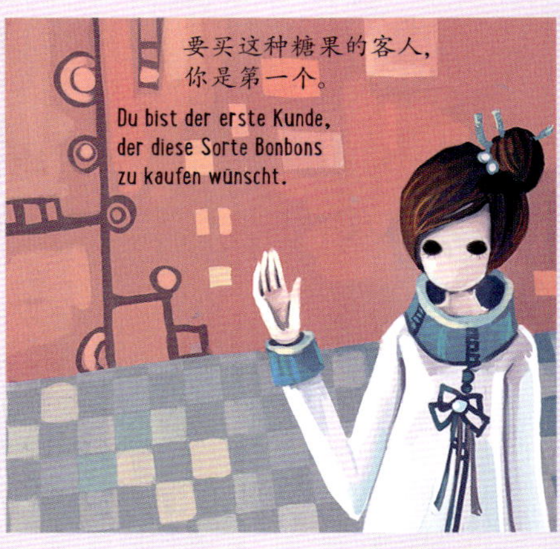
要买这种糖果的客人，
你是第一个。
Du bist der erste Kunde,
der diese Sorte Bonbons
zu kaufen wünscht.

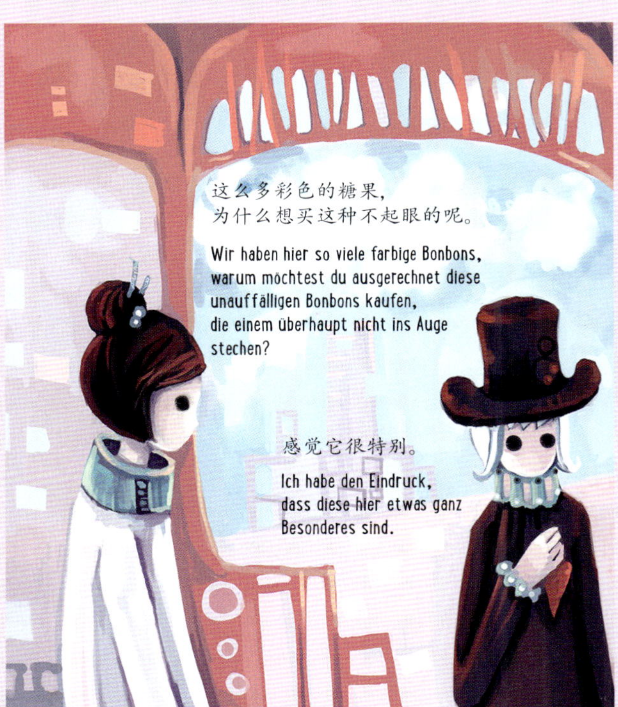
这么多彩色的糖果，
为什么想买这种不起眼的呢。
Wir haben hier so viele farbige Bonbons,
warum möchtest du ausgerechnet diese
unauffälligen Bonbons kaufen,
die einem überhaupt nicht ins Auge
stechen?
感觉它很特别。
Ich habe den Eindruck,
dass diese hier etwas ganz
Besonderes sind.

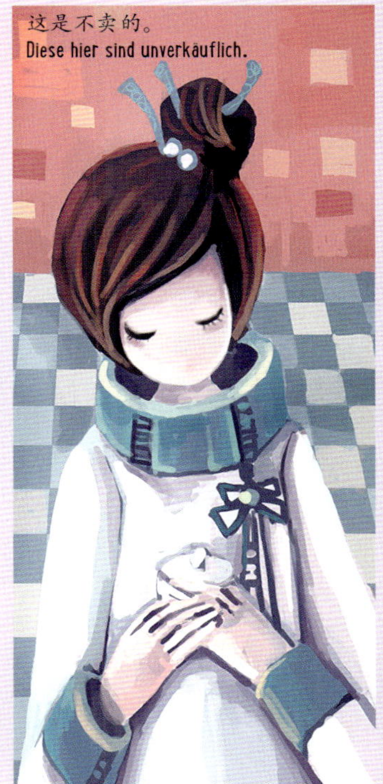
这是不卖的。
Diese hier sind unverkäuflich.

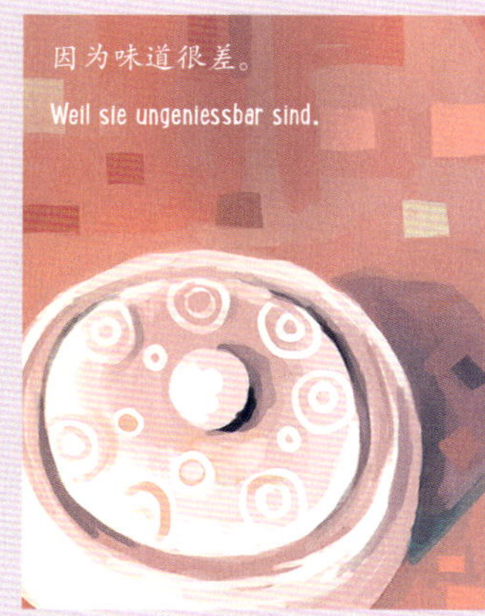
因为味道很差。
Weil sie ungeniessbar sind.

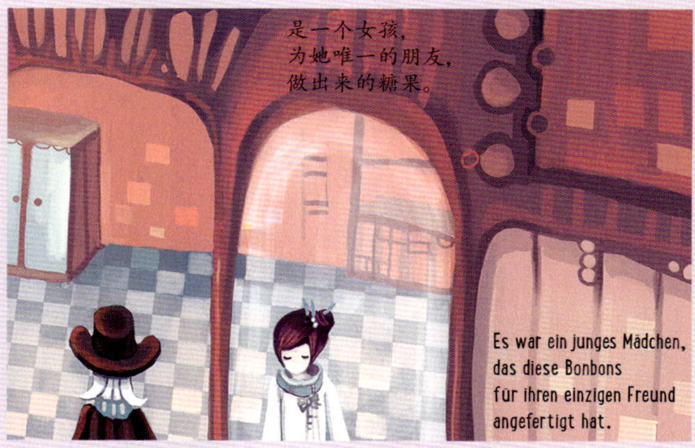
是一个女孩，
为她唯一的朋友，
做出来的糖果。
Es war ein junges Mädchen,
das diese Bonbons
für ihren einzigen Freund
angefertigt hat.

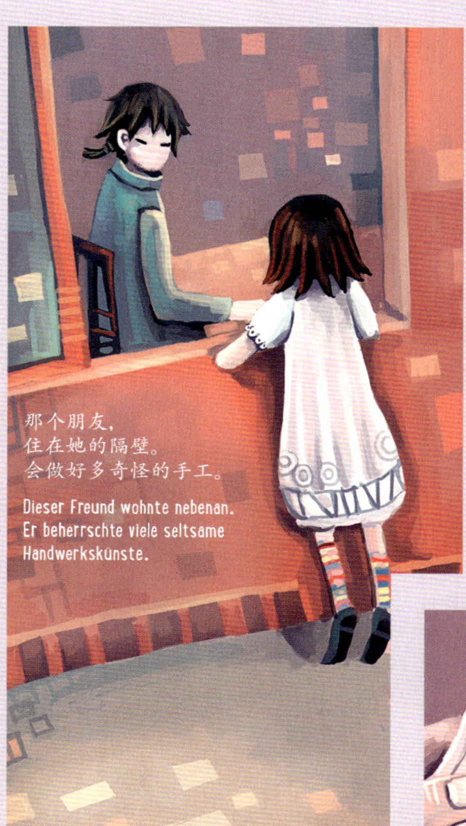
那个朋友，
住在她的隔壁。
会做好多奇怪的手工。
Dieser Freund wohnte nebenan.
Er beherrschte viele seltsame
Handwerkskünste.

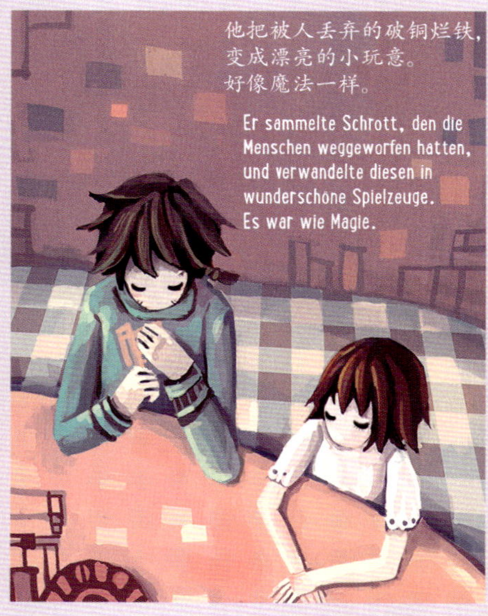
他把被人丢弃的破铜烂铁，
变成漂亮的小玩意。
好像魔法一样。
Er sammelte Schrott, den die
Menschen weggeworfen hatten,
und verwandelte diesen in
wunderschöne Spielzeuge.
Es war wie Magie.

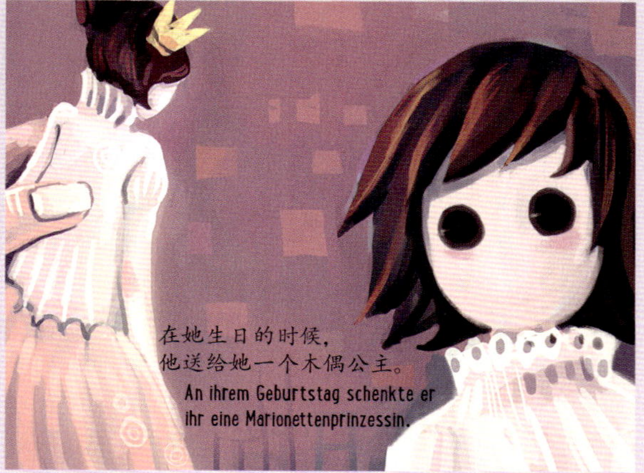
在她生日的时候，
他送给她一个木偶公主。
An ihrem Geburtstag schenkte er
ihr eine Marionettenprinzessin.

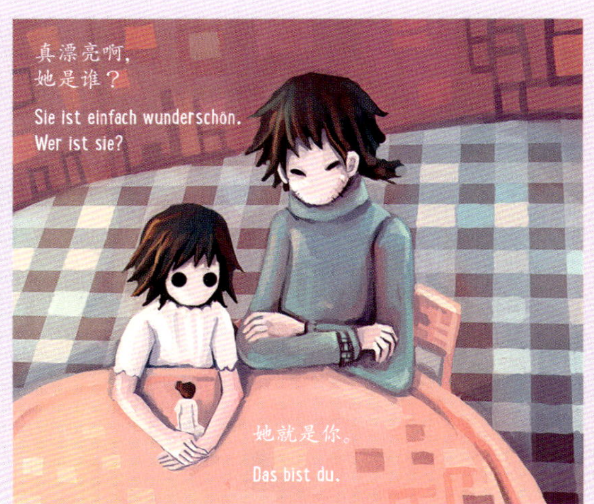
真漂亮啊，
她是谁？
Sie ist einfach wunderschön.
Wer ist sie?
她就是你。
Das bist du.

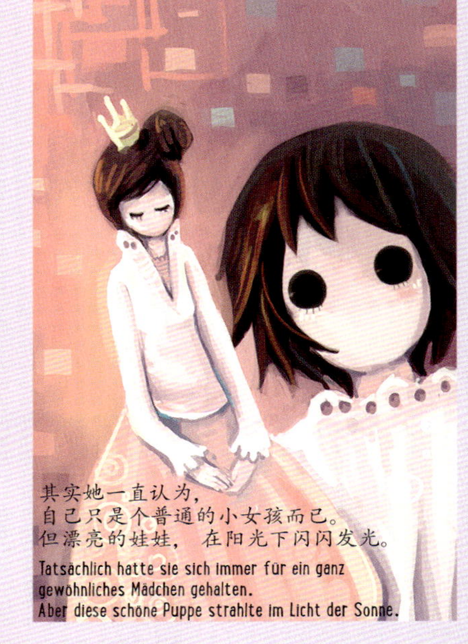
其实她一直认为，
自己只是个普通的小女孩而已。
但漂亮的娃娃，在阳光下闪闪发光。
Tatsächlich hatte sie sich immer für ein ganz
gewöhnliches Mädchen gehalten.
Aber diese schöne Puppe strahlte im Licht der Sonne.

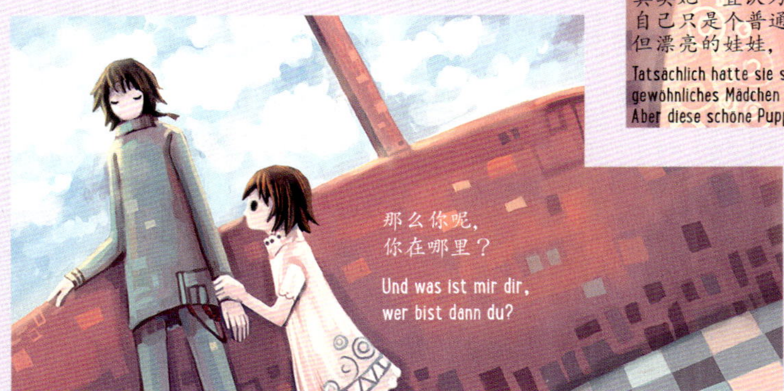
那么你呢，
你在哪里？
Und was ist mir dir,
wer bist dann du?

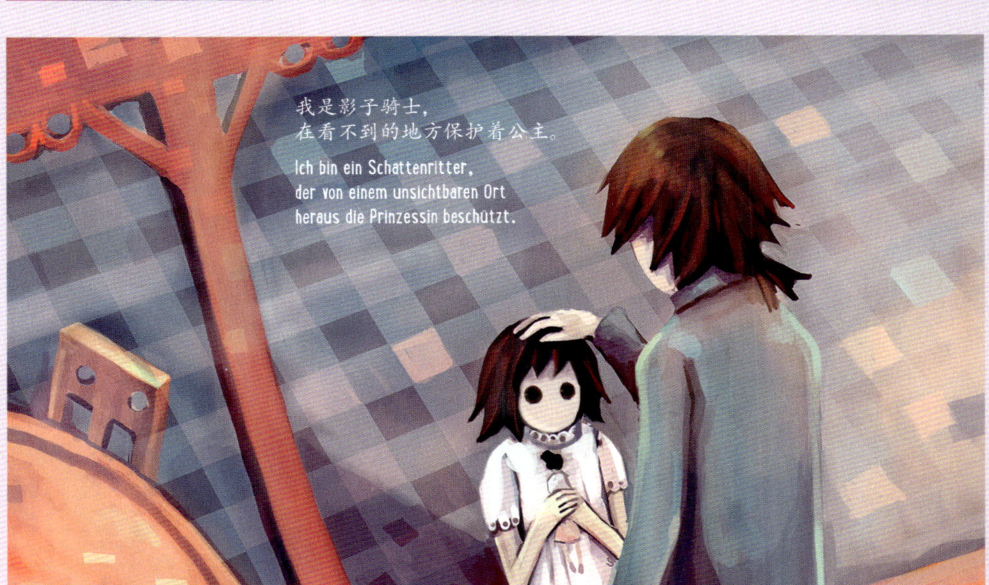
我是影子骑士，
在看不到的地方保护着公主。
Ich bin ein Schattenritter,
der von einem unsichtbaren Ort
heraus die Prinzessin beschützt.

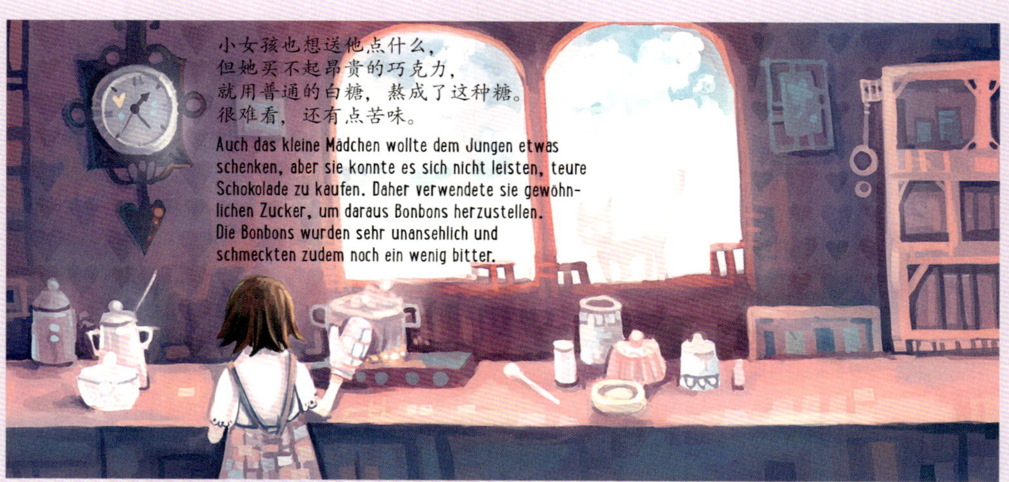

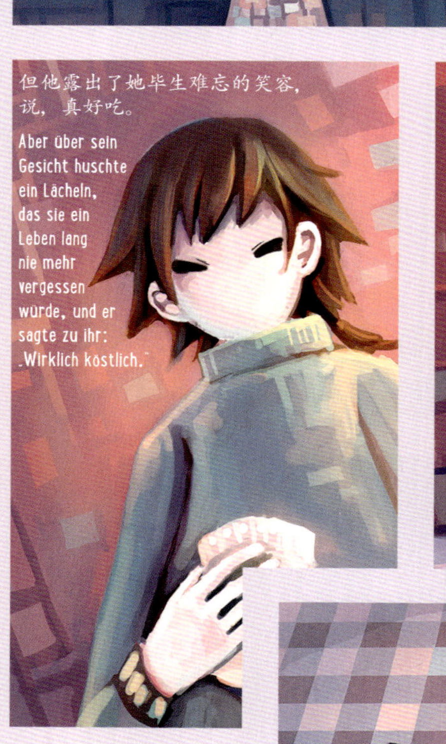

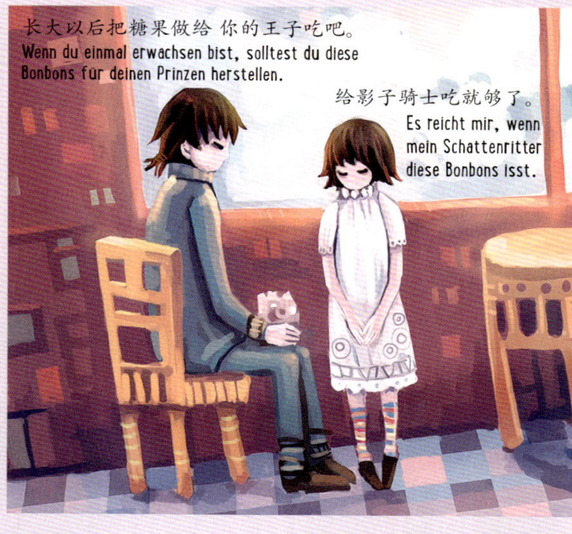

傻孩子，
公主长大后，
影子骑士也会变成秃头老爷爷啊！

Einfältiges Kind!
Wenn die Prinzessin einmal erwachsen ist, wird aus dem Schattenritter bereits ein kahlköpfiger alter Opa geworden sein!

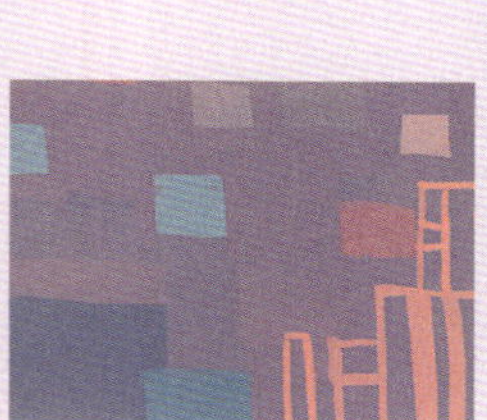

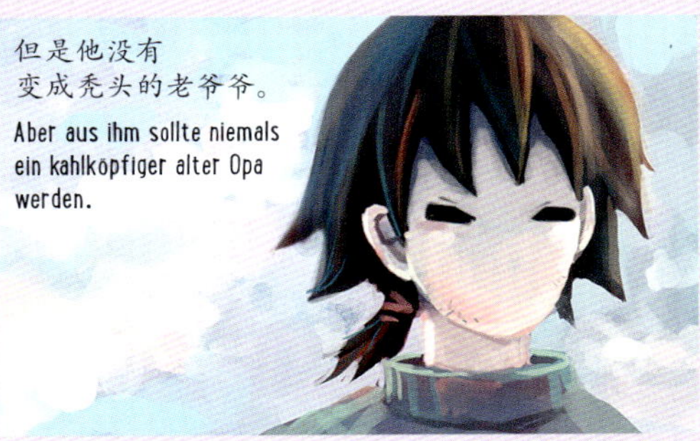
但是他没有
变成秃头的老爷爷。
Aber aus ihm sollte niemals
ein kahlköpfiger alter Opa
werden.

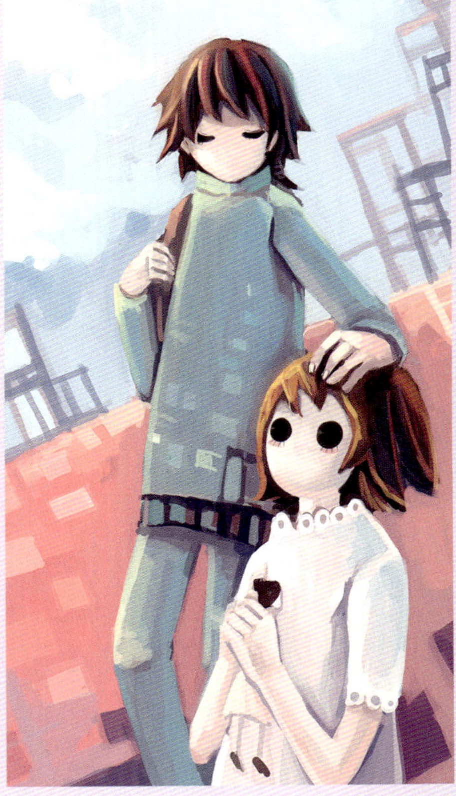
也许，我回来的时候，
你已经长大，
能做出更多好吃的糖果。
Vielleicht bist du schon erwachsen, wenn ich zurückkomme,
und hast erlernt, noch viel mehr Sorten an leckeren Bonbons
herzustellen.

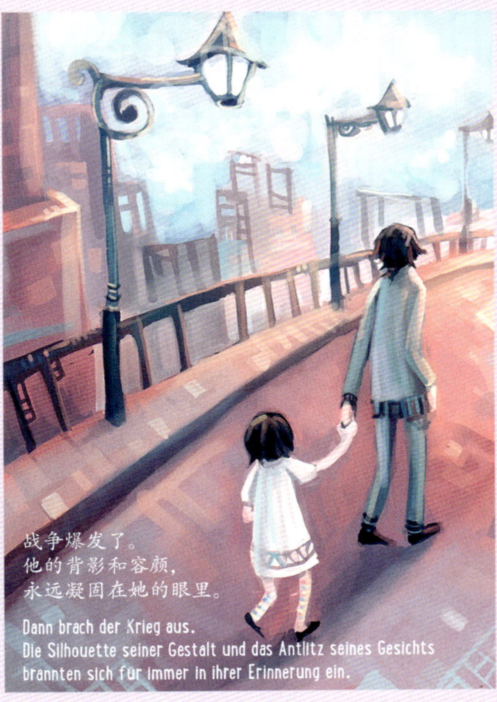
战争爆发了。
他的背影和容颜，
永远凝固在她的眼里。
Dann brach der Krieg aus.
Die Silhouette seiner Gestalt und das Antlitz seines Gesichts
brannten sich für immer in ihrer Erinnerung ein.

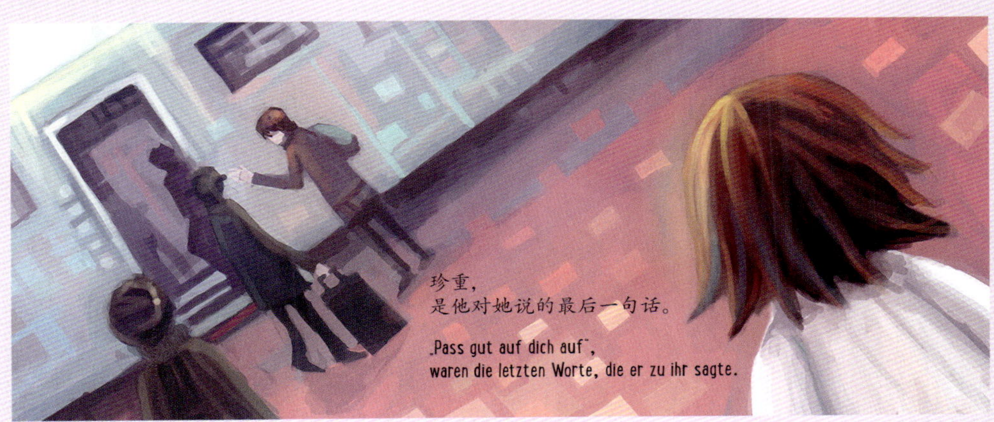
珍重，
是他对她说的最后一句话。
„Pass gut auf dich auf",
waren die letzten Worte, die er zu ihr sagte.

那场战争好长。

Dieser Krieg dauerte lange an.

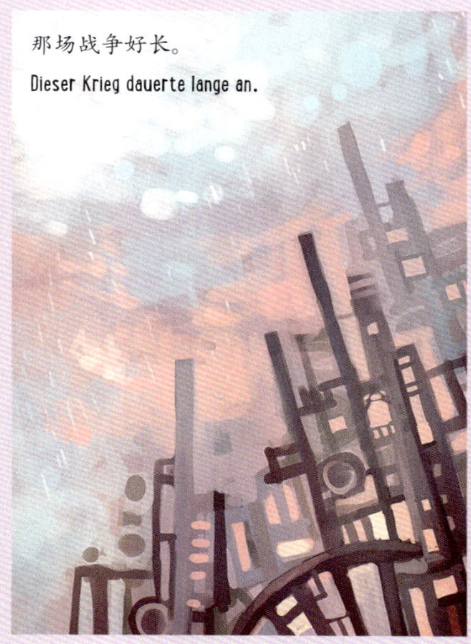

后来，
他们住的平房被推倒了。
建起了一座广场，
来庆祝和纪念战争的胜利。

Später wurde das ebenerdige Gebäude, in dem sie lebten, abgerissen und es wurde dort zum feierlichen Gedenken an den Kriegssieg ein Platz angelegt.

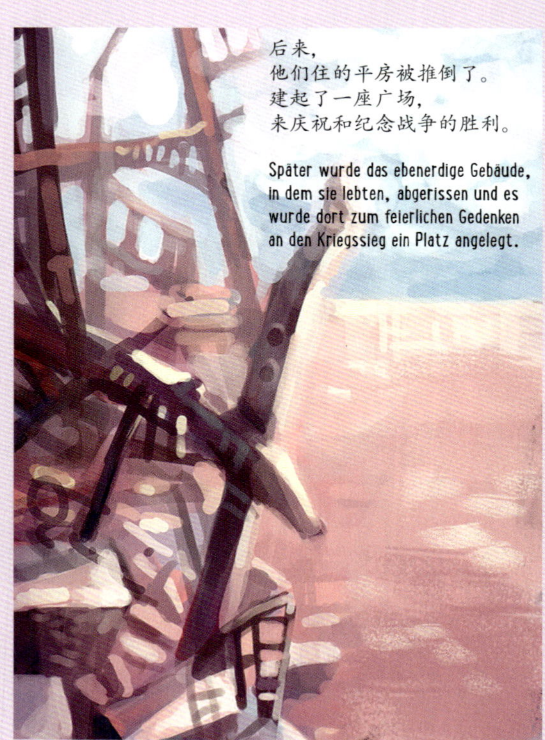

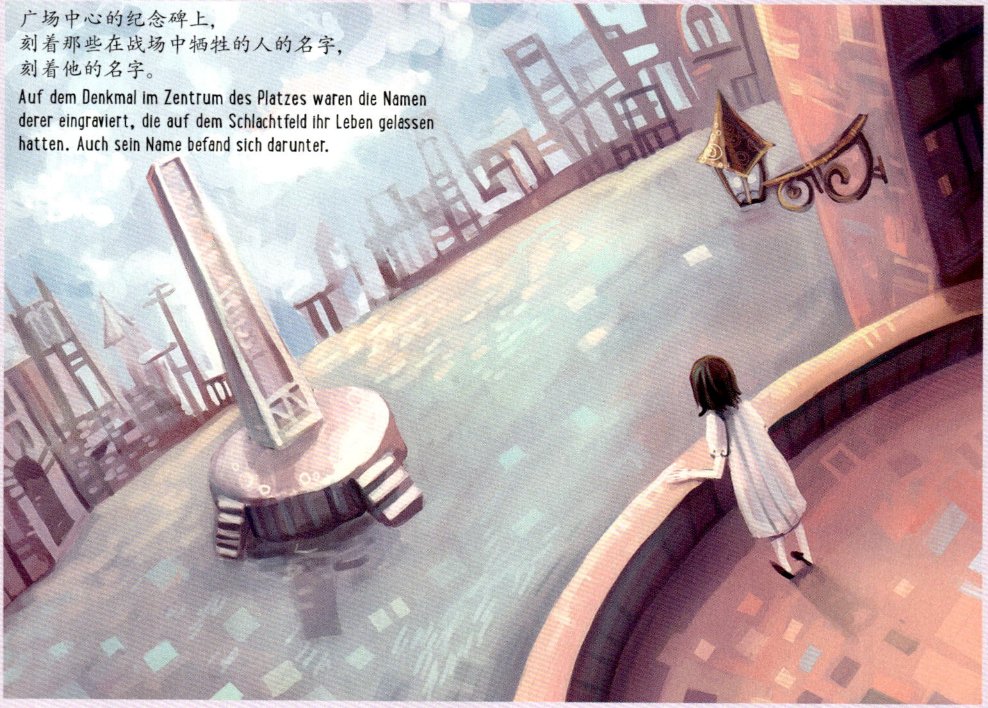

广场中心的纪念碑上，
刻着那些在战场中牺牲的人的名字，
刻着他的名字。

Auf dem Denkmal im Zentrum des Platzes waren die Namen derer eingraviert, die auf dem Schlachtfeld ihr Leben gelassen hatten. Auch sein Name befand sich darunter.

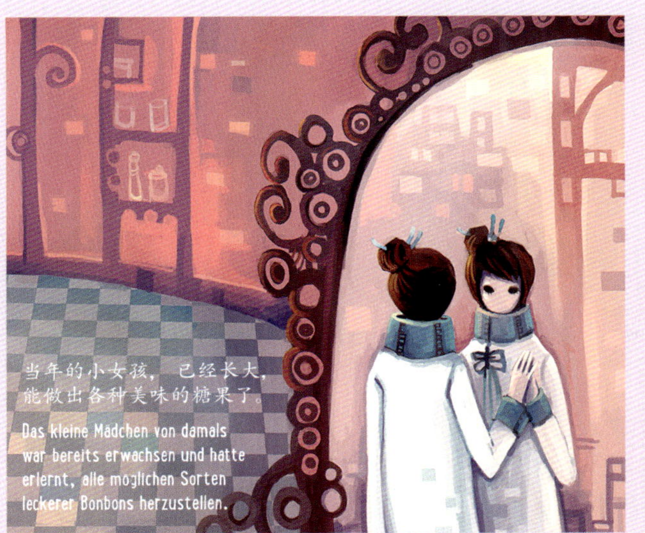
当年的小女孩，已经长大，
能做出各种美味的糖果了。
Das kleine Mädchen von damals
war bereits erwachsen und hatte
erlernt, alle möglichen Sorten
leckerer Bonbons herzustellen.

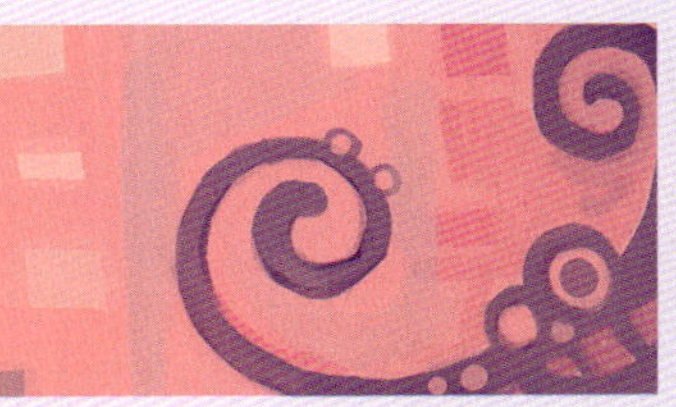

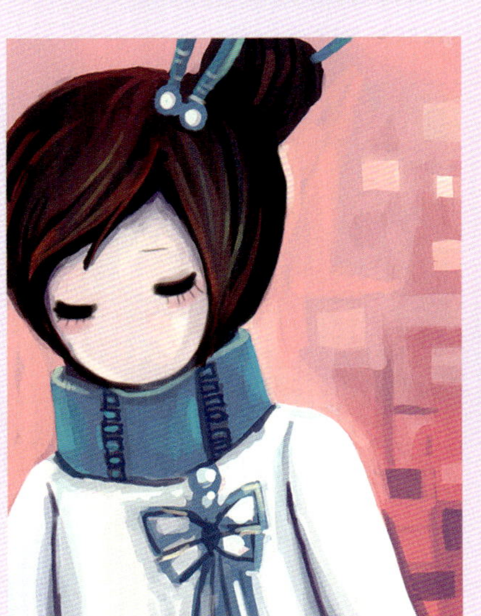

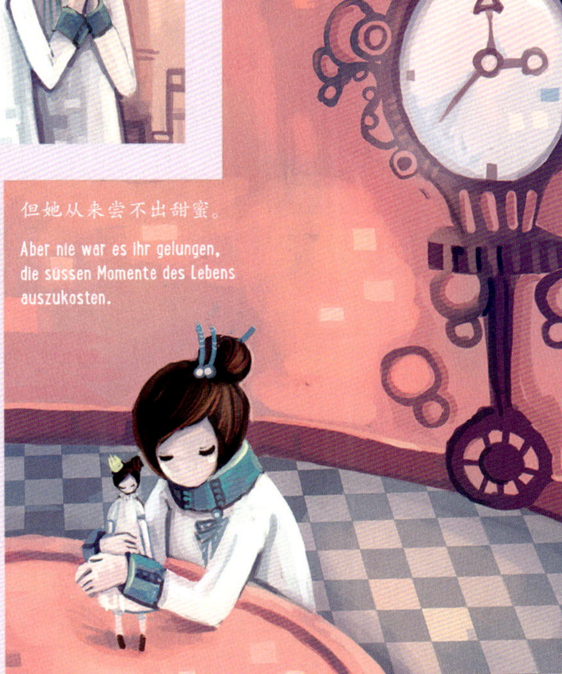
但她从来尝不出甜蜜。
Aber nie war es ihr gelungen,
die süssen Momente des Lebens
auszukosten.

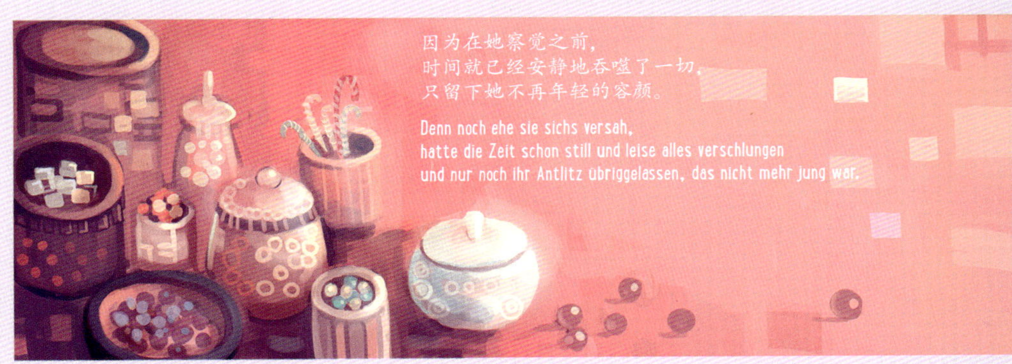
因为在她察觉之前，
时间就已经安静地吞噬了一切，
只留下她不再年轻的容颜。
Denn noch ehe sie sichs versah,
hatte die Zeit schon still und leise alles verschlungen
und nur noch ihr Antlitz übriggelassen, das nicht mehr jung war.

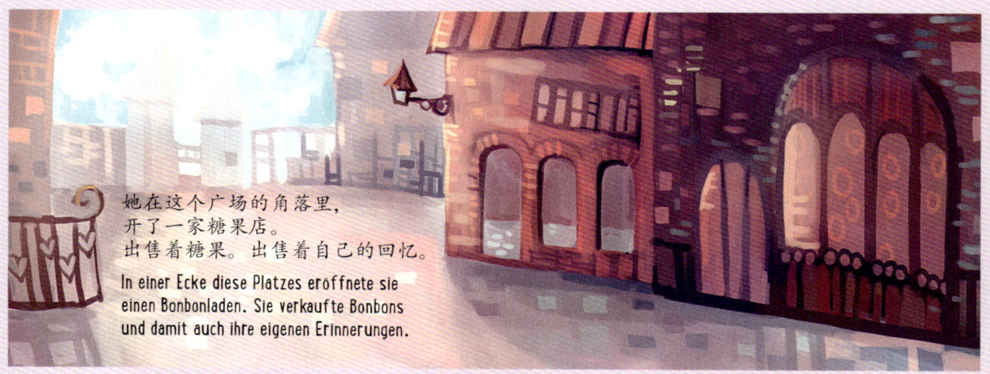
她在这个广场的角落里，
开了一家糖果店。
出售着糖果。出售着自己的回忆。
In einer Ecke diese Platzes eröffnete sie
einen Bonbonladen. Sie verkaufte Bonbons
und damit auch ihre eigenen Erinnerungen.

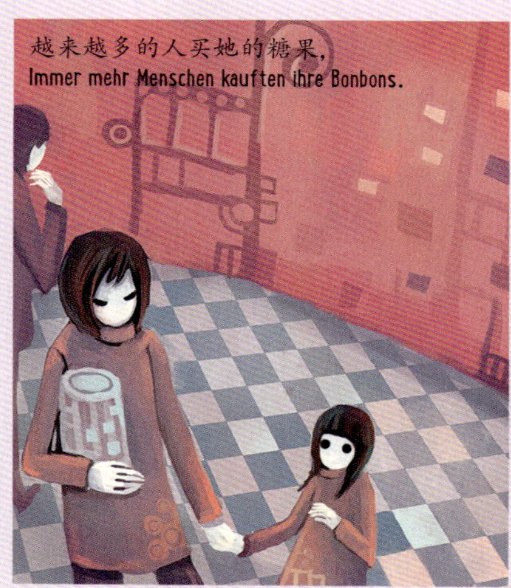
越来越多的人买她的糖果，
Immer mehr Menschen kauften ihre Bonbons.

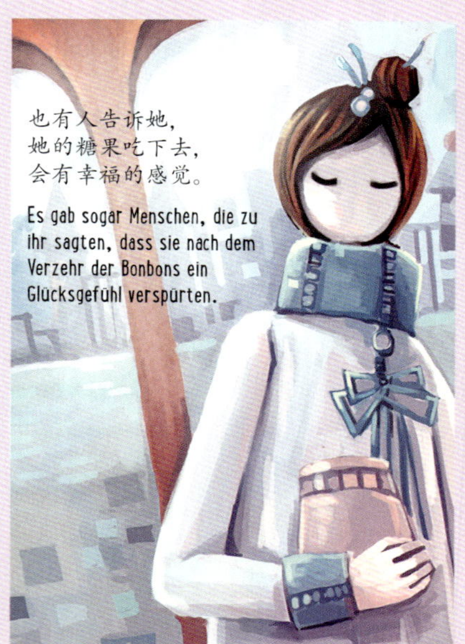
也有人告诉她，
她的糖果吃下去，
会有幸福的感觉。
Es gab sogar Menschen, die zu
ihr sagten, dass sie nach dem
Verzehr der Bonbons ein
Glücksgefühl verspürten.

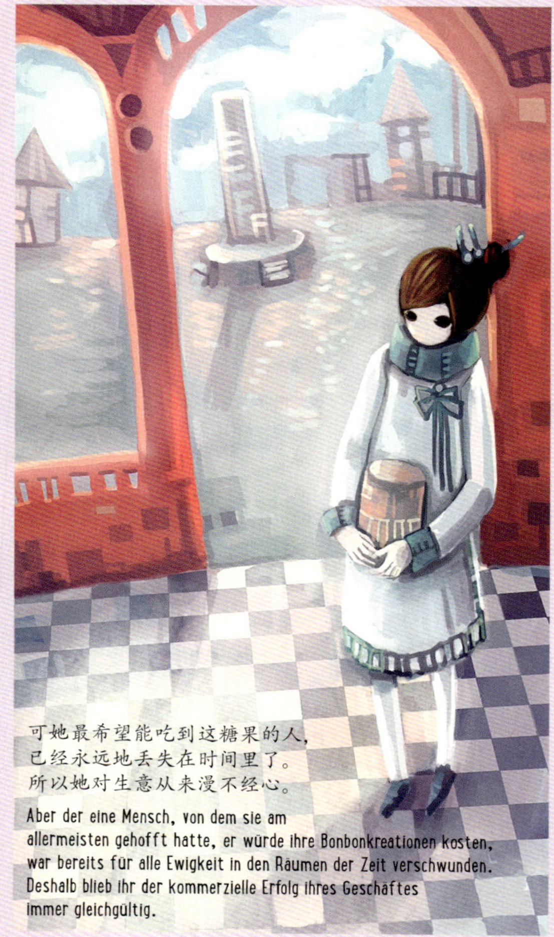
可她最希望能吃到这糖果的人，
已经永远地丢失在时间里了。
所以她对生意从来漫不经心。
Aber der eine Mensch, von dem sie am
allermeisten gehofft hatte, er würde ihre Bonbonkreationen kosten,
war bereits für alle Ewigkeit in den Räumen der Zeit verschwunden.
Deshalb blieb ihr der kommerzielle Erfolg ihres Geschäftes
immer gleichgültig.

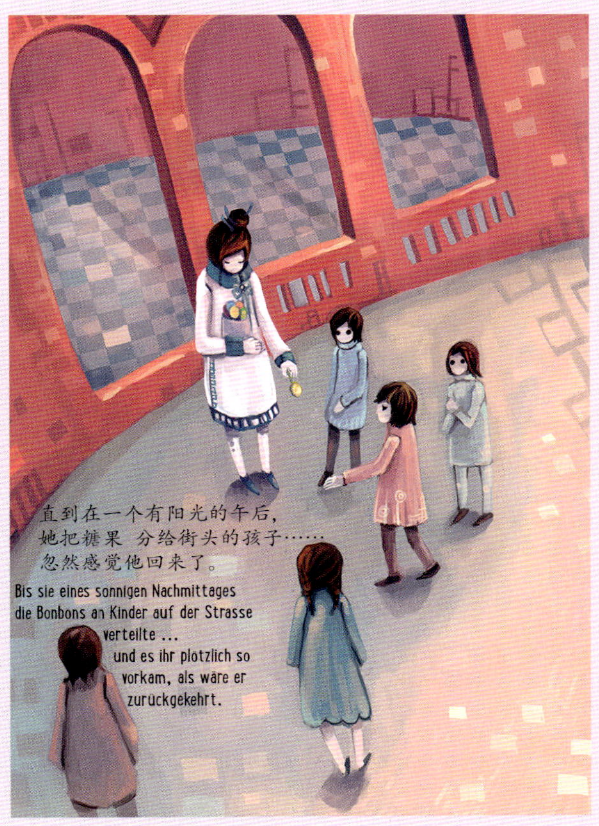

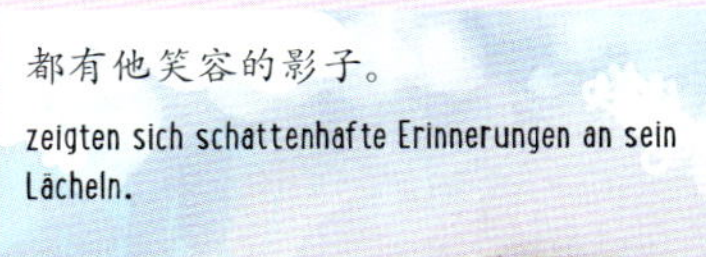
直到在一个有阳光的午后，
她把糖果 分给街头的孩子……
忽然感觉他回来了。
Bis sie eines sonnigen Nachmittages
die Bonbons an Kinder auf der Strasse
verteilte ...
und es ihr plötzlich so
vorkam, als wäre er
zurückgekehrt.

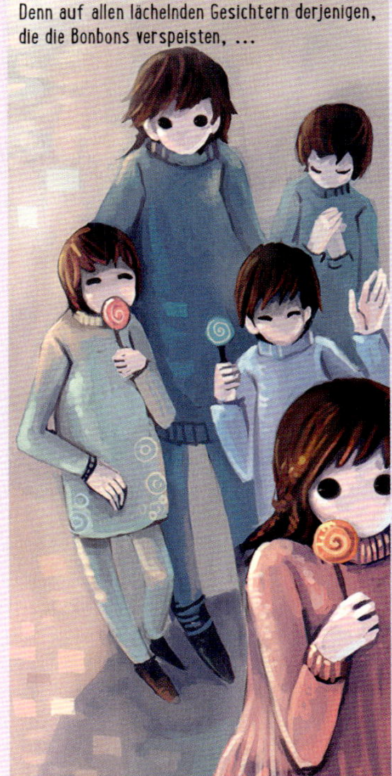
因为吃下糖果，
而微笑的每张脸上……
Denn auf allen lächelnden Gesichtern derjenigen,
die die Bonbons verspeisten, ...

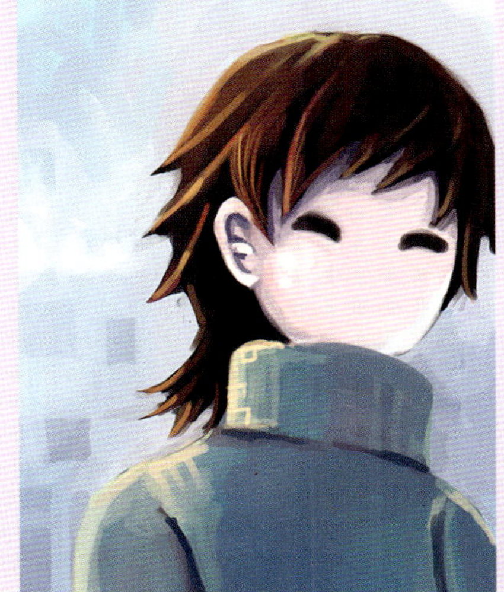
都有他笑容的影子。
zeigten sich schattenhafte Erinnerungen an sein Lächeln.

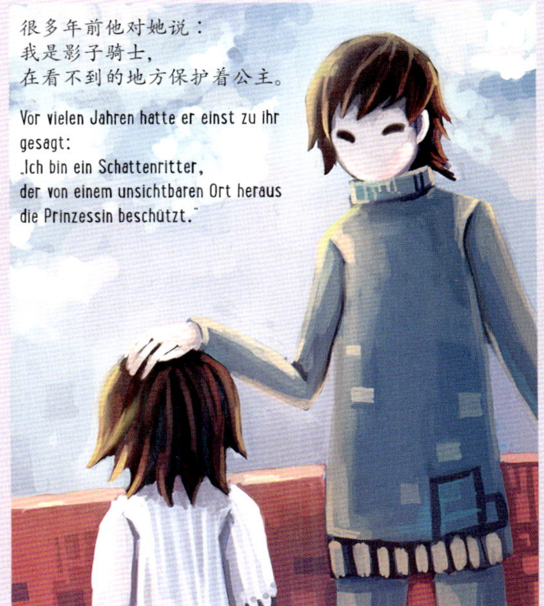
很多年前他对她说：
我是影子骑士，
在看不到的地方保护着公主。
Vor vielen Jahren hatte er einst zu ihr gesagt:
„Ich bin ein Schattenritter,
der von einem unsichtbaren Ort heraus
die Prinzessin beschützt."

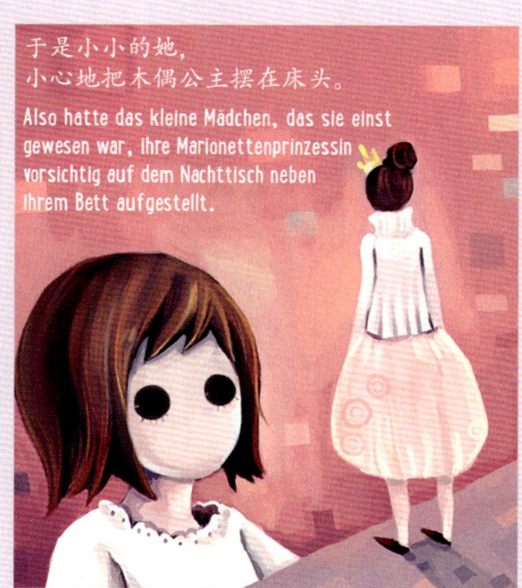

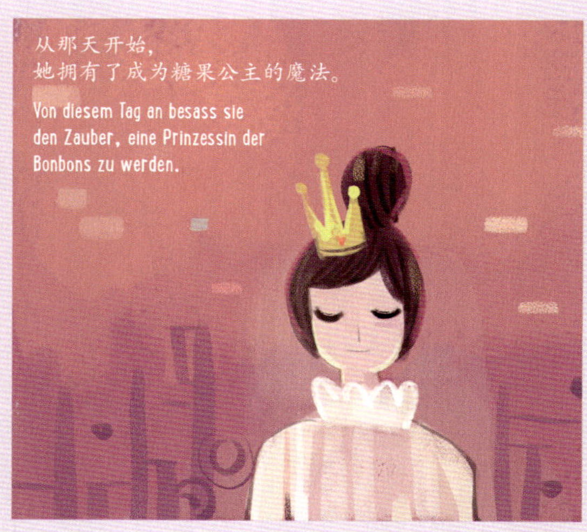

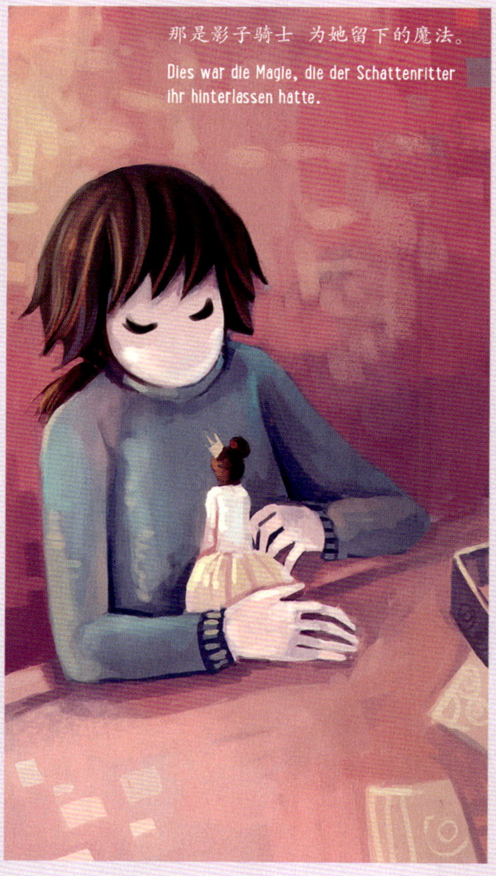

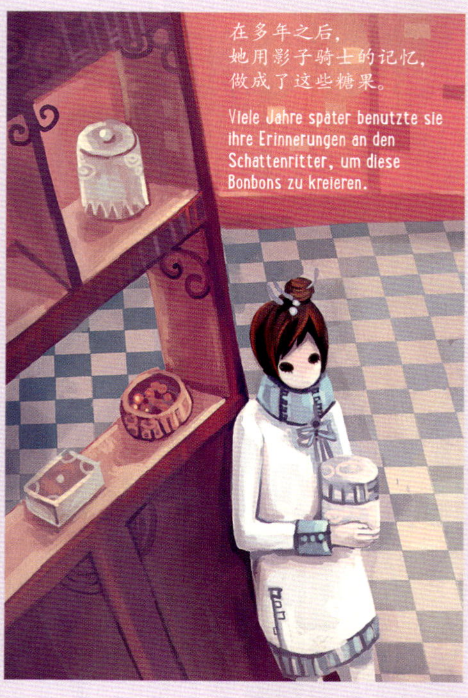

他还在这糖果店的甜蜜空气里，
永远不会老去。

Er würde auf ewig in der süsslich duftenden Luft des Bonbonladens verweilen und würde niemals alt werden.

她相信他会守护她， 直到永远。

Sie glaubte fest daran, dass er für alle Zeiten über sie wachen würde.

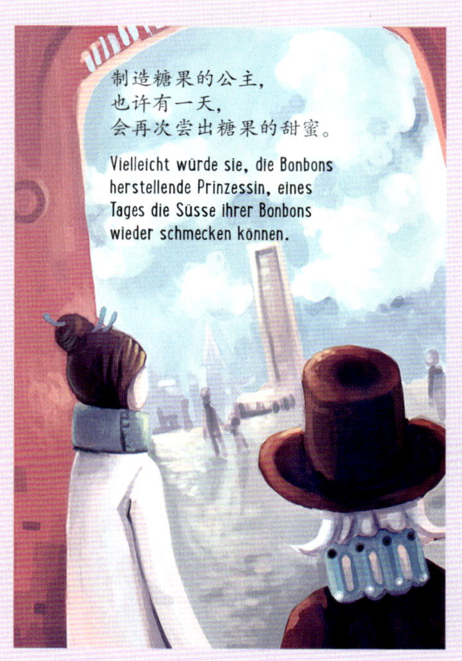

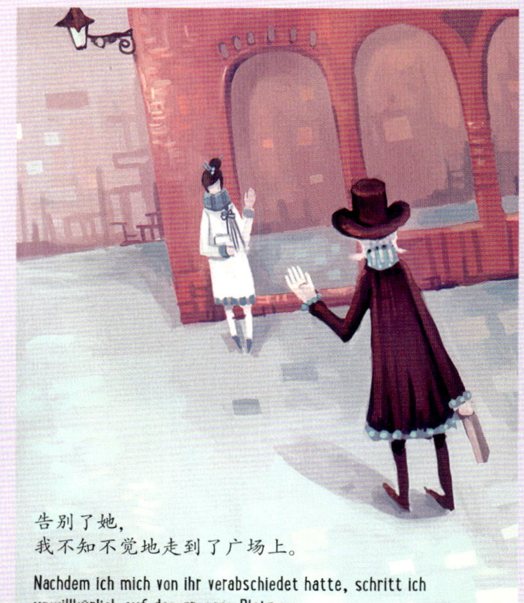

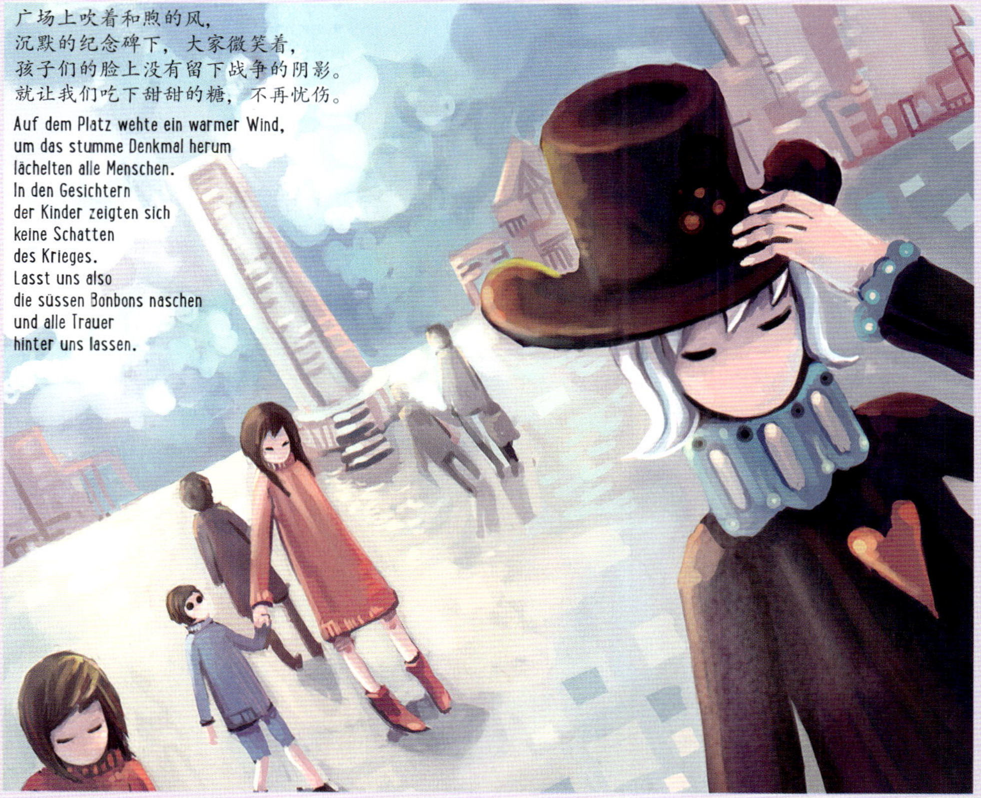

广场上吹着和煦的风，
沉默的纪念碑下，大家微笑着，
孩子们的脸上没有留下战争的阴影。
就让我们吃下甜甜的糖，不再忧伤。

Auf dem Platz wehte ein warmer Wind,
um das stumme Denkmal herum
lächelten alle Menschen.
In den Gesichtern
der Kinder zeigten sich
keine Schatten
des Krieges.
Lasst uns also
die süssen Bonbons naschen
und alle Trauer
hinter uns lassen.

我是影子骑士，在看不到的地方保护者公主。

Ich bin der Schattenritter, der von unsichtbaren Orten heraus die Prinzessin beschützt.

Something about…

SWEET

曾经有一个朋友给我看一张她的画，一瞬间现实被她画里色彩的温暖填满，竟然有些哽咽。那张画是送给她的恋人的。她说画那张画的时候心里很温暖，好像一低头眼泪就会掉下来一样。好羡慕能带着这么强烈的幸福感觉去创作的人。

某天看电视的时候，看到许巍说，他觉得现在很幸福，每天都在家里快乐地弹着吉他，过着悠闲而快乐的创作生活。他说他觉得很快乐。我在电视前边吃泡面边微笑着听他说话。

我最快乐的时间也是如此吧，在阳光明媚的下午，听着喜欢的音乐，画着涂鸦玩。

那种感觉好像是让自己躺在一片无人的美丽沙滩上晒太阳，阳光透过椰子树洒在自己身上。

也许是这样，越看到生命的无常，越珍惜片刻的惬意与阳光。

一个摇滚歌手说过，一个人要是从早上起来到晚上睡觉都在做自己喜欢的事情，又不用担心生计，那他就是幸福的了。按照这样的标准，我基本可以算一个合格的幸福人。

Einmal hat mir eine Freundin eines ihrer Gemälde gezeigt, im Nu war die Wirklichkeit von den wärmenden Farben ihres Bildes erfüllt und mir entfuhren unerwartet einige Schluchzer. Das Bild war als ein Geschenk an ihren Liebsten gedacht. Sie erzählte mir, dass es ihr ganz warm ums Herz war, als sie dieses Gemälde erschuf, so als ob sie nur hätte den Kopf senken müssen, und schon wären ihr Tränen heruntergekullteert. Ich beneide solche Menschen, die sich beim kreativen Schaffen von einem starken Glücksgefühl tragen lassen können.

Als ich an irgendeinem Tag einmal Fernsehen geschaut habe, habe ich ein Interview mit Xu Wei (Anm.: ein chinesischer Rockstar) gesehen, in dem er erzählte, dass er sich jetzt sehr glücklich fühle, da er jeden Tag zu Hause glücklich auf seiner Gitarre spielen und ein geruhsames und fröhliches Leben eines kreativ Tätigen führen könne. Er sagte, sich sehr glücklich schätzen zu können. Ich sass vor dem Fernseher und futterte vor mich hinlächelnd eine Portion Instantnudeln, während ich ihm zuhörte.

Die Momente, in denen ich am glücklichsten bin, sehen so aus:

An einem Nachmittag im strahlend hellen Sonnenschein höre ich Musik, die mir gefällt, und zeichne nur so zum Spass ein paar Kritzeleien vor mich hin. Ich fühle mich dabei so, als ob ich gerade an einem wunderschönen, menschenleeren Strand sässe und mich von der Sonne wärmen liesse, wobei das Sonnenlicht durch die Blätter der Kokospalmen dränge und meinen Körper besprengte.

Vielleicht ist es einfach so, dass man, je mehr man die Wechselfälle des Lebens erfahren musste, umso mehr kurze Momente des Wohlbefindens und des Sonnenscheins wertzuschätzen weiss.

Ein Rocksänger hat einmal gesagt, dass sich das Glück so definieren lässt:

Wenn es einem Menschen gegönnt ist, jeden Tag von früh morgens nach dem Aufstehen bis spät abends vor dem Schlafengehen nur das zu tun, was man selber mag, ohne sich dabei Sorgen um seinen Lebensunterhalt machen zu müssen, dann ist das Gück.

Gemäss dieser Definition kann ich im Grunde genommen als ein Mensch betrachtet werden, der alle Kriterien erfüllt, um als glücklich zu gelten.

她说，
想起他的时候心里很温暖，
好像一低头眼泪就会掉下来一样。

Sie sagte,
dass ihr immer ganz warm ums Herz würde, wenn sie sich an ihn erinnerte,
so als ob ein Senken des Kopfes nach unten genügen würde,
um Tränen herabströmen zu lassen.

Mein Weg

Die Zirkus-truppe

马戏团

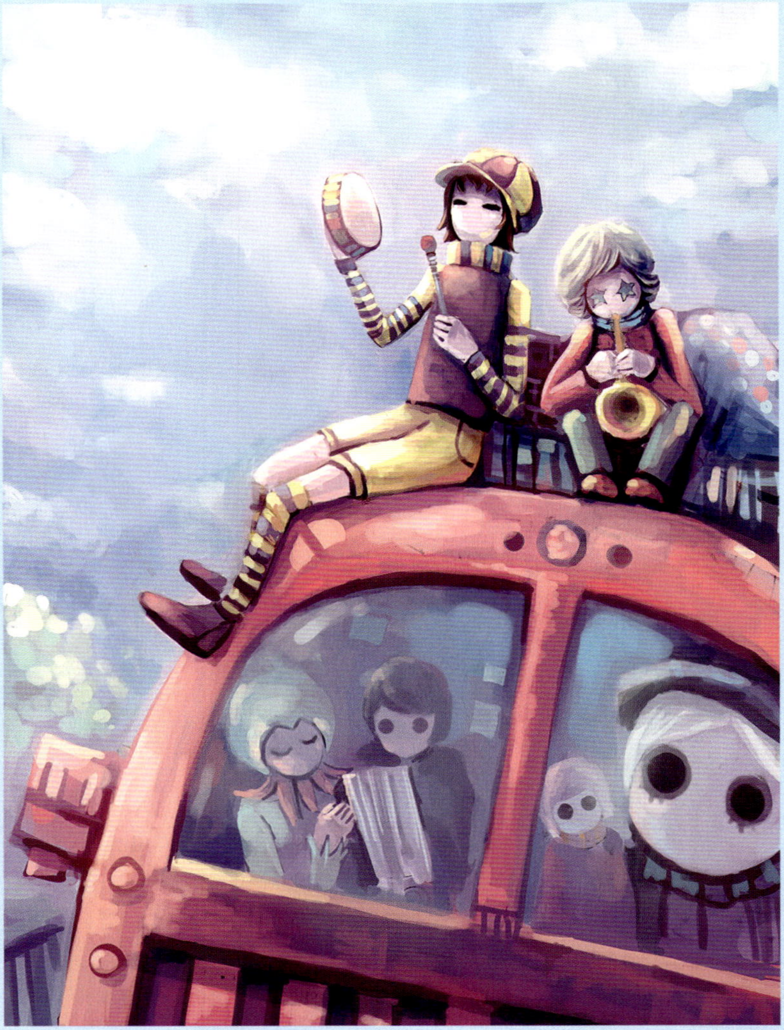

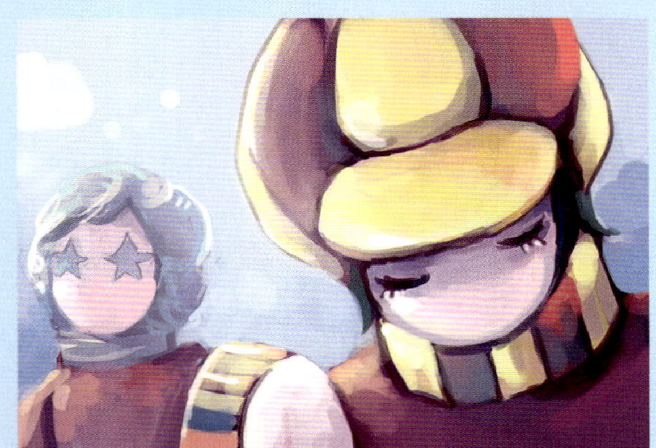

抹上缤纷灿烂的彩妆吧，
然后，演奏起最欢快的音乐。
我们在这里，
小小的舞台上，
把梦想，
完全，呈现给你。

Kommt, lasst uns unsere farbenfrohe, leuchtende Schminke auftragen und dann die fröhlichste Musik aufspielen. Wir stehen hier auf dieser kleinen Bühne, um für euch die fantastischsten Traumwelten entstehen zu lassen.

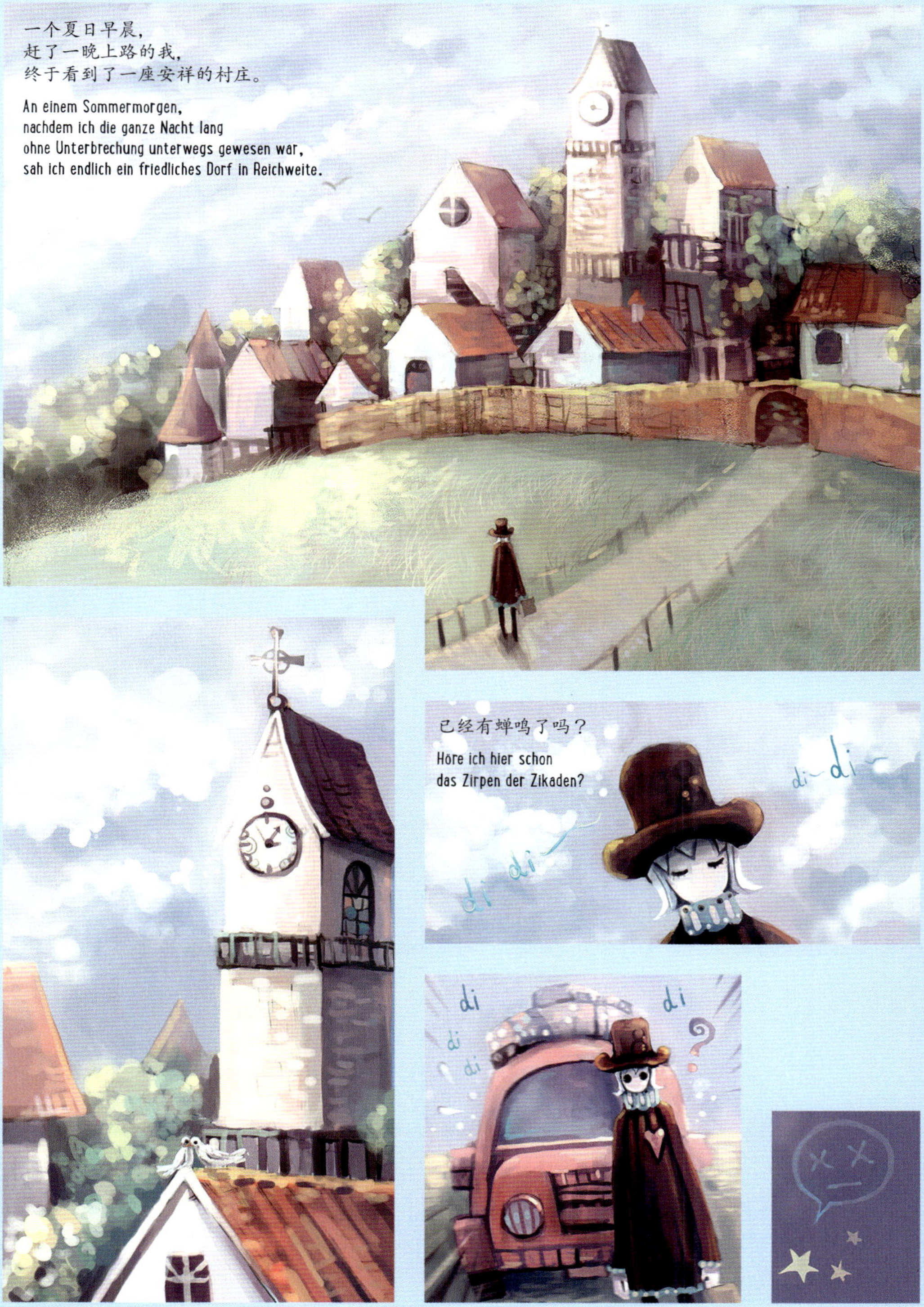

一个夏日早晨，
赶了一晚上路的我，
终于看到了一座安祥的村庄。

An einem Sommermorgen,
nachdem ich die ganze Nacht lang
ohne Unterbrechung unterwegs gewesen war,
sah ich endlich ein friedliches Dorf in Reichweite.

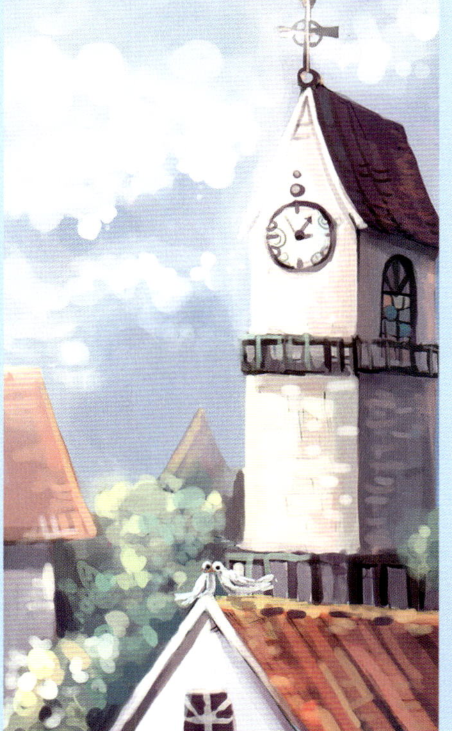

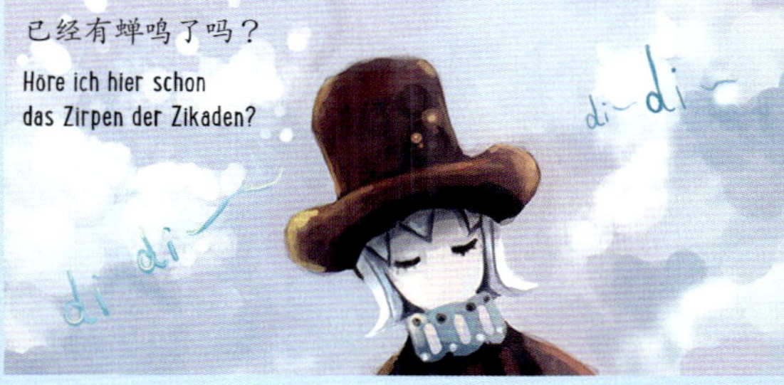

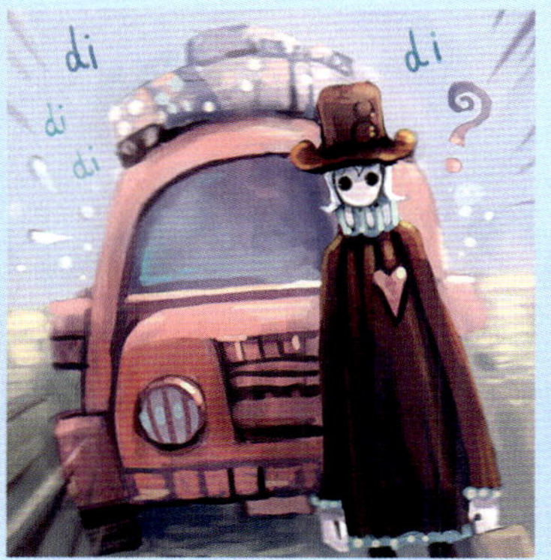

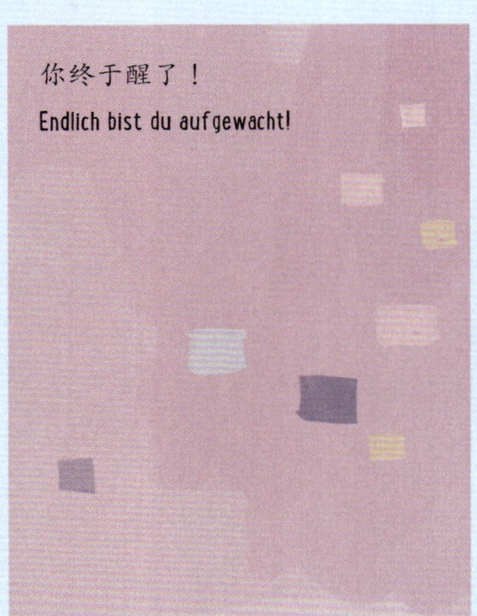
你终于醒了！
Endlich bist du aufgewacht!

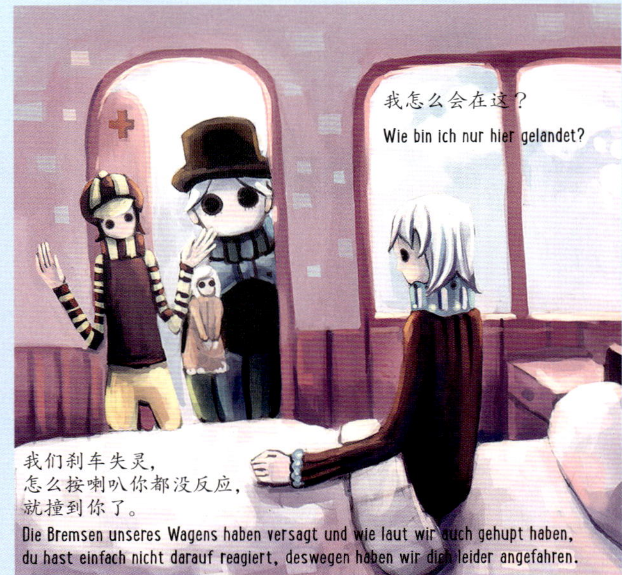
我怎么会在这？
Wie bin ich nur hier gelandet?
我们刹车失灵，
怎么按喇叭你都没反应，
就撞到你了。
Die Bremsen unseres Wagens haben versagt und wie laut wir auch gehupt haben,
du hast einfach nicht darauf reagiert, deswegen haben wir dich leider angefahren.

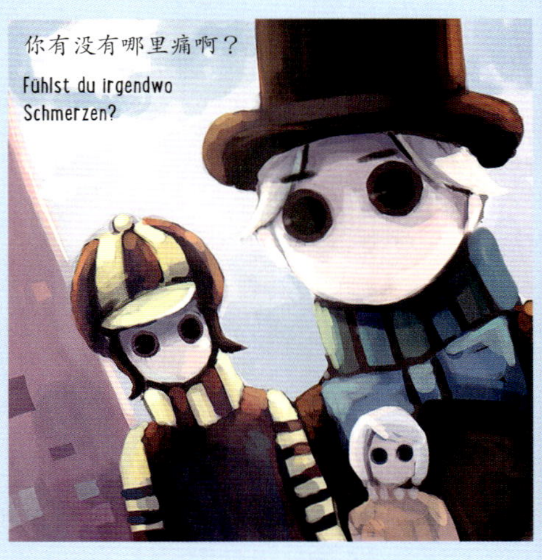
你有没有哪里痛啊？
Fühlst du irgendwo
Schmerzen?

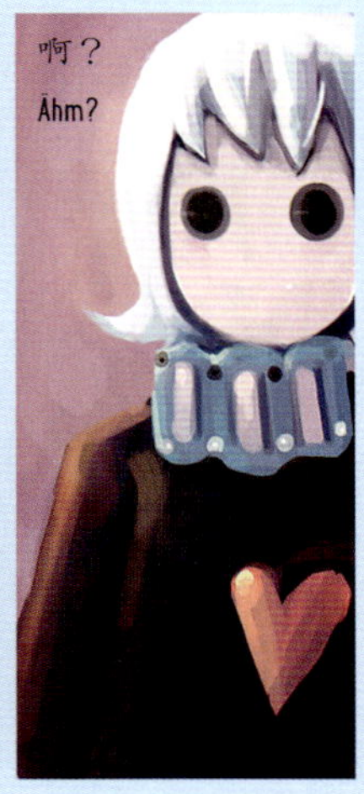
啊？
Ähm?

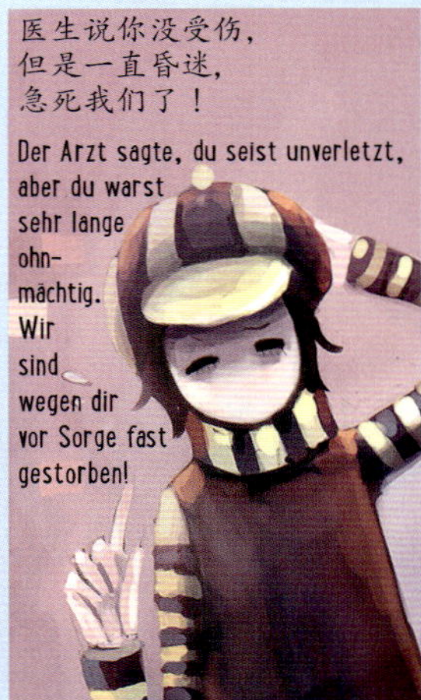
医生说你没受伤，
但是一直昏迷，
急死我们了！
Der Arzt sagte, du seist unverletzt,
aber du warst
sehr lange
ohn-
mächtig.
Wir
sind
wegen dir
vor Sorge fast
gestorben!

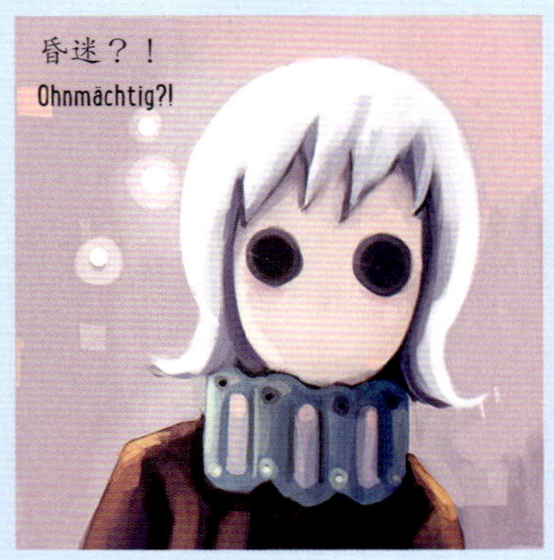
昏迷？！
Ohnmächtig?!

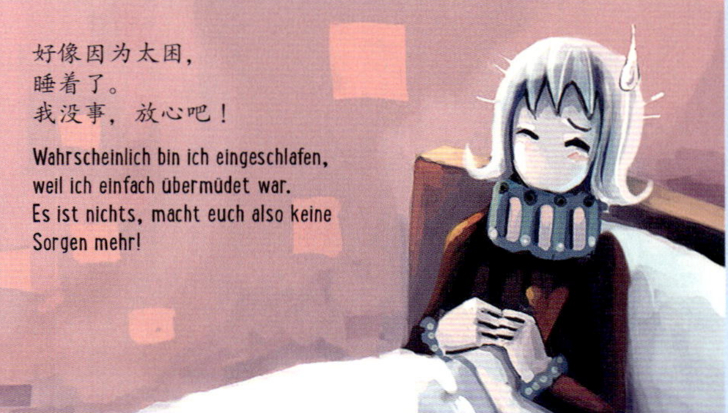
好像因为太困，
睡着了。
我没事，放心吧！
Wahrscheinlich bin ich eingeschlafen,
weil ich einfach übermüdet war.
Es ist nichts, macht euch also keine
Sorgen mehr!

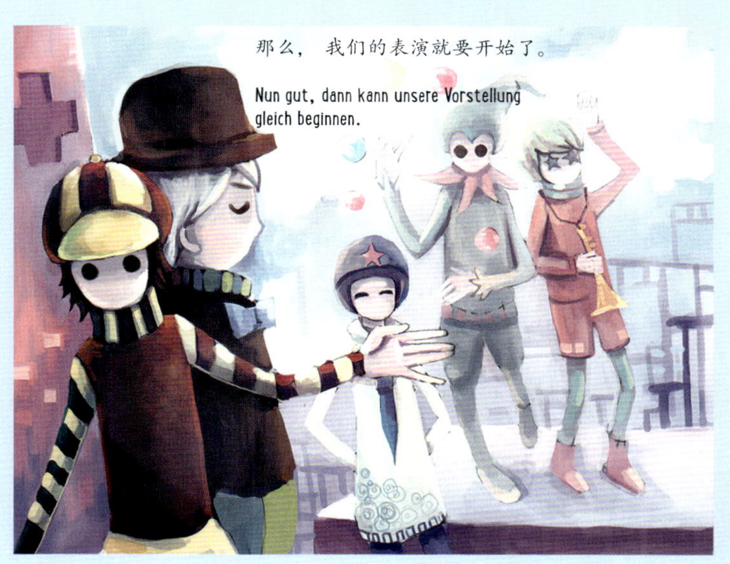

你也来看吧！

Du solltest sie dir auch ansehen!

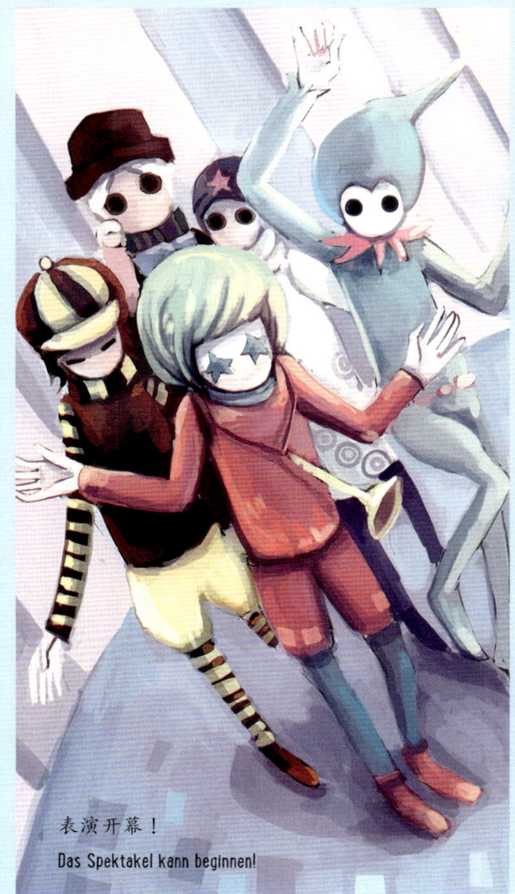

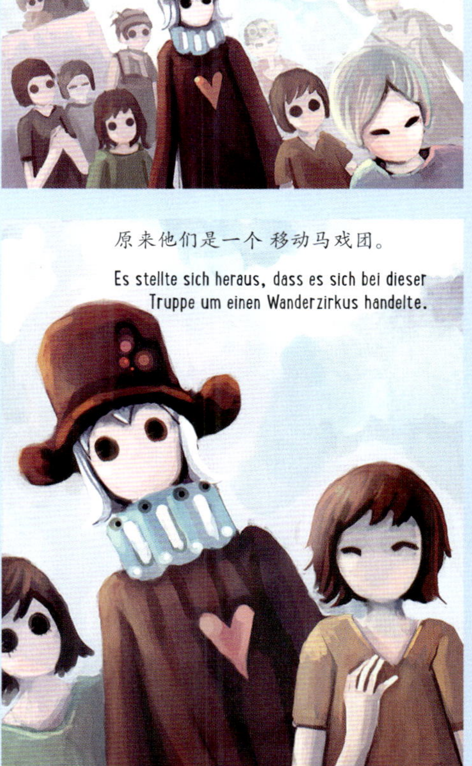

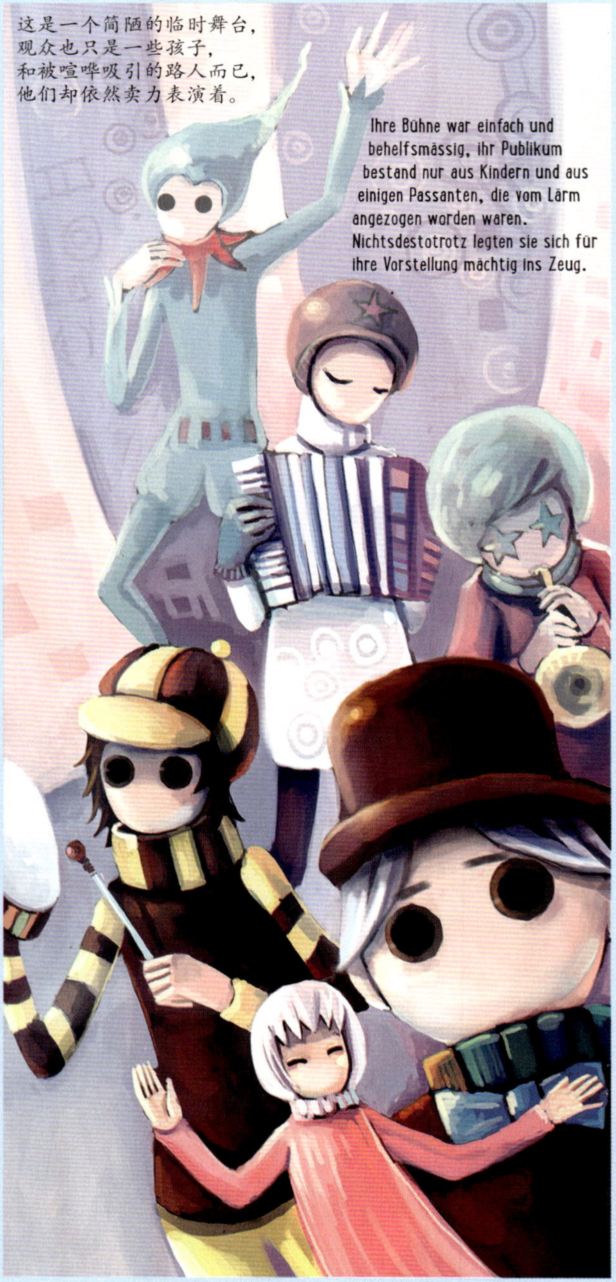

这是一个简陋的临时舞台，
观众也只是一些孩子，
和被喧哗吸引的路人而已，
他们却依然卖力表演着。

Ihre Bühne war einfach und behelfsmässig, ihr Publikum bestand nur aus Kindern und aus einigen Passanten, die vom Lärm angezogen worden waren. Nichtsdestotrotz legten sie sich für ihre Vorstellung mächtig ins Zeug.

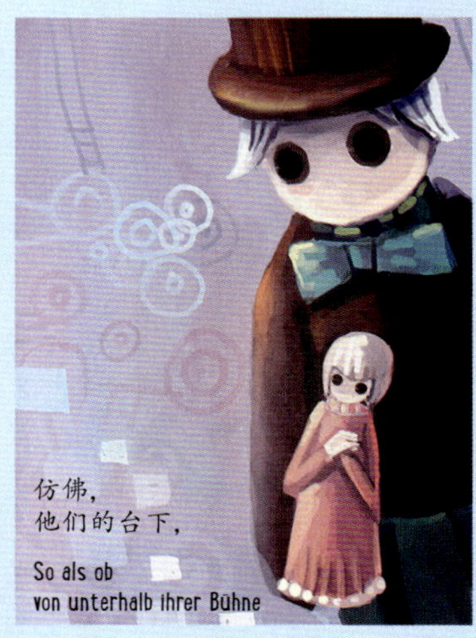

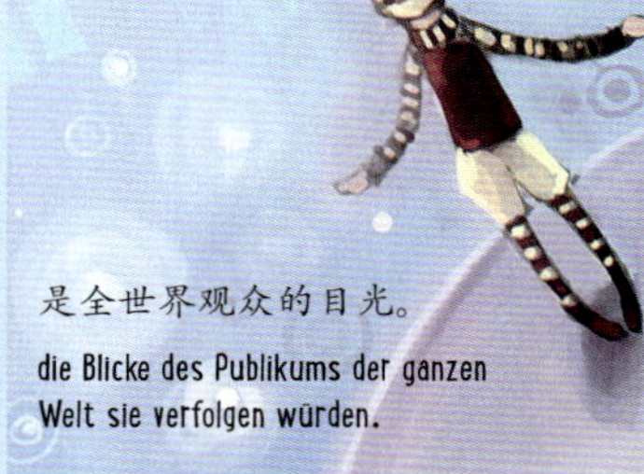

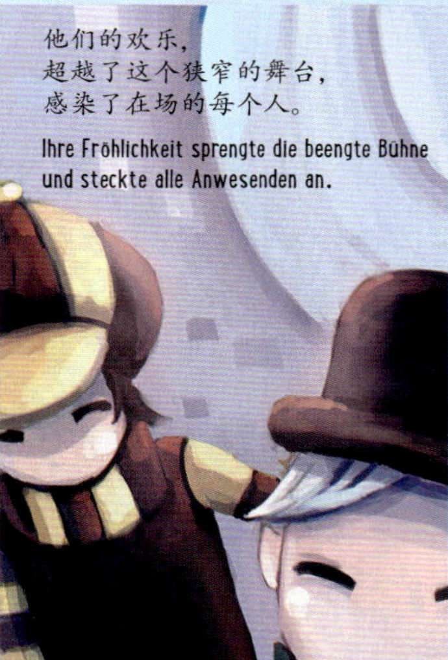

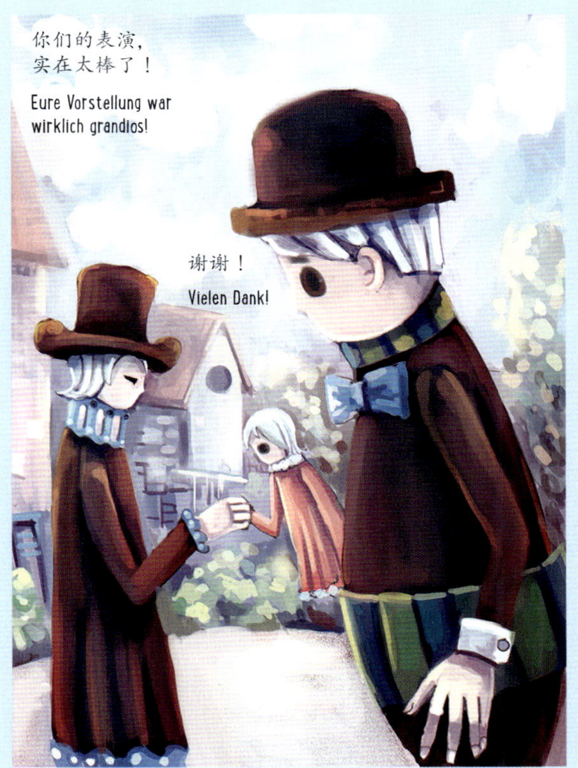
你们的表演，
实在太棒了！
Eure Vorstellung war
wirklich grandios!
谢谢！
Vielen Dank!

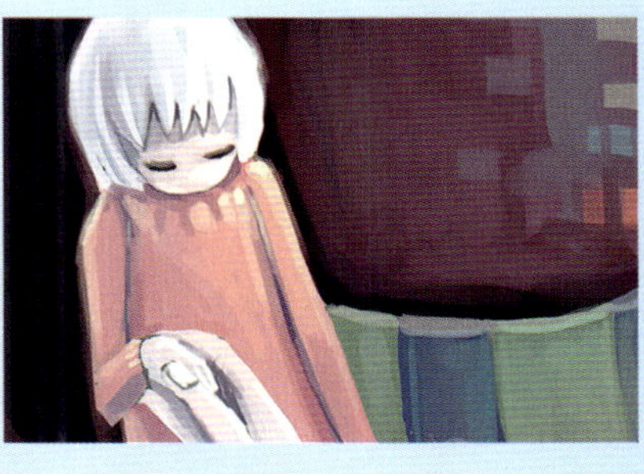

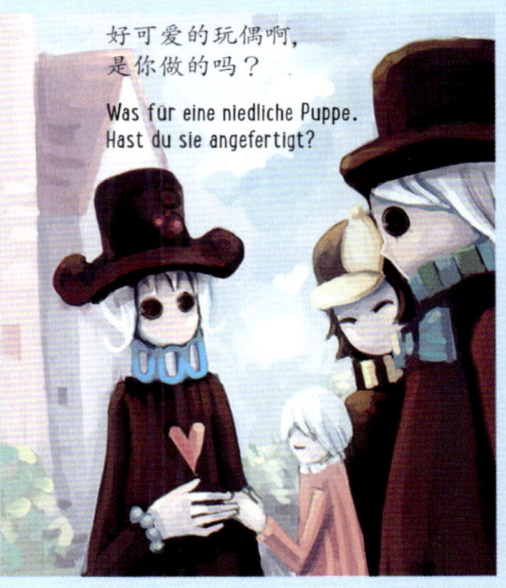
好可爱的玩偶啊，
是你做的吗？
Was für eine niedliche Puppe.
Hast du sie angefertigt?

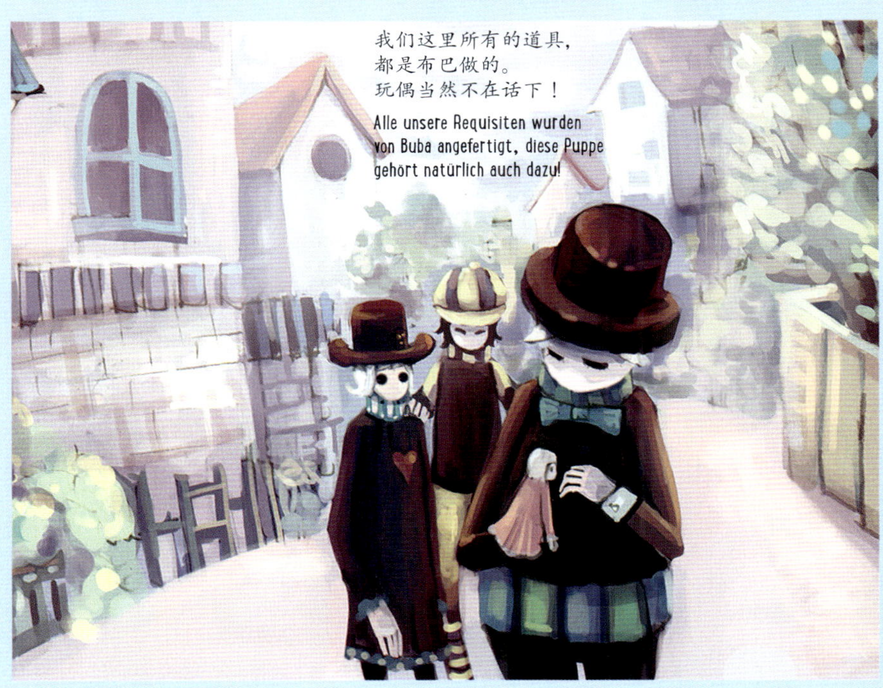
我们这里所有的道具，
都是布巴做的。
玩偶当然不在话下！
Alle unsere Requisiten wurden
von Buba angefertigt, diese Puppe
gehört natürlich auch dazu!

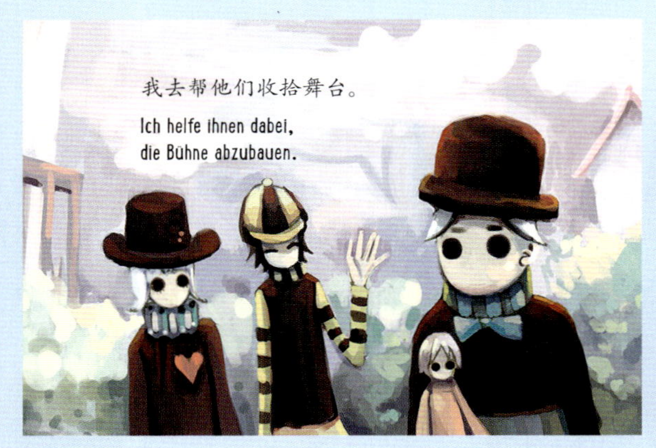
我去帮他们收拾舞台。
Ich helfe ihnen dabei,
die Bühne abzubauen.

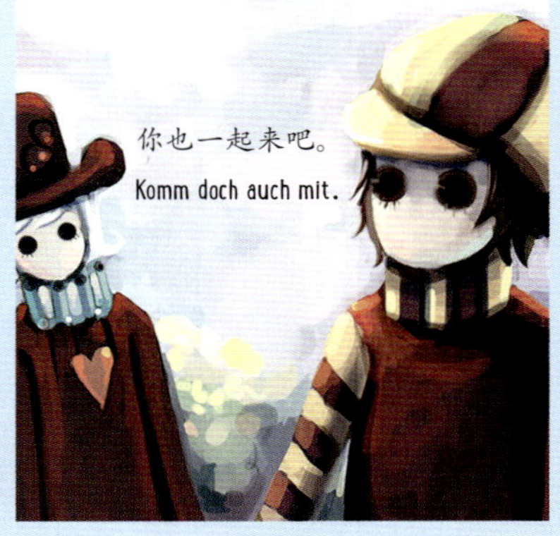
你也一起来吧。
Komm doch auch mit.

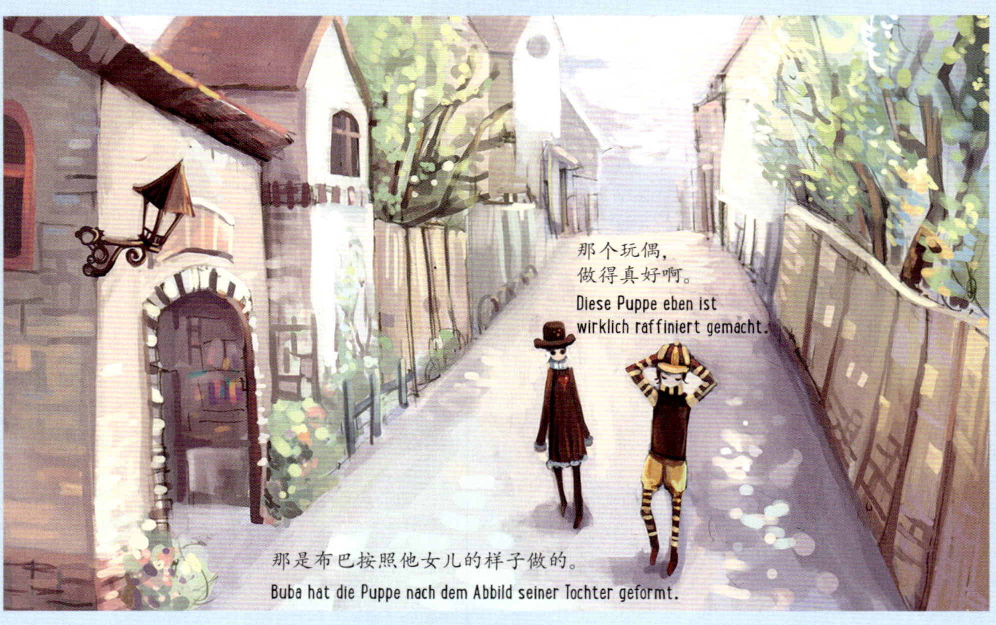
那个玩偶,
做得真好啊。
Diese Puppe eben ist
wirklich raffiniert gemacht.
那是布巴按照他女儿的样子做的。
Buba hat die Puppe nach dem Abbild seiner Tochter geformt.

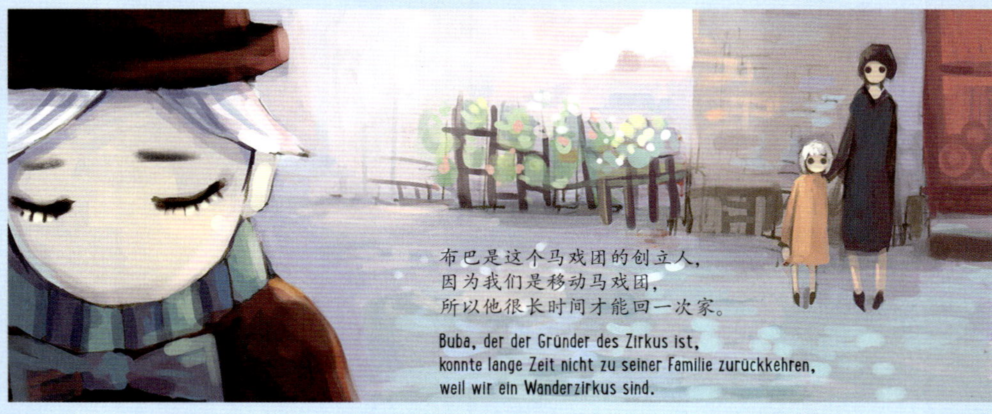
布巴是这个马戏团的创立人,
因为我们是移动马戏团,
所以他很长时间才能回一次家。
Buba, der der Gründer des Zirkus ist,
konnte lange Zeit nicht zu seiner Familie zurückkehren,
weil wir ein Wanderzirkus sind.

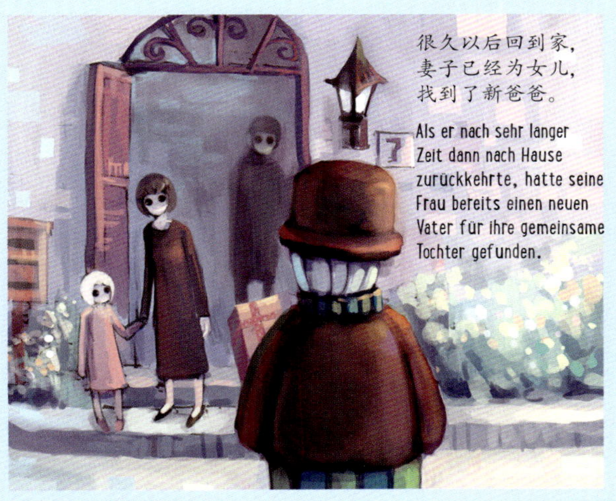
很久以后回到家，
妻子已经为女儿，
找到了新爸爸。
Als er nach sehr langer Zeit dann nach Hause zurückkehrte, hatte seine Frau bereits einen neuen Vater für ihre gemeinsame Tochter gefunden.

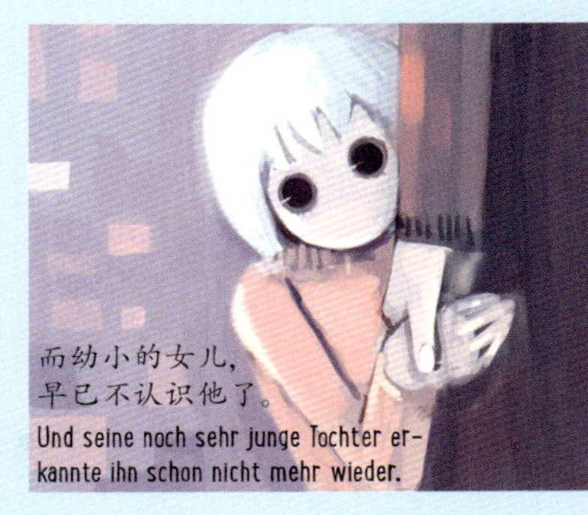
而幼小的女儿，
早已不认识他了。
Und seine noch sehr junge Tochter erkannte ihn schon nicht mehr wieder.

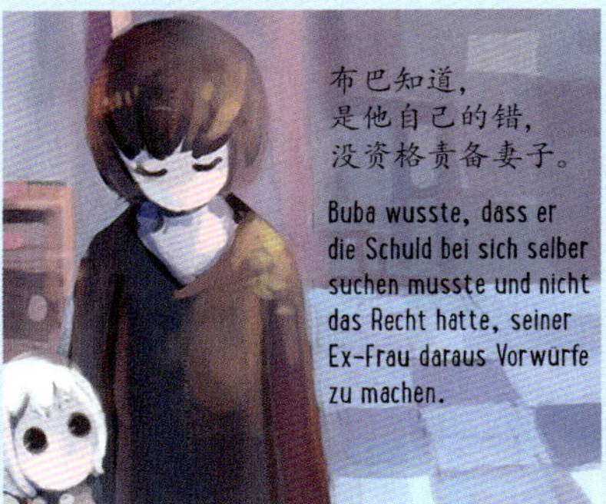
布巴知道，
是他自己的错，
没资格责备妻子。
Buba wusste, dass er die Schuld bei sich selber suchen musste und nicht das Recht hatte, seiner Ex-Frau daraus Vorwürfe zu machen.

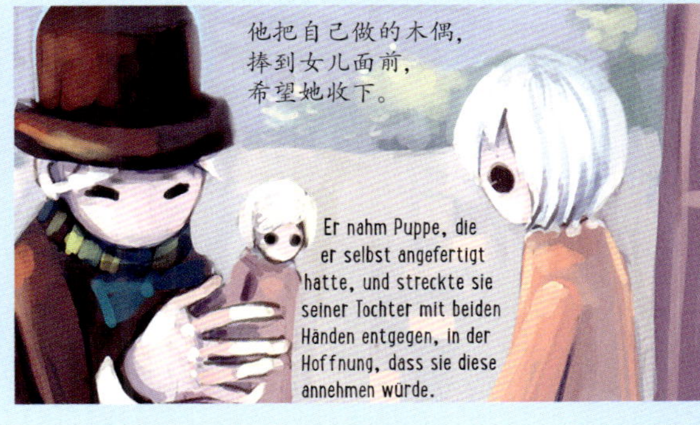
他把自己做的木偶，
捧到女儿面前，
希望她收下。
Er nahm Puppe, die er selbst angefertigt hatte, und streckte sie seiner Tochter mit beiden Händen entgegen, in der Hoffnung, dass sie diese annehmen würde.

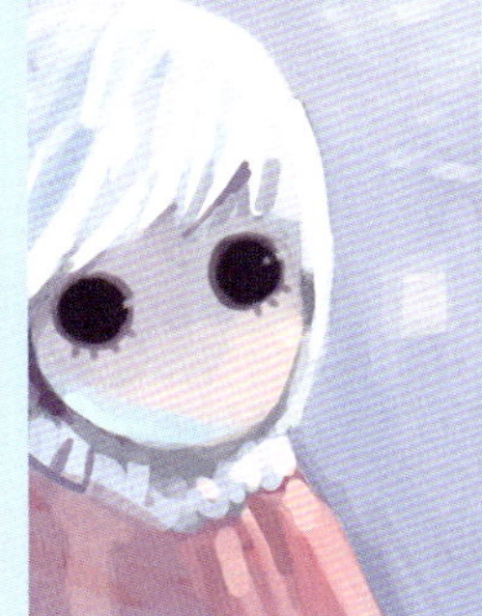
这个木偶，
是他在路上的几年，
想念着女儿，
慢慢做出来的。
Die Puppe hatte er in den Jahren, während derer er ständig unterwegs gewesen war und seine Tochter vermisst hatte, nach und nach angefertigt.

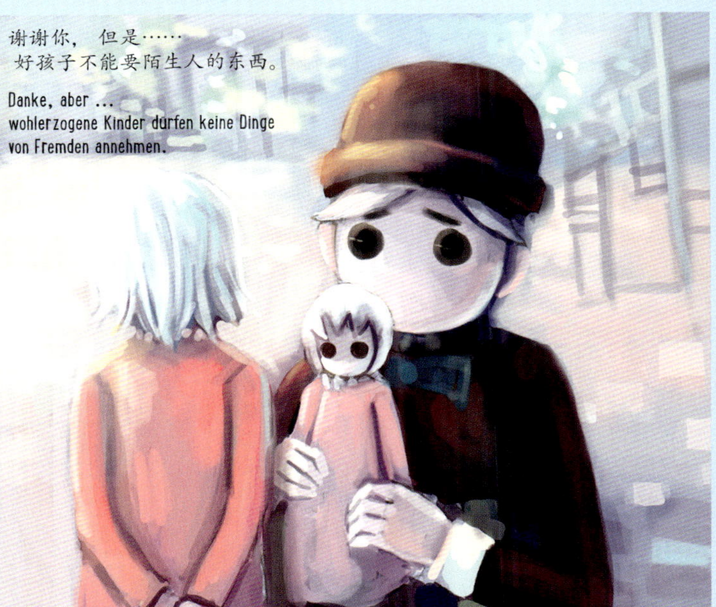
谢谢你， 但是……
好孩子不能要陌生人的东西。
Danke, aber ...
wohlerzogene Kinder dürfen keine Dinge von Fremden annehmen.

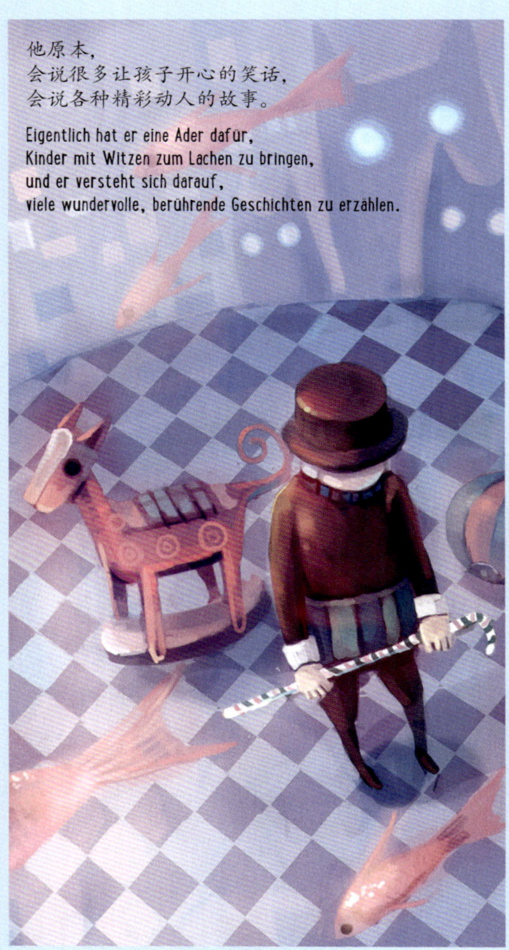
他原本，
会说很多让孩子开心的笑话，
会说各种精彩动人的故事。
Eigentlich hat er eine Ader dafür,
Kinder mit Witzen zum Lachen zu bringen,
und er versteht sich darauf,
viele wundervolle, berührende Geschichten zu erzählen.

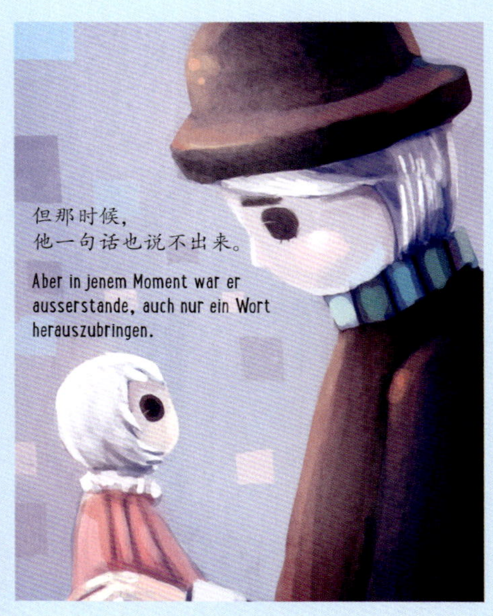
但那时候，
他一句话也说不出来。
Aber in jenem Moment war er
ausserstande, auch nur ein Wort
herauszubringen.

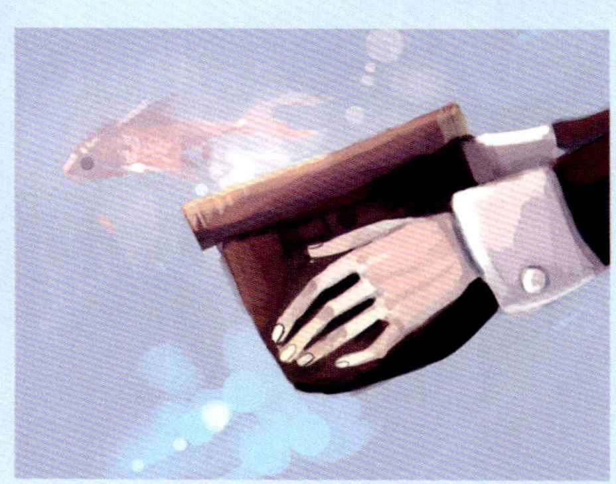

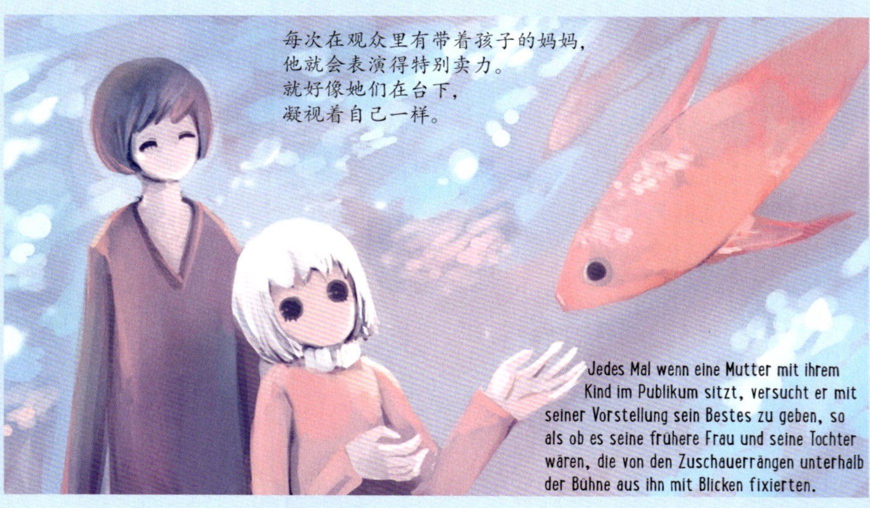
每次在观众里有带着孩子的妈妈，
他就会表演得特别卖力。
就好像她们在台下，
凝视着自己一样。
Jedes Mal wenn eine Mutter mit ihrem
Kind im Publikum sitzt, versucht er mit
seiner Vorstellung sein Bestes zu geben, so
als ob es seine frühere Frau und seine Tochter
wären, die von den Zuschauerrängen unterhalb
der Bühne aus ihn mit Blicken fixierten.

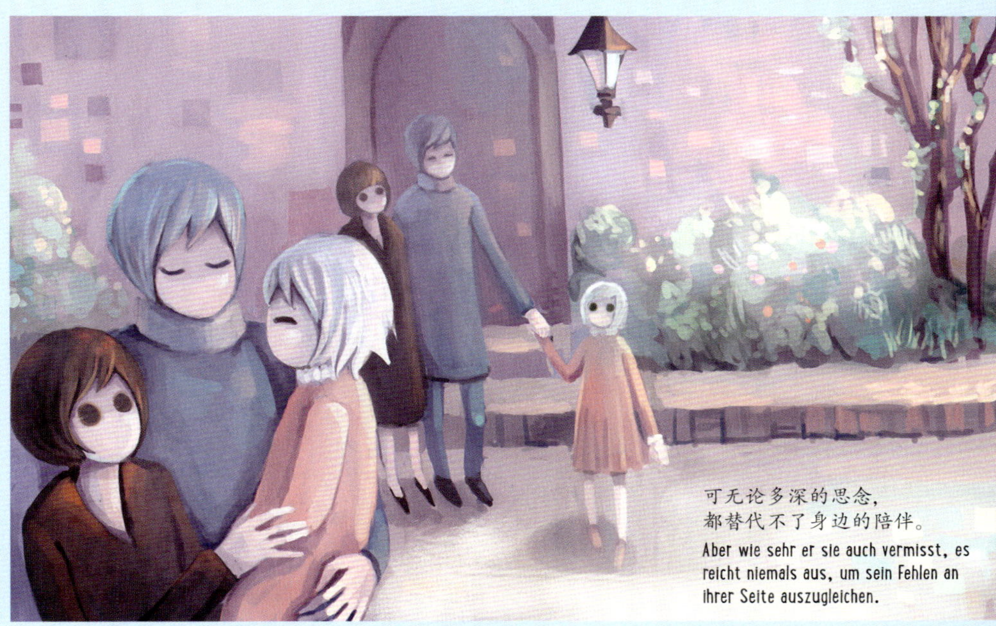
可无论多深的思念，
都替代不了身边的陪伴。
Aber wie sehr er sie auch vermisst, es reicht niemals aus, um sein Fehlen an ihrer Seite auszugleichen.

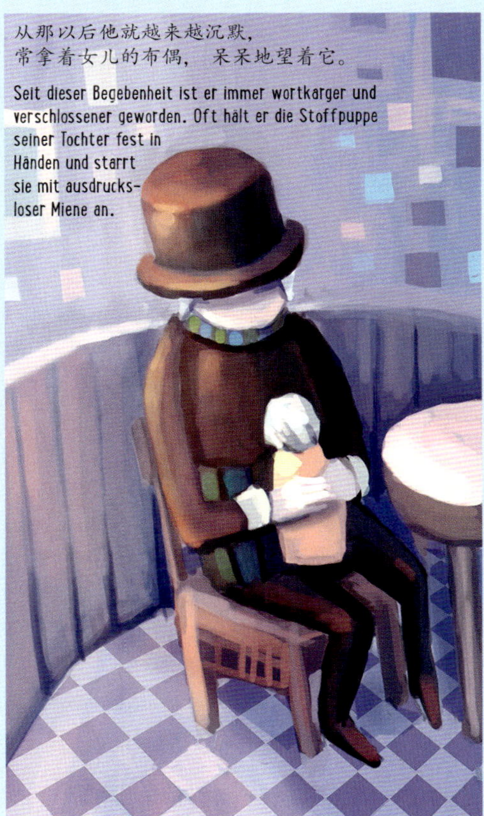
从那以后他就越来越沉默，
常拿着女儿的布偶，呆呆地望着它。
Seit dieser Begebenheit ist er immer wortkarger und verschlossener geworden. Oft hält er die Stoffpuppe seiner Tochter fest in Händen und starrt sie mit ausdrucks-loser Miene an.

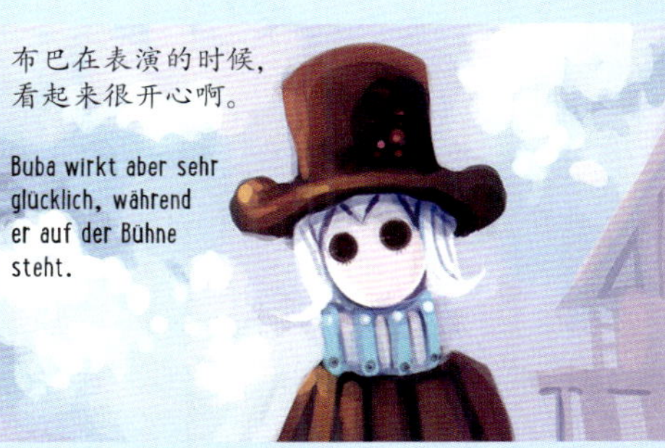
布巴在表演的时候，
看起来很开心啊。
Buba wirkt aber sehr glücklich, während er auf der Bühne steht.

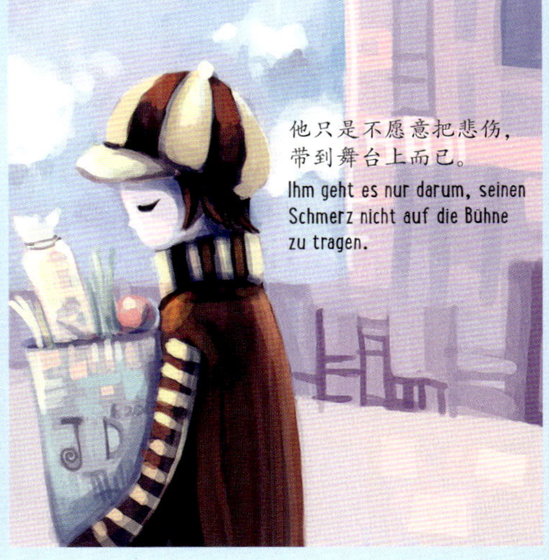
他只是不愿意把悲伤，
带到舞台上而已。
Ihm geht es nur darum, seinen Schmerz nicht auf die Bühne zu tragen.

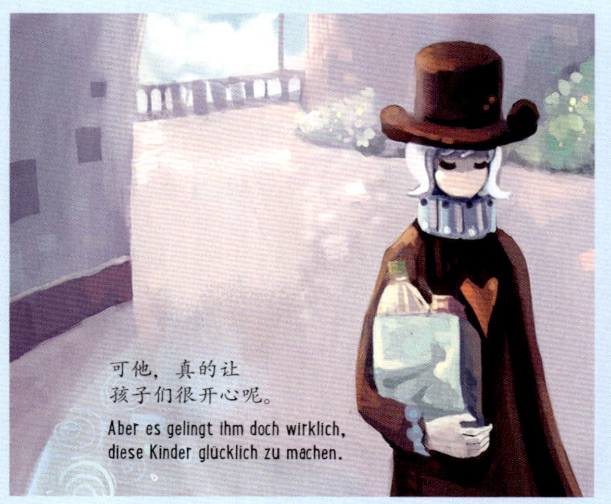
可他，真的让
孩子们很开心呢。
Aber es gelingt ihm doch wirklich,
diese Kinder glücklich zu machen.

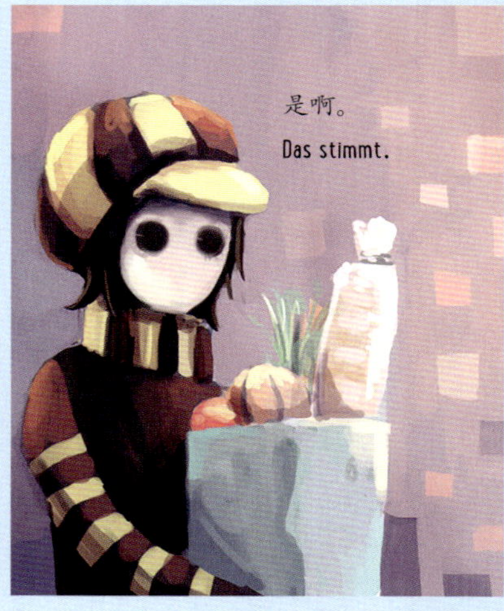
是啊。
Das stimmt.

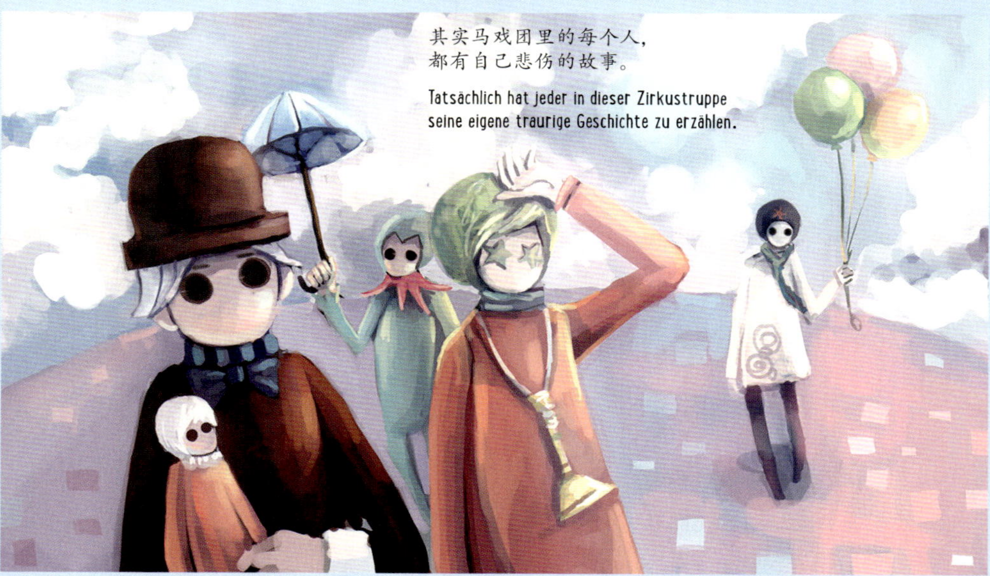
其实马戏团里的每个人，
都有自己悲伤的故事。
Tatsächlich hat jeder in dieser Zirkustruppe
seine eigene traurige Geschichte zu erzählen.

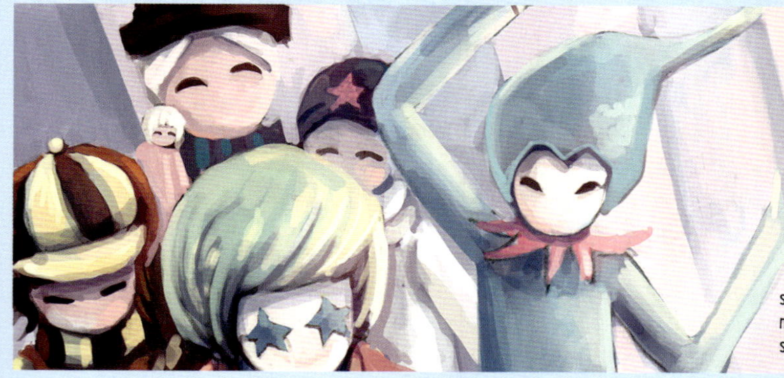
但即使怀着刻骨的伤痛，
也只想让观众看到
自己最灿烂的笑容。
Aber wenn uns der Schmerz
auch bis in die Knochen quält,
so möchten wir doch das Publikum
nur unser strahlendstes Lächeln
sehen lassen.

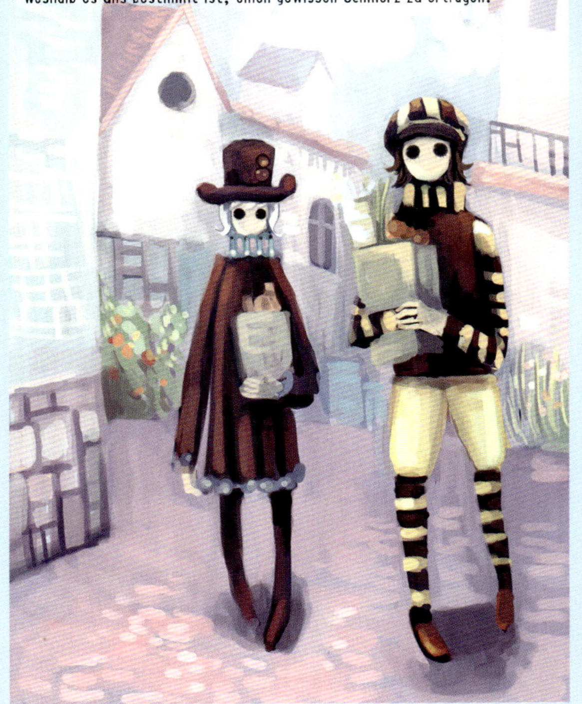
我们选择了这样一个流浪的梦想，
就注定要承担一些悲伤。
Wir haben uns für diesen Traum von einem Wanderleben entschieden, weshalb es uns bestimmt ist, einen gewissen Schmerz zu ertragen.

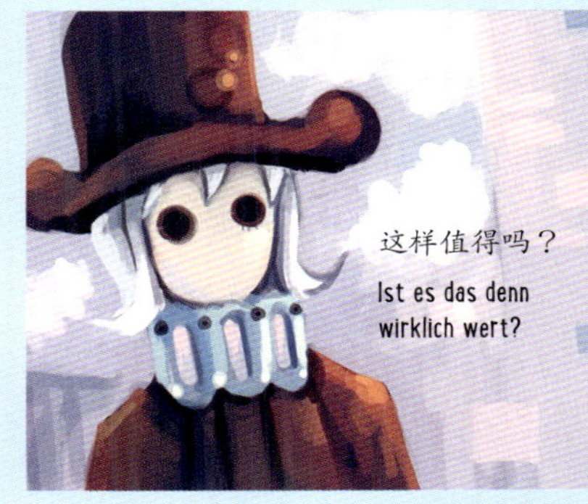
这样值得吗？
Ist es das denn wirklich wert?

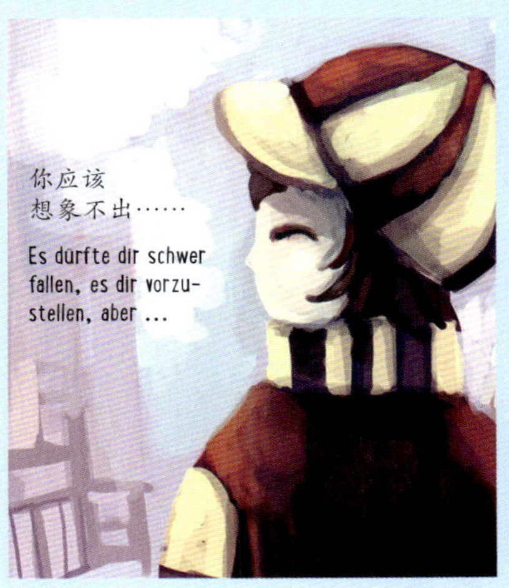
你应该
想象不出……
Es dürfte dir schwer fallen, es dir vorzustellen, aber ...

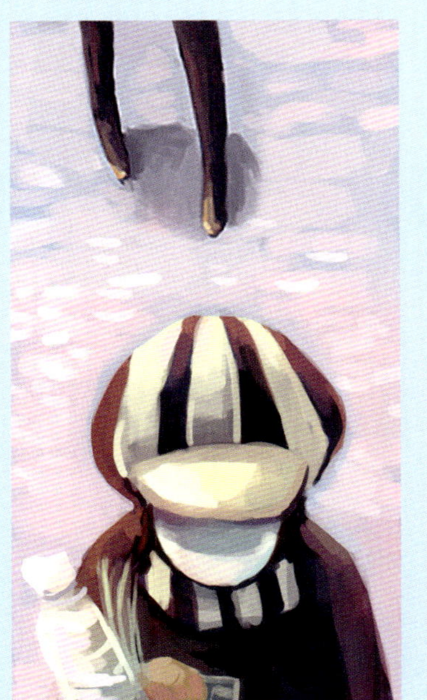

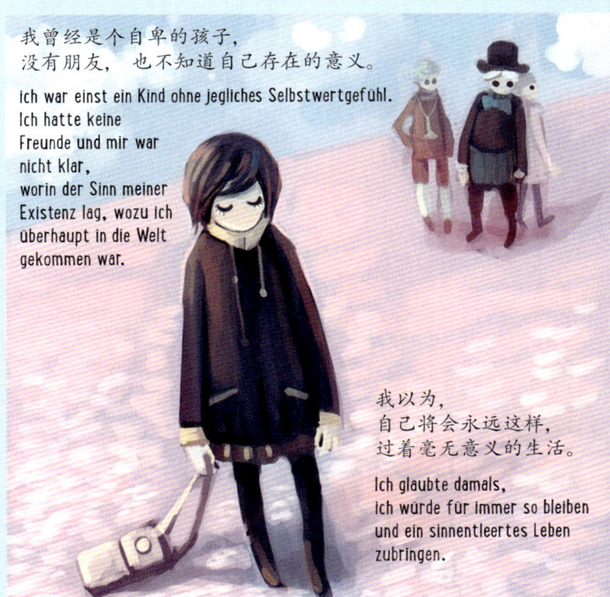
我曾经是个自卑的孩子，
没有朋友， 也不知道自己存在的意义。
Ich war einst ein Kind ohne jegliches Selbstwertgefühl. Ich hatte keine Freunde und mir war nicht klar, worin der Sinn meiner Existenz lag, wozu ich überhaupt in die Welt gekommen war.
我以为，
自己将会永远这样，
过着毫无意义的生活。
Ich glaubte damals, ich würde für immer so bleiben und ein sinnentleertes Leben zubringen.

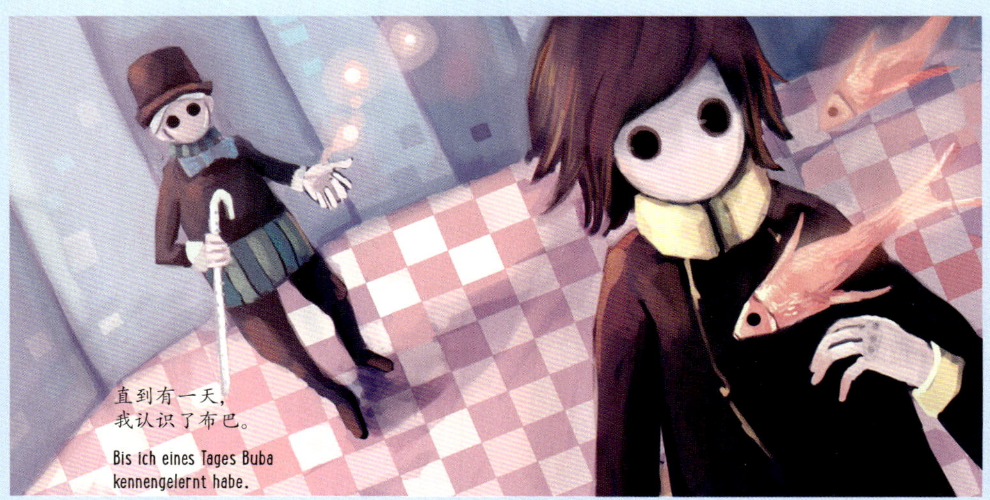
直到有一天，
我认识了布巴。
Bis ich eines Tages Buba
kennengelernt habe.

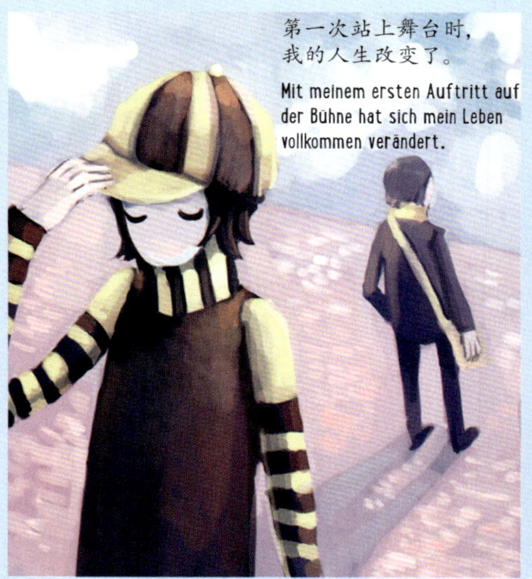
第一次站上舞台时，
我的人生改变了。
Mit meinem ersten Auftritt auf
der Bühne hat sich mein Leben
vollkommen verändert.

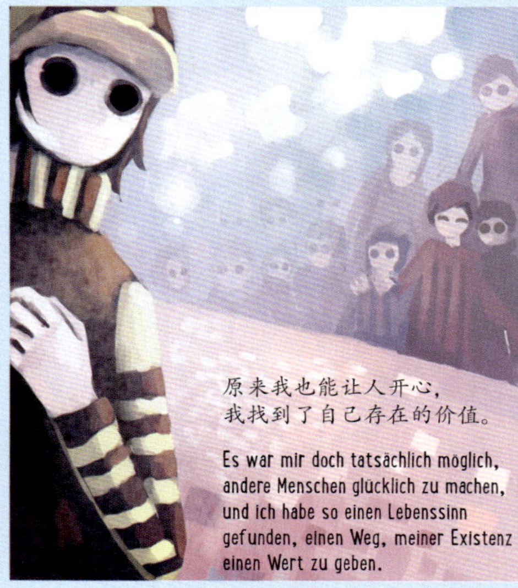
原来我也能让人开心，
我找到了自己存在的价值。
Es war mir doch tatsächlich möglich,
andere Menschen glücklich zu machen,
und ich habe so einen Lebenssinn
gefunden, einen Weg, meiner Existenz
einen Wert zu geben.

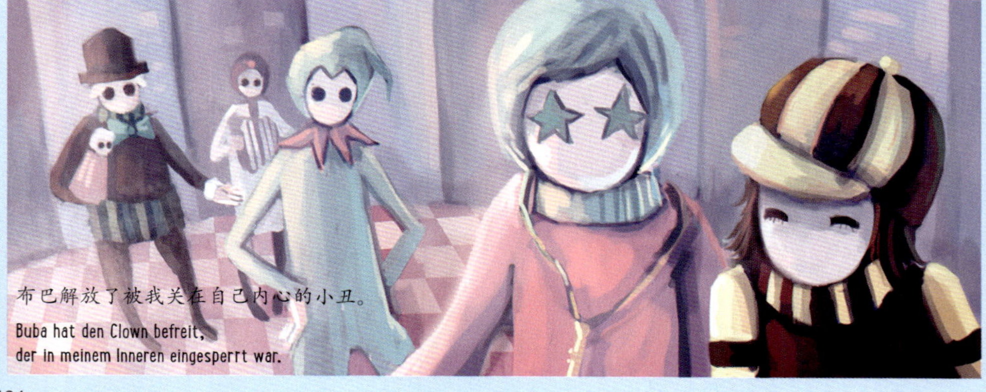
布巴解放了被我关在自己内心的小丑。
Buba hat den Clown befreit,
der in meinem Inneren eingesperrt war.

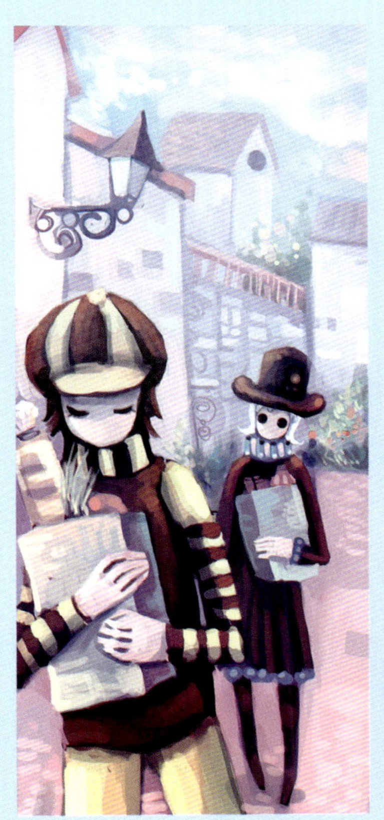

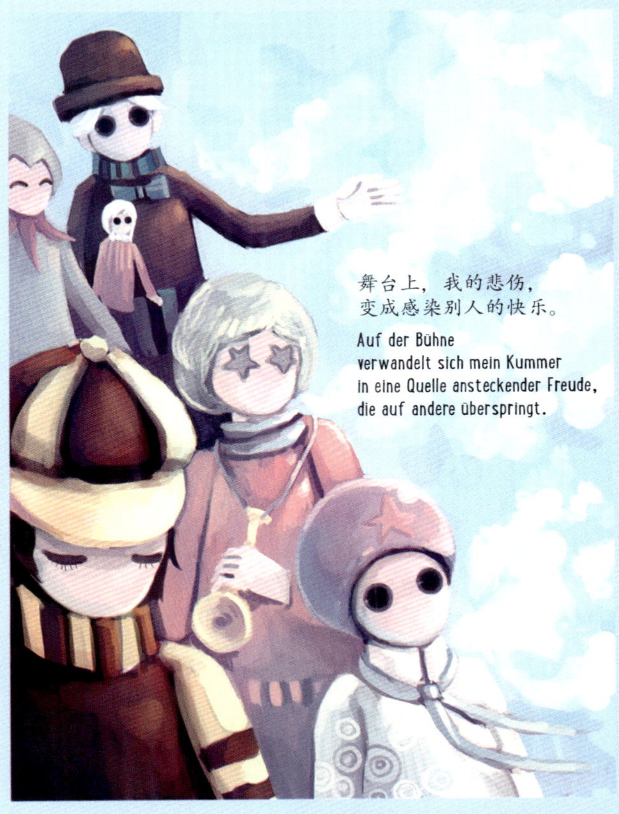
舞台上，我的悲伤，
变成感染别人的快乐。
Auf der Bühne
verwandelt sich mein Kummer
in eine Quelle ansteckender Freude,
die auf andere überspringt.

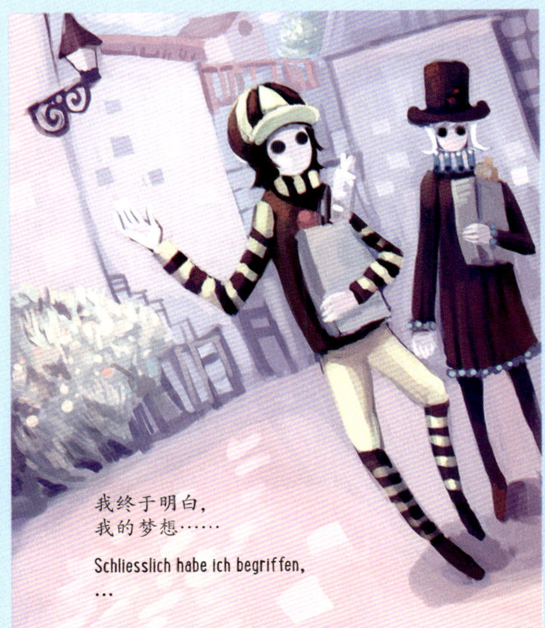
我终于明白，
我的梦想……
Schliesslich habe ich begriffen,
…

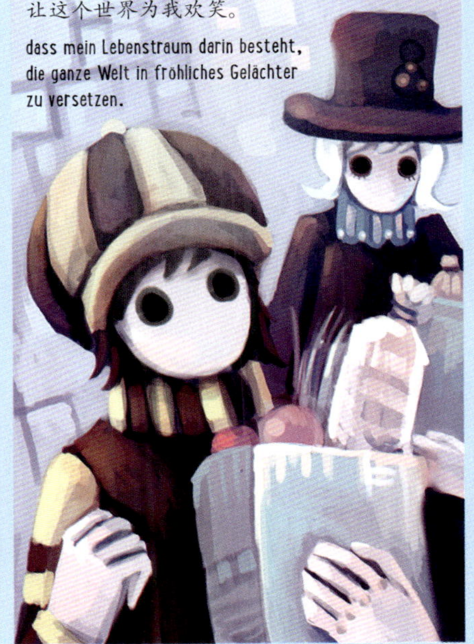
让这个世界为我欢笑。
dass mein Lebenstraum darin besteht,
die ganze Welt in fröhliches Gelächter
zu versetzen.

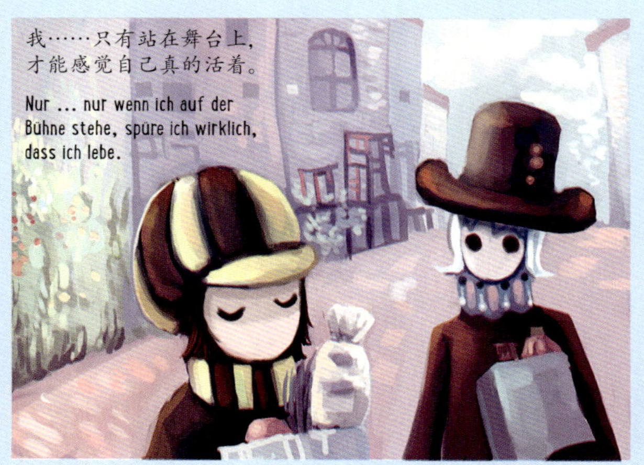

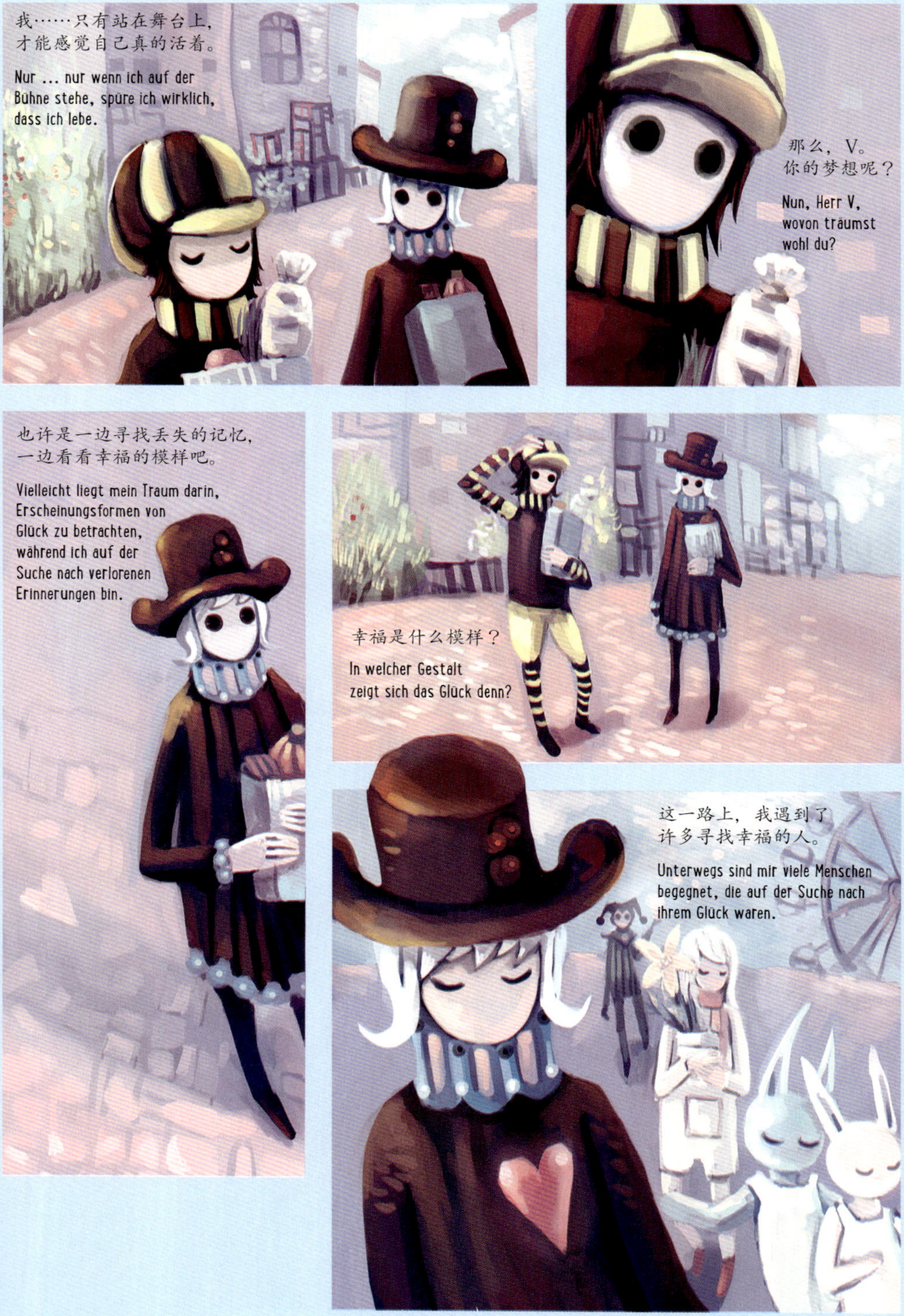

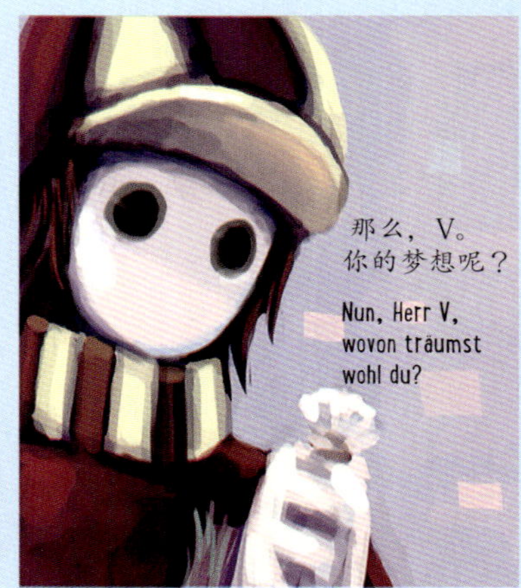

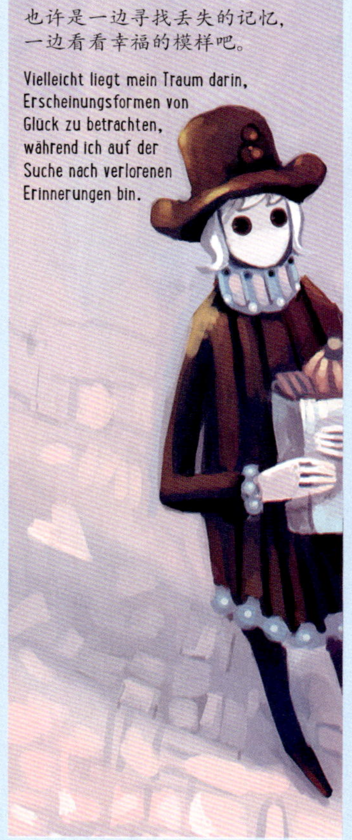

幸福是什么模样？

In welcher Gestalt zeigt sich das Glück denn?

这一路上，我遇到了
许多寻找幸福的人。

Unterwegs sind mir viele Menschen begegnet, die auf der Suche nach ihrem Glück waren.

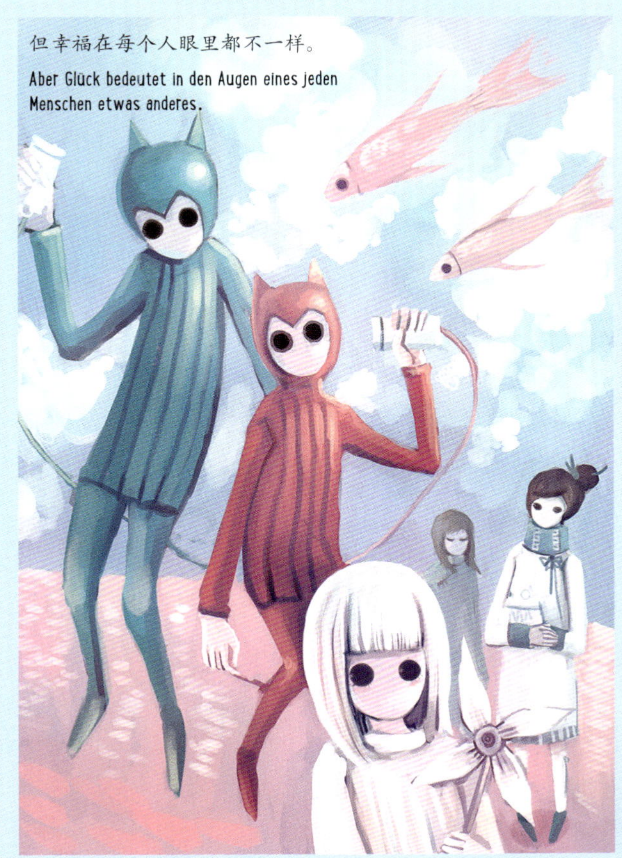
但幸福在每个人眼里都不一样。
Aber Glück bedeutet in den Augen eines jeden Menschen etwas anderes.

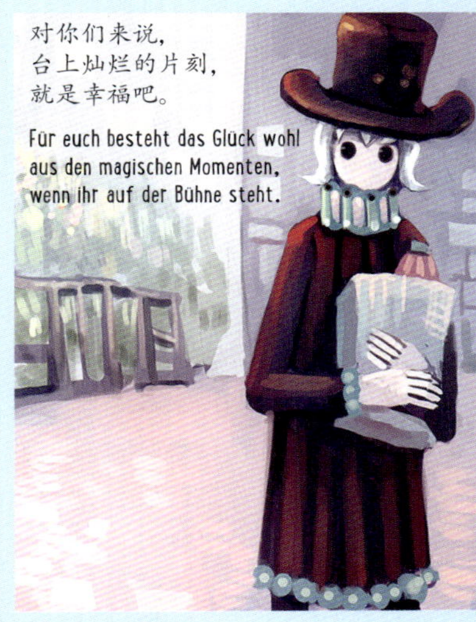
对你们来说，
台上灿烂的片刻，
就是幸福吧。
Für euch besteht das Glück wohl aus den magischen Momenten, wenn ihr auf der Bühne steht.

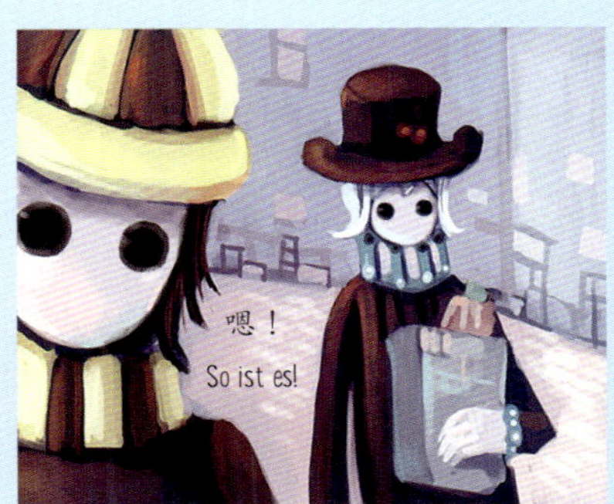
嗯！
So ist es!

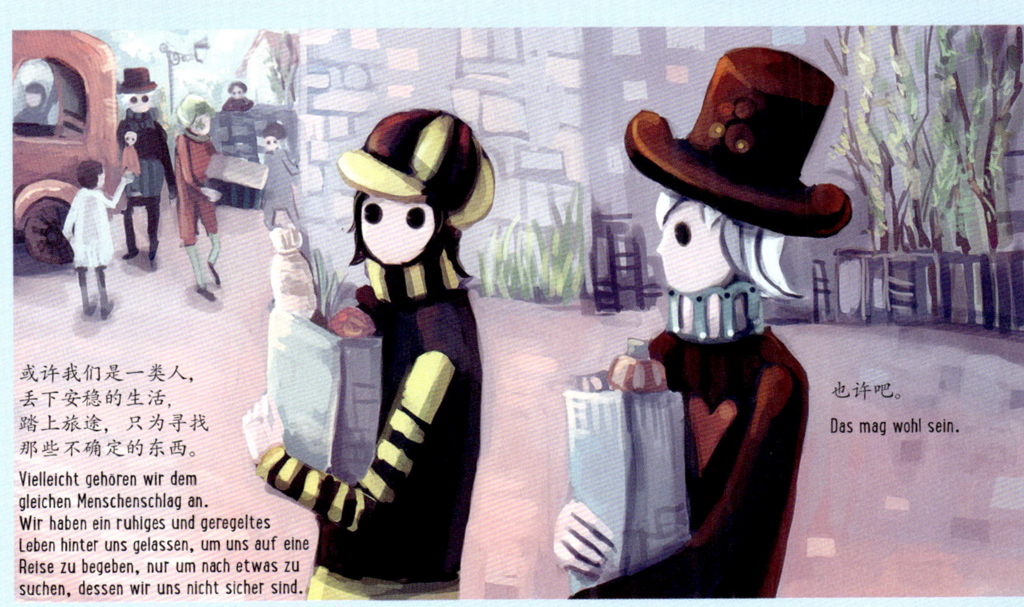
或许我们是一类人，
丢下安稳的生活，
踏上旅途，只为寻找
那些不确定的东西。
Vielleicht gehören wir dem gleichen Menschenschlag an.
Wir haben ein ruhiges und geregeltes Leben hinter uns gelassen, um uns auf eine Reise zu begeben, nur um nach etwas zu suchen, dessen wir uns nicht sicher sind.
也许吧。
Das mag wohl sein.

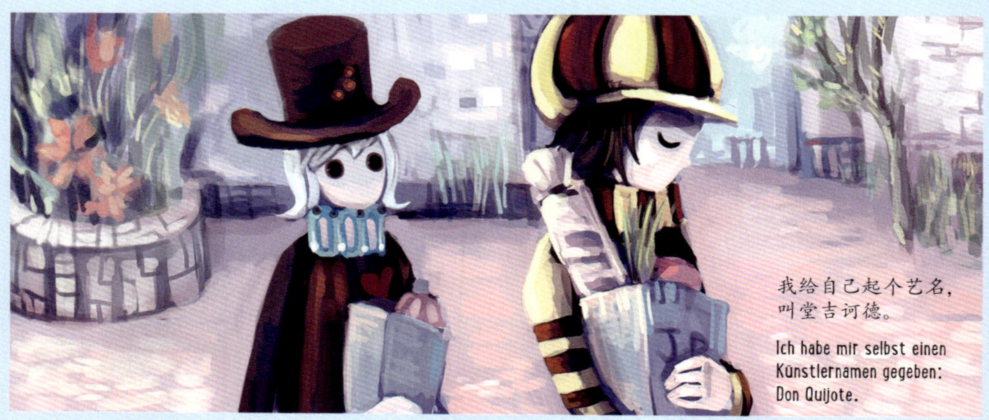
我给自己起个艺名，
叫堂吉诃德。
Ich habe mir selbst einen Künstlernamen gegeben: Don Quijote.

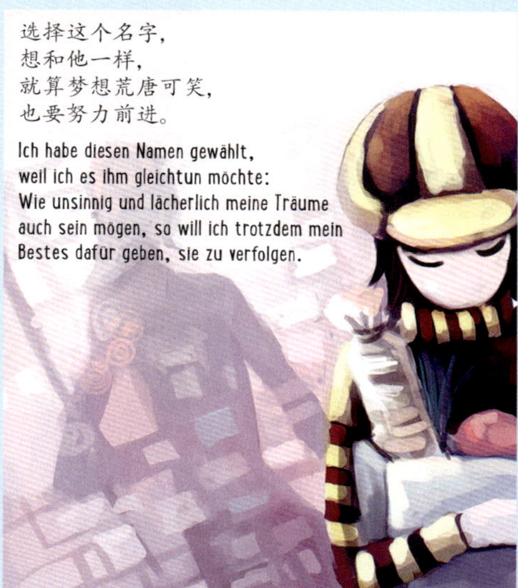
选择这个名字，
想和他一样，
就算梦想荒唐可笑，
也要努力前进。
Ich habe diesen Namen gewählt, weil ich es ihm gleichtun möchte: Wie unsinnig und lächerlich meine Träume auch sein mögen, so will ich trotzdem mein Bestes dafür geben, sie zu verfolgen.

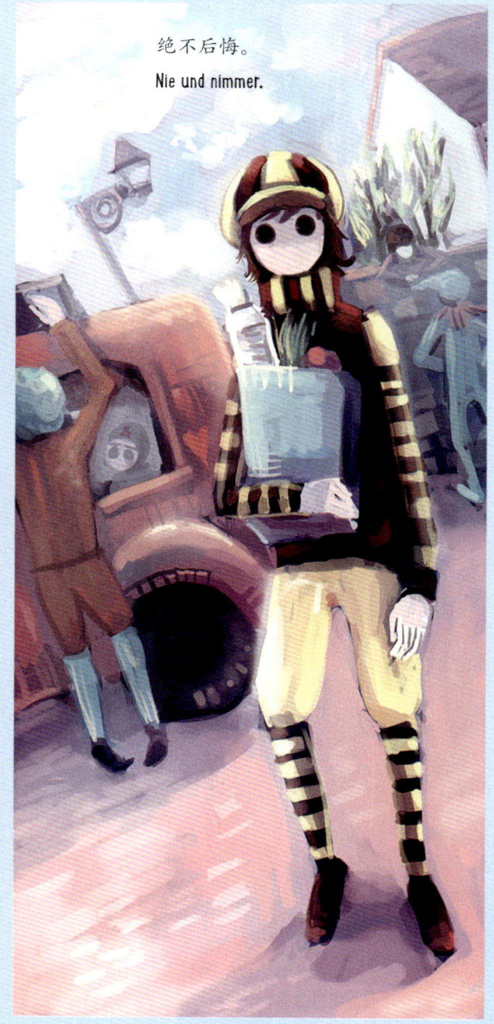
绝不后悔。
Nie und nimmer.

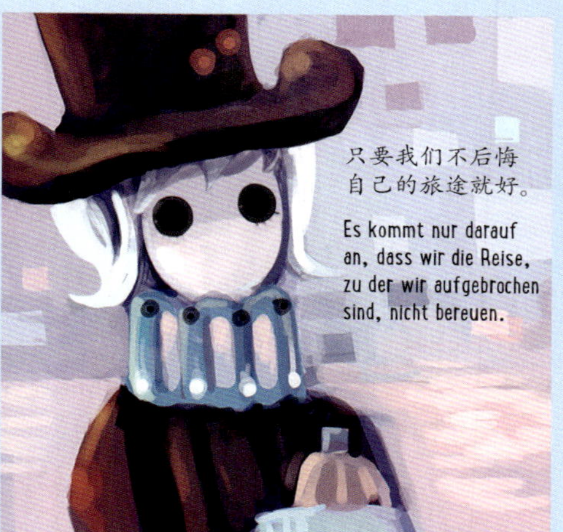
只要我们不后悔
自己的旅途就好。
Es kommt nur darauf an, dass wir die Reise, zu der wir aufgebrochen sind, nicht bereuen.

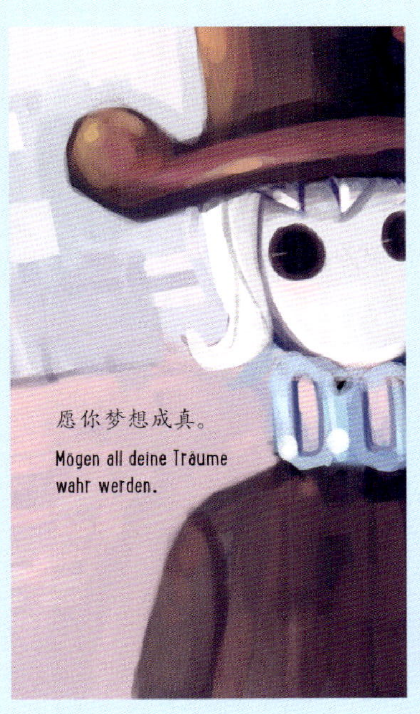
愿你梦想成真。
Mögen all deine Träume wahr werden.

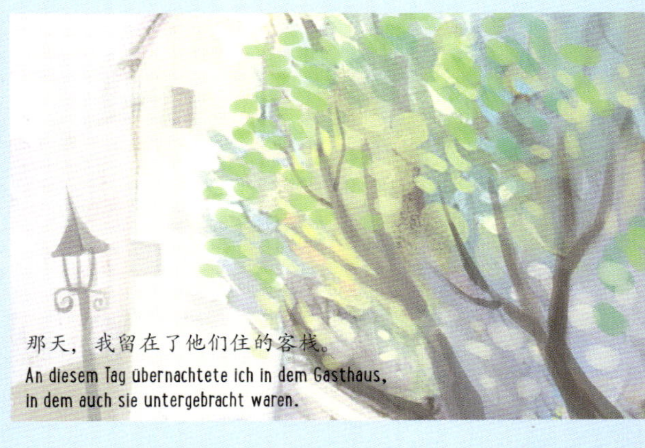
那天，我留在了他们住的客栈。
An diesem Tag übernachtete ich in dem Gasthaus, in dem auch sie untergebracht waren.

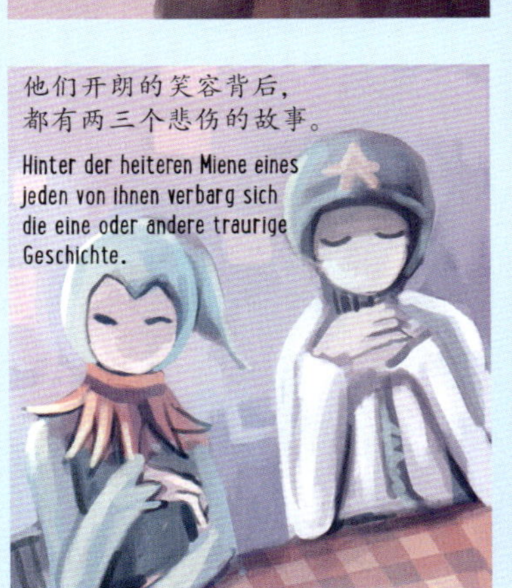
他们开朗的笑容背后，
都有两三个悲伤的故事。
Hinter der heiteren Miene eines jeden von ihnen verbarg sich die eine oder andere traurige Geschichte.

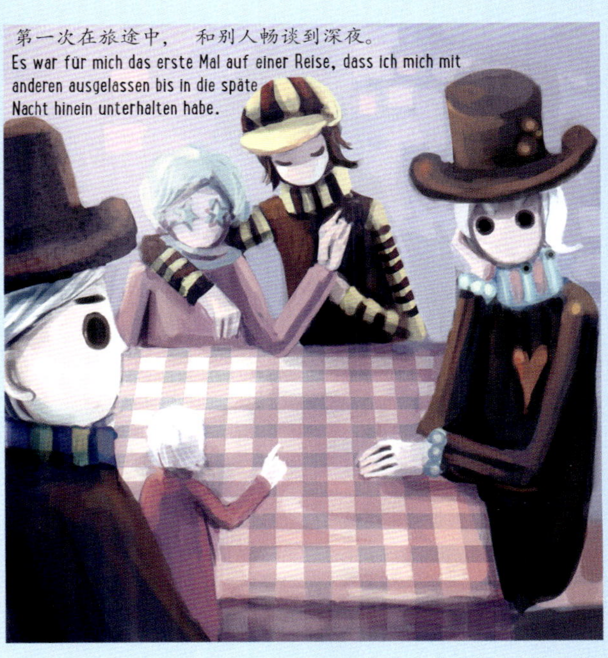
第一次在旅途中，和别人畅谈到深夜。
Es war für mich das erste Mal auf einer Reise, dass ich mich mit anderen ausgelassen bis in die späte Nacht hinein unterhalten habe.

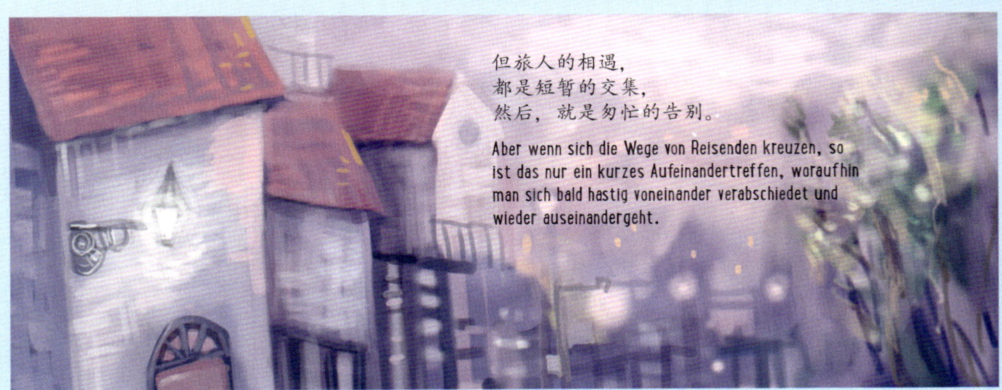
但旅人的相遇，
都是短暂的交集，
然后，就是匆忙的告别。
Aber wenn sich die Wege von Reisenden kreuzen, so ist das nur ein kurzes Aufeinandertreffen, woraufhin man sich bald hastig voneinander verabschiedet und wieder auseinandergeht.

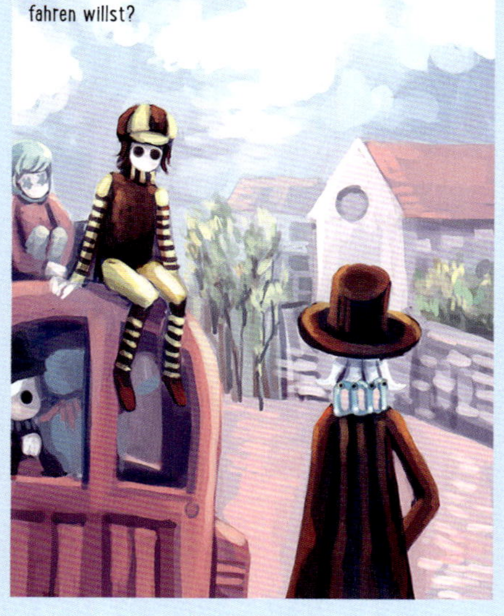

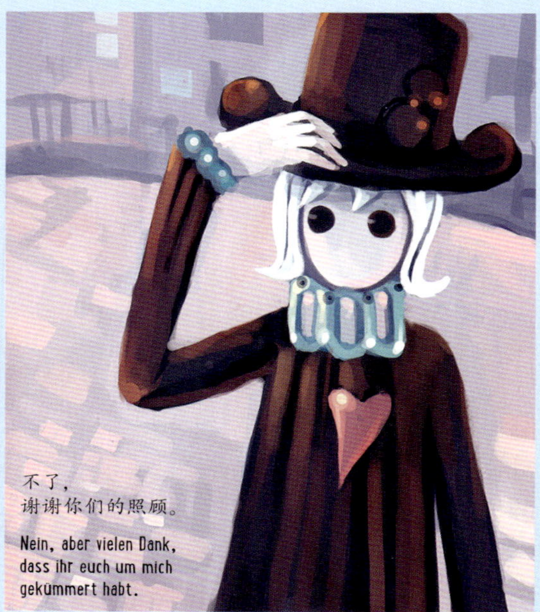

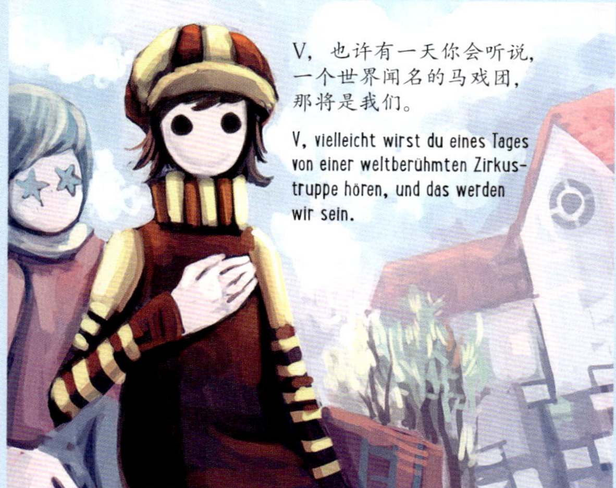

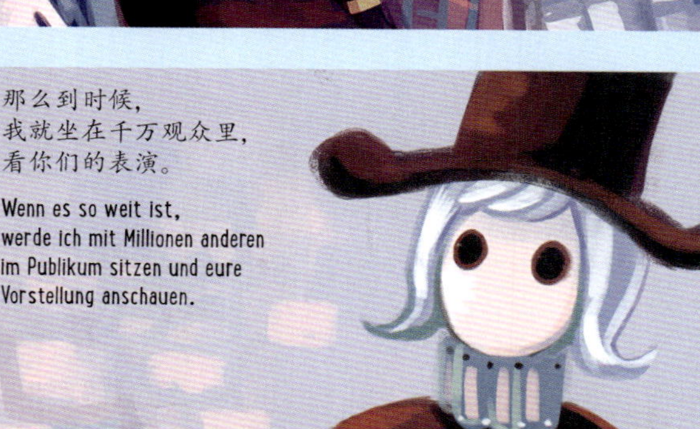

一言为定！
等到那天，
我们再见面吧！

Abgemacht!
Wenn dieser Tag gekommen ist, werden wir uns wiedersehen!

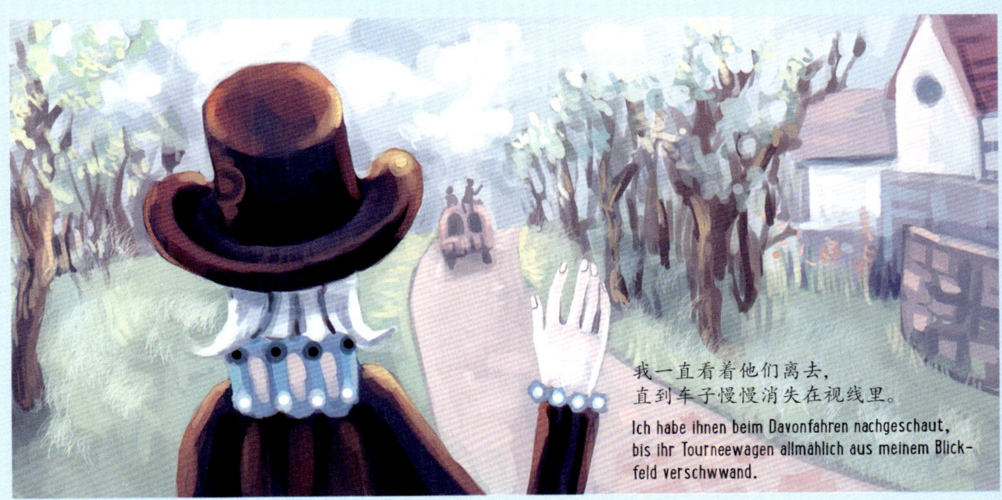
我一直看着他们离去，
直到车子慢慢消失在视线里。
Ich habe ihnen beim Davonfahren nachgeschaut,
bis ihr Tourneewagen allmählich aus meinem Blickfeld verschwwand.

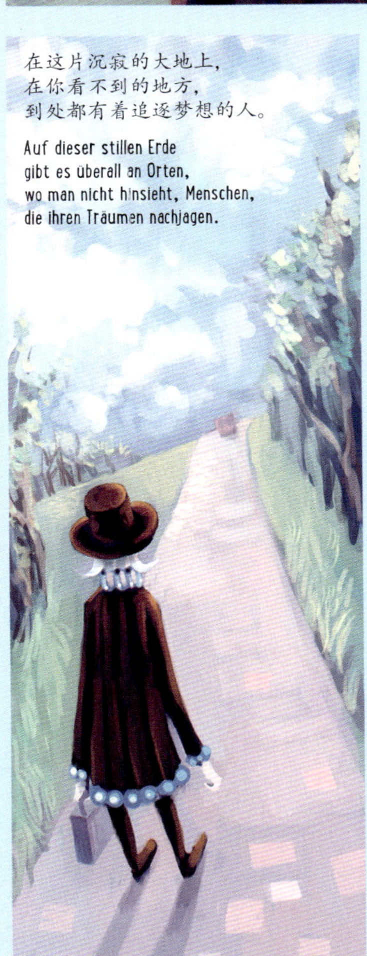
在这片沉寂的大地上，
在你看不到的地方，
到处都有着追逐梦想的人。
Auf dieser stillen Erde
gibt es überall an Orten,
wo man nicht hinsieht, Menschen,
die ihren Träumen nachjagen.

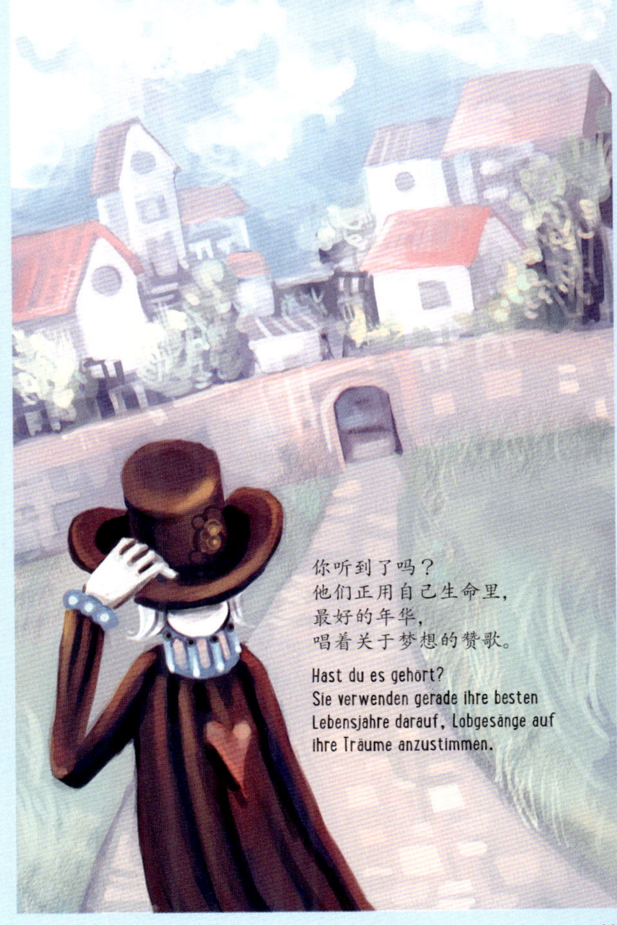
你听到了吗？
他们正用自己生命里，
最好的年华，
唱着关于梦想的赞歌。
Hast du es gehört?
Sie verwenden gerade ihre besten
Lebensjahre darauf, Lobgesänge auf
ihre Träume anzustimmen.

我们选择了这样一个流浪的梦想，就注定要承担一些悲伤。

Wir haben uns für diesen Traum von einem Wanderleben entschieden, weshalb es uns bestimmt ist, einen gewissen Schmerz zu ertragen.

Something about…

CIRCUS

构思这个故事时脑海里翻腾着的，是很多年前看的原创漫画杂志上的，关于他们的青春。

那些记忆都遥远了。但那曾让我无比向往。当年抱着签名本拥挤在人海中，用无比虔诚的目光望着他们。

某次聚会喝酒之后开始大发感叹，我对这些前辈说，能认识你们，对我来说是多大的荣幸啊。我可是仰望着你们长大的。初中的时候就开始看你们的漫画，当时觉得要是能和你们说上句话人生就有了意义。你们自己肯定不知道。那时候你们对我们这些画漫画的小孩来说，有多么大的意义啊！我听到另外一个孩子也在说，是啊，能认识你们太幸福了，真的，真的。

能认识他们，大概是我们关于梦想的一个奇迹吧。

到我们这一代，画漫画的已经过上了丰衣足食的小康生活。已经不再和当年的他们一样，要冒着饥饿的危险来画画。

他们其实也一样，是普通的人，并不像我以为的那么崇高，有时候甚至像没长大的孩子，总是用轻描淡写的搞笑口气讲着过去的事。可他们付出过的努力和青春，是我远远不能比的。

崇拜那些勇敢去追寻梦想的人。我没有勇气跟他们一样放手拼搏，没有能力和他们一样扫除一切障碍，我很幸运地顺其自然就开始画画了。

所以我将永远用一个普通FANS闪亮的星星眼望着这些追寻梦想前辈们，当一个FANS最开心了！

Zu dem Zeitpunkt, als ich diese Geschichte entwickelte, stiegen mir im Kopf Erinnerungen daran auf, was ich vor vielen Jahren in einer auf Erstveröffentlichungen spezialisierten Comic-Zeitschrift über ihre Jugendjahre gelesen hatte.

Jene Erinnerungen liegen schon weit zurück, aber damals liess mich dies eine unvergleichliche Sehnsucht verspüren. In jenem Jahr umklammerte ich im Gedränge der Menschenmenge fest mein signiertes Exemplar, während ich mit ehrfürchtigem Blick in ihre Richtung späte.

Einmal bei einem gemeinsamen Treffen (viele Jahre später), nachdem wir durch den Alkohol etwas angeheitert waren, liessen wir unseren Gefühlen freien Lauf. Ich sagte zu diesen von mir hochverehrten Künstlern, die einer älteren Generation angehörten: „Es bedeutet für mich eine riesige Ehre, euch kennengelernt zu haben. Während ich aufgewachsen bin, habe ich stets in Bewunderung zu euch aufgeschaut. Während meiner Zeit auf der Junior Highschool habe ich begonnen, eure Comics zu lesen, Damals habe ich mir immer gedacht, dass es meinem Leben Sinn verleihen würde, wenn ich nur die Möglichkeit hätte, mit euch ein paar Worte zu wechseln. Euch ist sicherlich nicht bewusst, wie viel ihr uns Kinder, die wir das Comiczeichnen liebten, damals bedeutet habt. Ich habe einmal auch von einem anderen Kind dasselbe gehört. Ja, dem ist so, euch kennenzulernen, bedeutete für uns das grösste Glück auf Erden. Wirklich, wirklich!"

Die Chance zu bekommen, sie kennenzulernen, erschien für viele von uns wie ein regelrechtes Wunder, wobei ein Wunschtraum in Erfüllung gegangen wäre.

In unserer Generation kann man mit dem Zeichnen von Comics bereits ein materiell gesichertes Leben mit bescheidenem Wohlstand führen. Künstler meiner Generation müssen bereits nicht mehr wie sie damals das Risiko eingehen, hungern zu müssen, wenn sie sich dem Zeichnen widmen.

Tatsächlich sind sie nicht anders als wir, ganz gewöhnliche Menschen. Sie sind keineswegs so erhaben, wie ich sie mir immer vorgestellt habe. Manchmal ähneln sie sogar Kindern, die nie erwachsen geworden sind. Mit Unterstatement erzählen sie in einem humorvollen Ton über Ereignisse aus ihrer Vergangenheit. Aber im Hinblick auf all die Anstrengung, die sie aufbringen, und wertvollen jungen Jahre, die sie opfern mussten, kann ich mich bei Weitem nicht mit ihnen messen.

Ich bewundere aufrichtig all jene Menschen, die wagemutig ihre Träume verfolgen. Ich besitze nicht den Mut, alles auf eine Karte zu setzen und einen rückhaltlosen Kampf zu führen, so wie sie es einst taten. Auch besitze ich nicht die Fähigkeit, sämtliche Hindernisse selbst aus dem Weg zu räumen. Ich bin ein Glückspilz, da es bei mir einen ganz natürlichen Lauf genommen hat, dass ich wie selbstverständlich zum Zeichnen gekommen bin.

Deshalb werde ich für immer mit den Sternen gleich funkelnden Augen eines Fans zu diesen von mir so verehrten Comic-Künstlern der älteren Generation aufschauen. Nichts ist schöner, als ein Fan zu sein!

属于我们的，
最闪亮的日子，
就在那些追逐梦想的岁月里。

Unsere strahlendsten Zeiten sind jene Jahre,
in denen wir unseren Träumen nachgejagt sind.

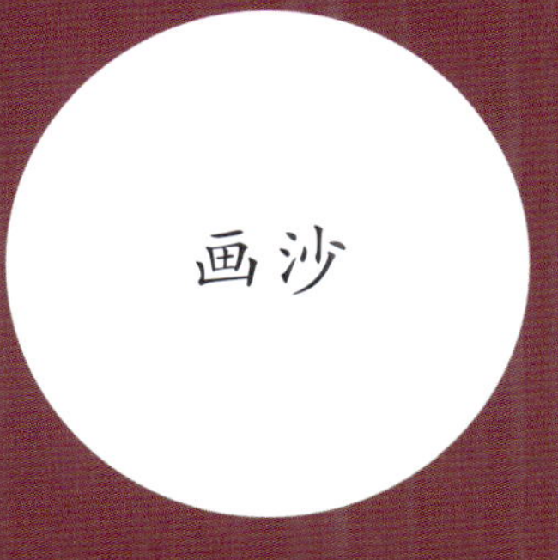

Mein Weg

Bilder aus Sand

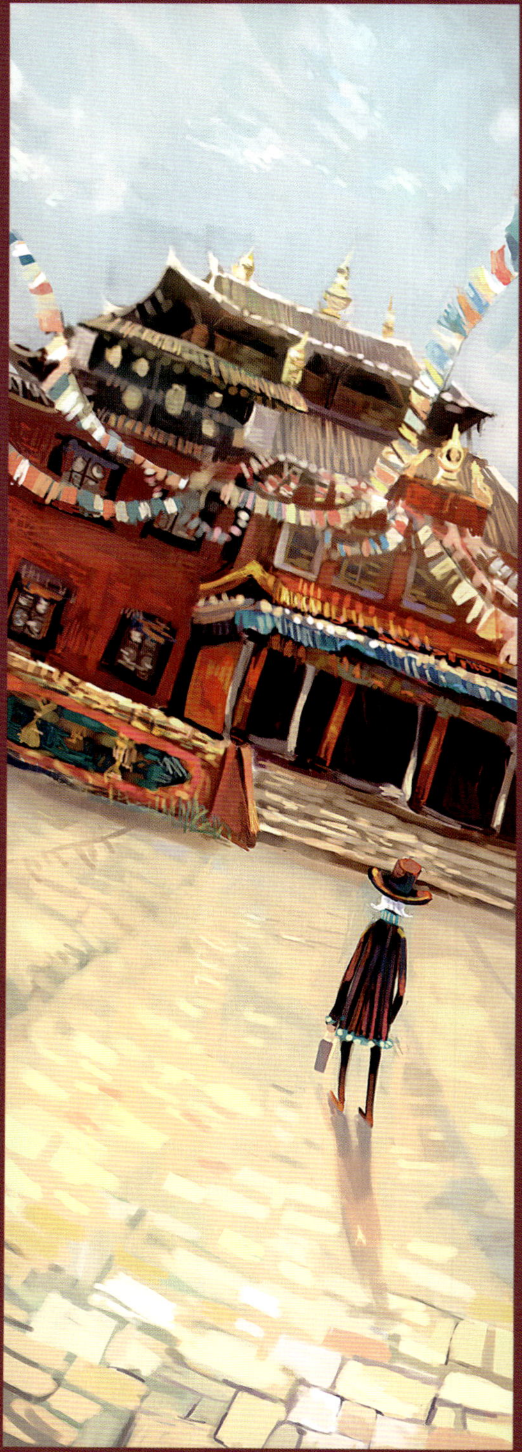

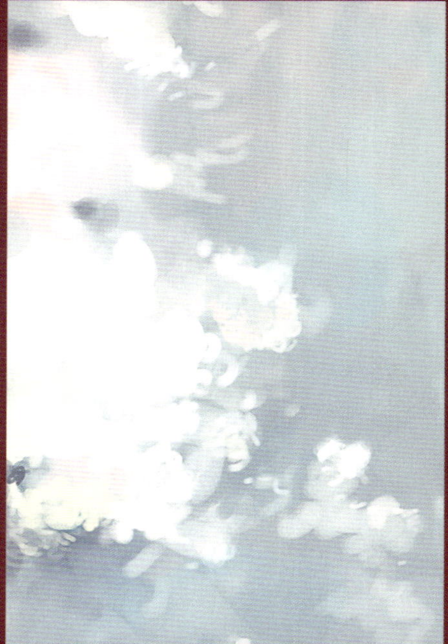

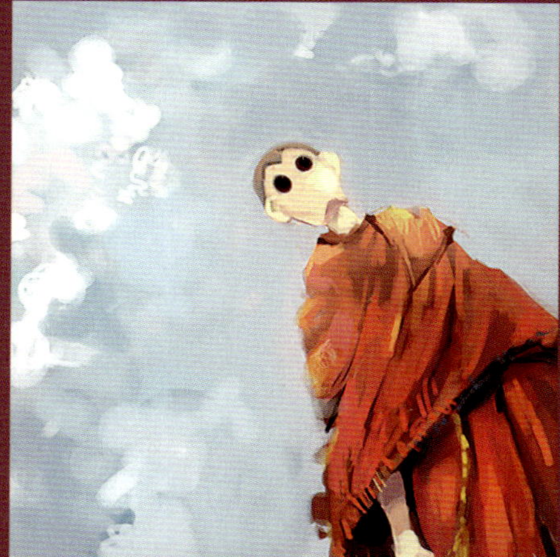

生命，
是时间海洋中漂浮的沙砾。

Das Leben gleicht einem Sandkorn,
das im Zeitenmeer hin und her getrieben wird.

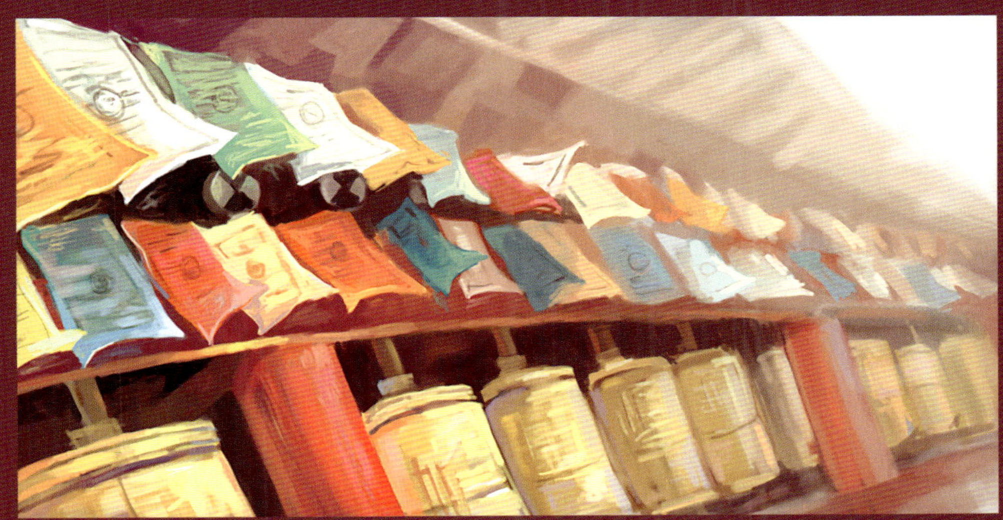

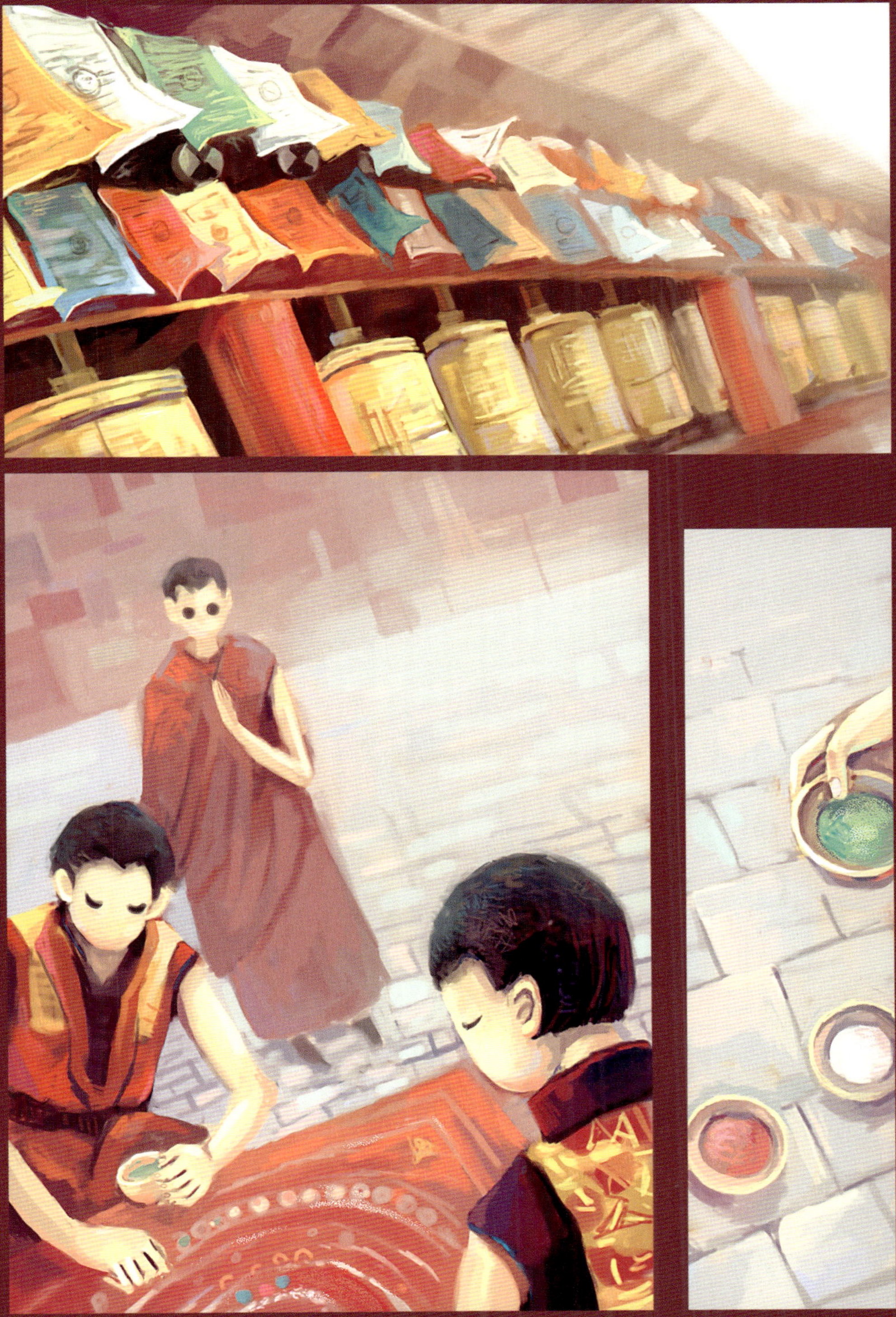

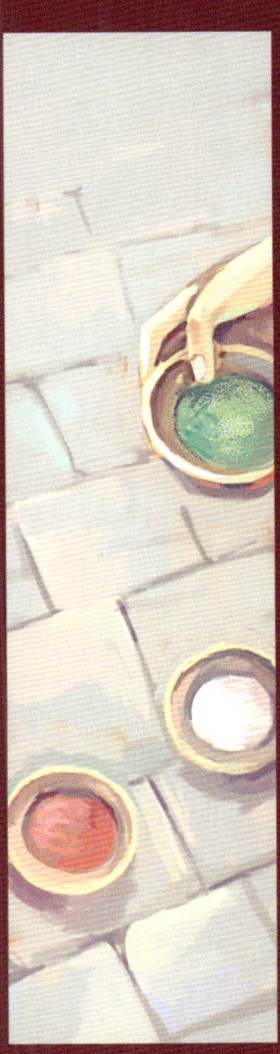

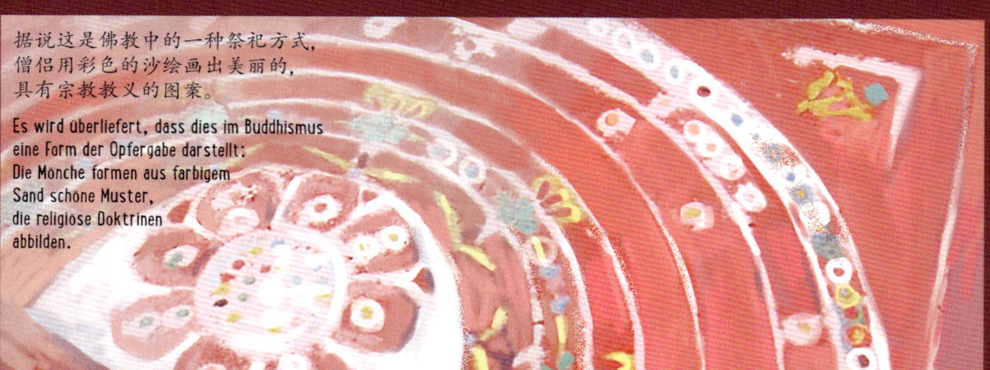
据说这是佛教中的一种祭祀方式，
僧侣用彩色的沙绘画出美丽的，
具有宗教教义的图案。
Es wird überliefert, dass dies im Buddhismus
eine Form der Opfergabe darstellt:
Die Mönche formen aus farbigem
Sand schöne Muster,
die religiöse Doktrinen
abbilden.

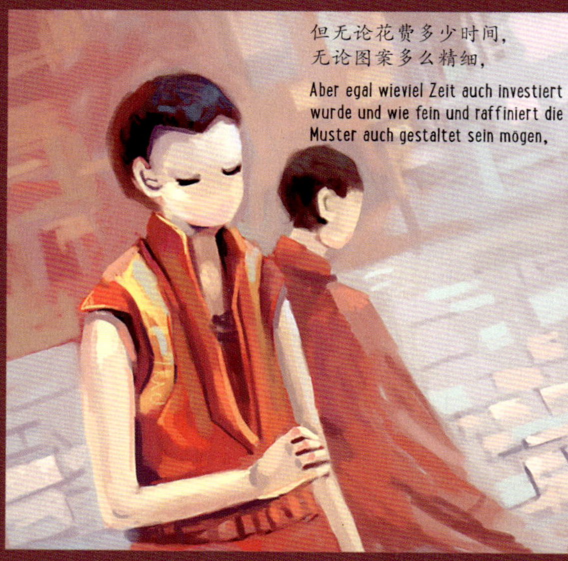
但无论花费多少时间，
无论图案多么精细，
Aber egal wieviel Zeit auch investiert
wurde und wie fein und raffiniert die
Muster auch gestaltet sein mögen,

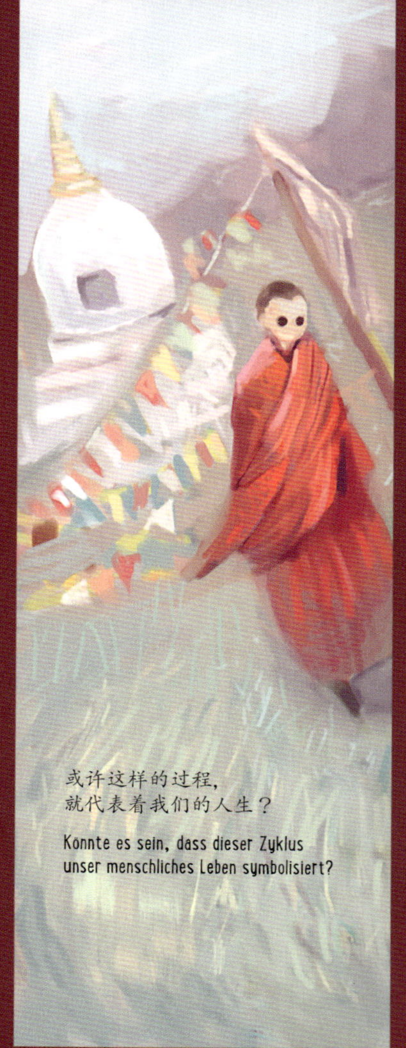
或许这样的过程，
就代表着我们的人生？
Könnte es sein, dass dieser Zyklus
unser menschliches Leben symbolisiert?

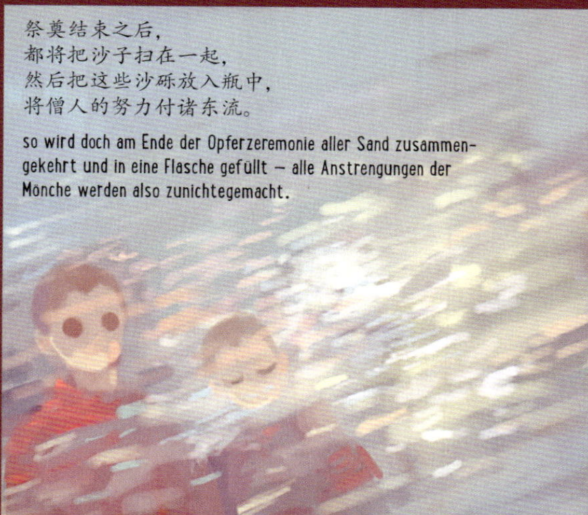
祭奠结束之后，
都将把沙子扫在一起，
然后把这些沙砾放入瓶中，
将僧人的努力付诸东流。
so wird doch am Ende der Opferzeremonie aller Sand zusammen-
gekehrt und in eine Flasche gefüllt – alle Anstrengungen der
Mönche werden also zunichtegemacht.

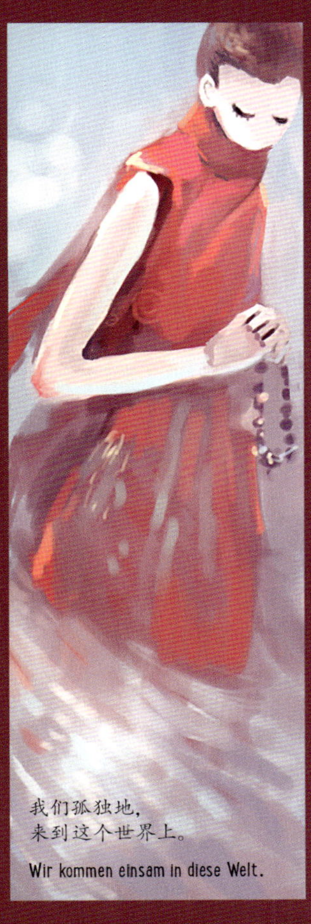
我们孤独地，
来到这个世界上。
Wir kommen einsam in diese Welt.

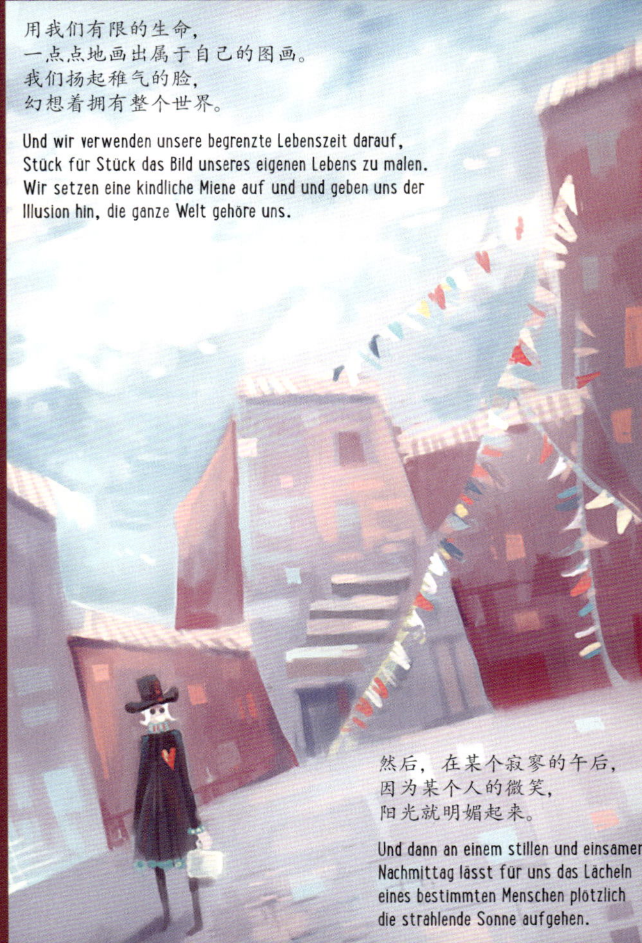
用我们有限的生命，
一点点地画出属于自己的图画。
我们扬起稚气的脸，
幻想着拥有整个世界。
Und wir verwenden unsere begrenzte Lebenszeit darauf,
Stück für Stück das Bild unseres eigenen Lebens zu malen.
Wir setzen eine kindliche Miene auf und und geben uns der
Illusion hin, die ganze Welt gehöre uns.
然后，在某个寂寥的午后，
因为某个人的微笑，
阳光就明媚起来。
Und dann an einem stillen und einsamen
Nachmittag lässt für uns das Lächeln
eines bestimmten Menschen plötzlich
die strahlende Sonne aufgehen.

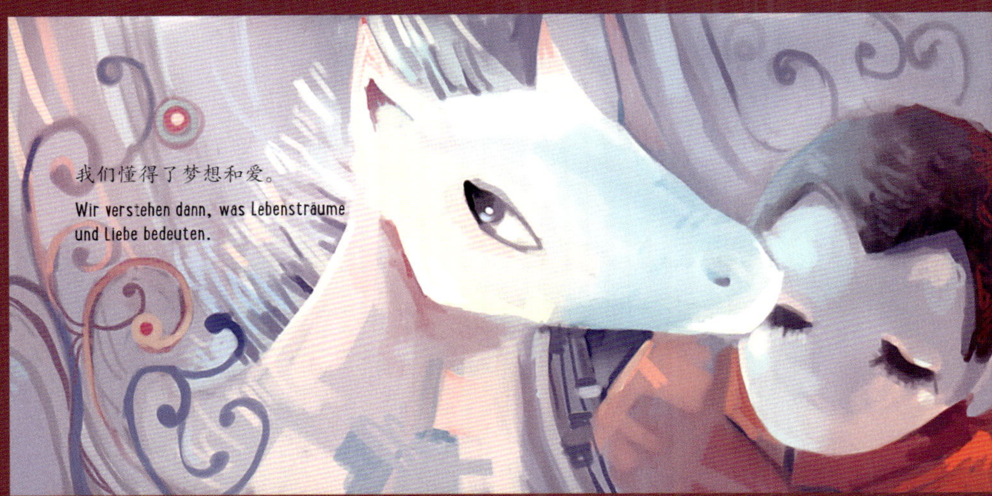
我们懂得了梦想和爱。
Wir verstehen dann, was Lebensträume
und Liebe bedeuten.

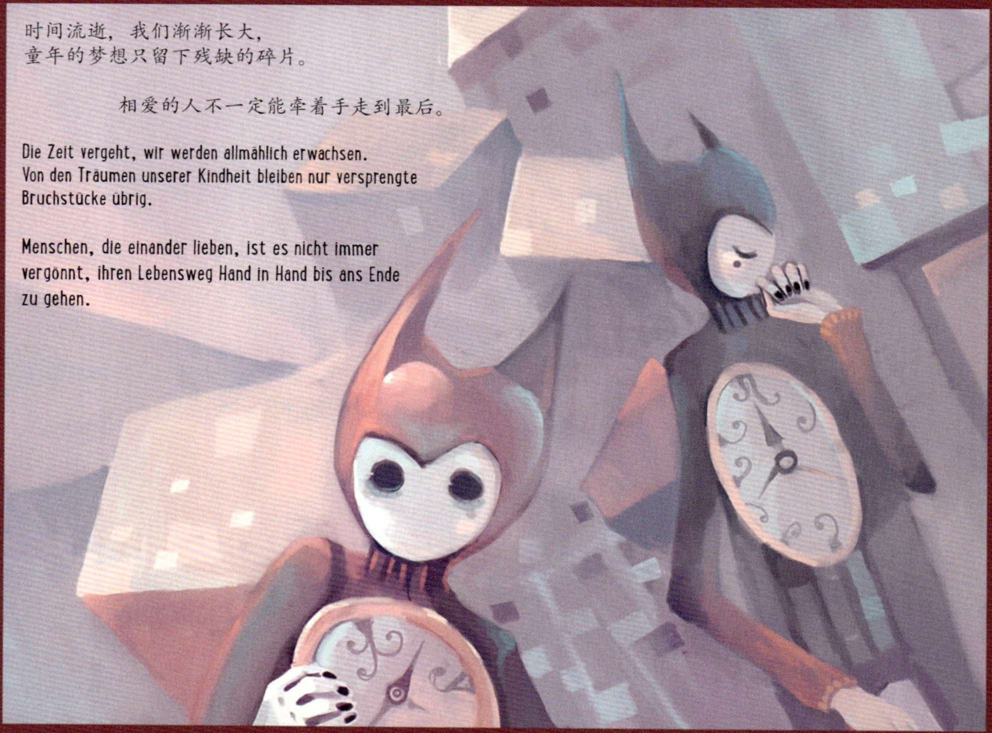

时间流逝，我们渐渐长大，
童年的梦想只留下残缺的碎片。

相爱的人不一定能牵着手走到最后。

Die Zeit vergeht, wir werden allmählich erwachsen.
Von den Träumen unserer Kindheit bleiben nur versprengte Bruchstücke übrig.

Menschen, die einander lieben, ist es nicht immer vergönnt, ihren Lebensweg Hand in Hand bis ans Ende zu gehen.

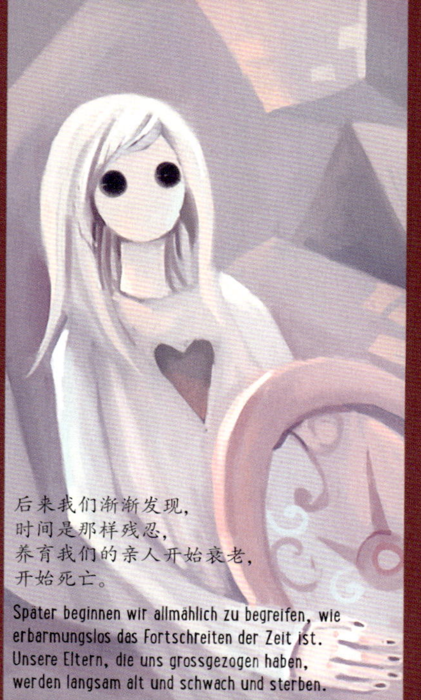

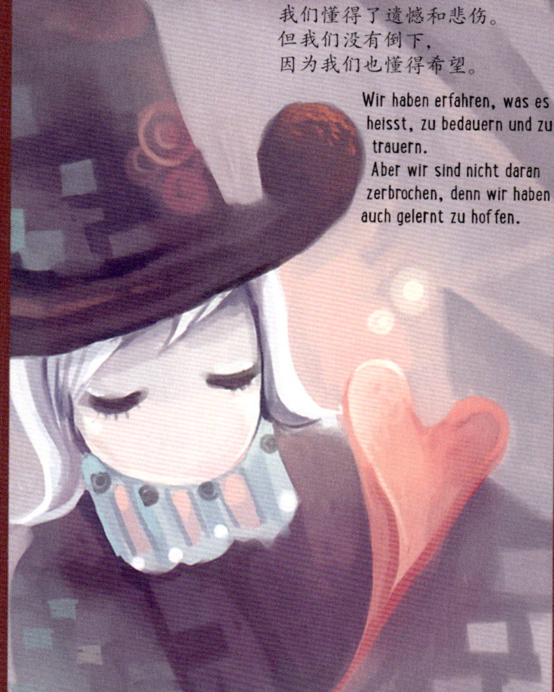

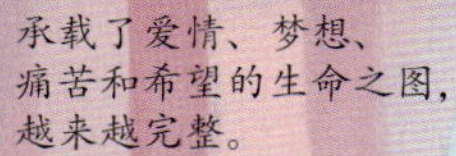

承载了爱情、梦想、
痛苦和希望的生命之图，
越来越完整。

Das Gemälde unseres Lebens, beladen mit Liebe,
Träumen, Schmerz und Hoffnung,
wird immer vollständiger.

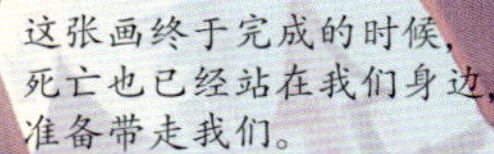

这张画终于完成的时候，
死亡也已经站在我们身边，
准备带走我们。

Wenn das Gemälde schliesslich vollendet ist,
steht schon der Tod vor unserer Tür in der
Absicht, uns mit sich fortzunehmen.

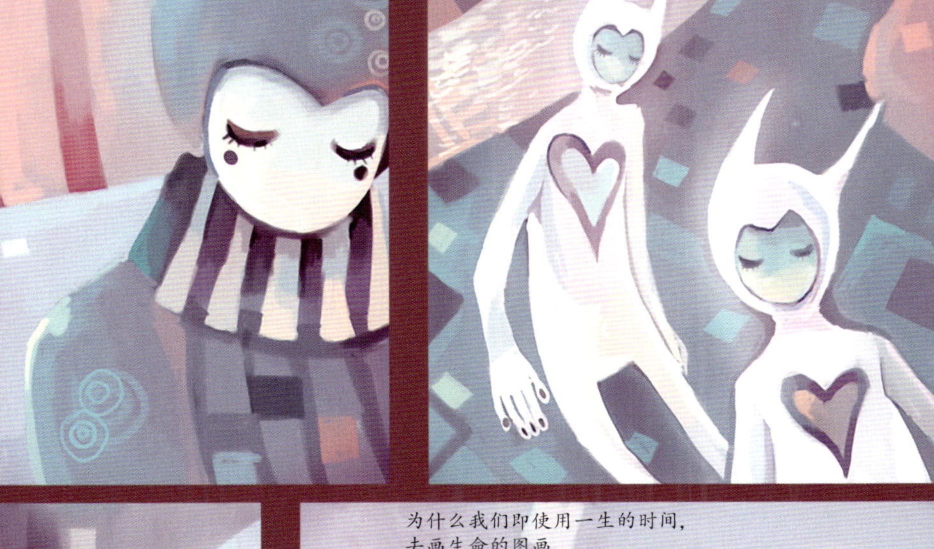

生命之图，
也将被时间的洪流抹去。
甚至不留下一点痕迹。

Das Gemälde unseres Lebens wird
gleichermassen von den gewaltigen
Strömen der Zeit fortgewischt, bis nicht
die geringste Spur davon übrig bleibt.

为什么我们即使用一生的时间，
去画生命的图画，
还是避免不了被抹去的悲剧。

Warum nur ist es unvermeidlich, dass unser
Lebensgemälde ausgelöscht wird,
selbst wenn wir unsere gesamte
Lebenszeit dafür aufgewendet
haben, es zu malen?

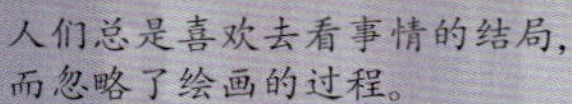
人们总是喜欢去看事情的结局，
而忽略了绘画的过程。
Die Menschen betrachten zumeist mit Vorliebe den Ausgang einer Sache, aber ignorieren den Entstehungsprozess.

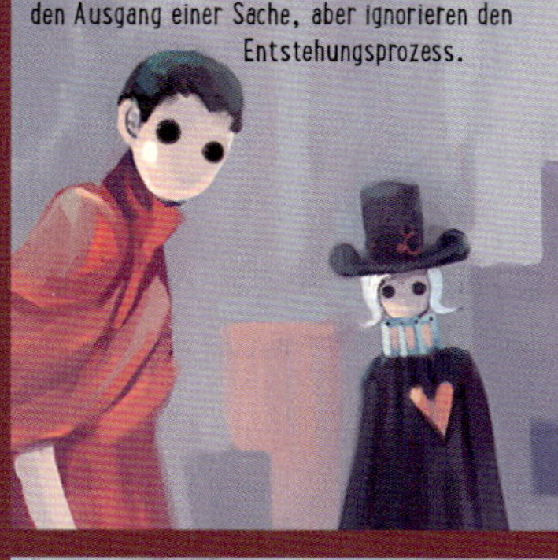

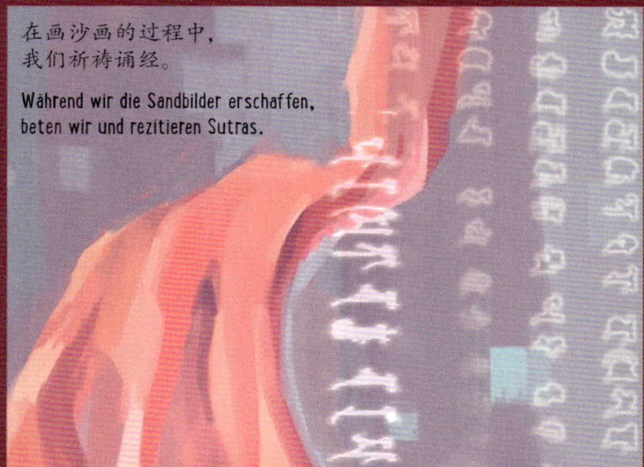
在画沙画的过程中，
我们祈祷诵经。
Während wir die Sandbilder erschaffen, beten wir und rezitieren Sutras.

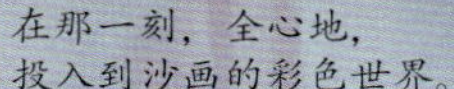
在那一刻，全心地，
投入到沙画的彩色世界。
In diesem Moment sind wir mit Herz und Seele ganz in die farbige Welt des Sandbildes vertieft.
消逝和死亡是注定的。
只是我们在生命结束的时候，
要有一个值得骄傲的过程。
Zu schwinden und zu sterben ist uns vorherbestimmt. Wenn unser Leben sich dem Ende zuneigt, kommt es einzig darauf an, einen Prozess durchlaufen zu haben, auf den wir stolz sein können.

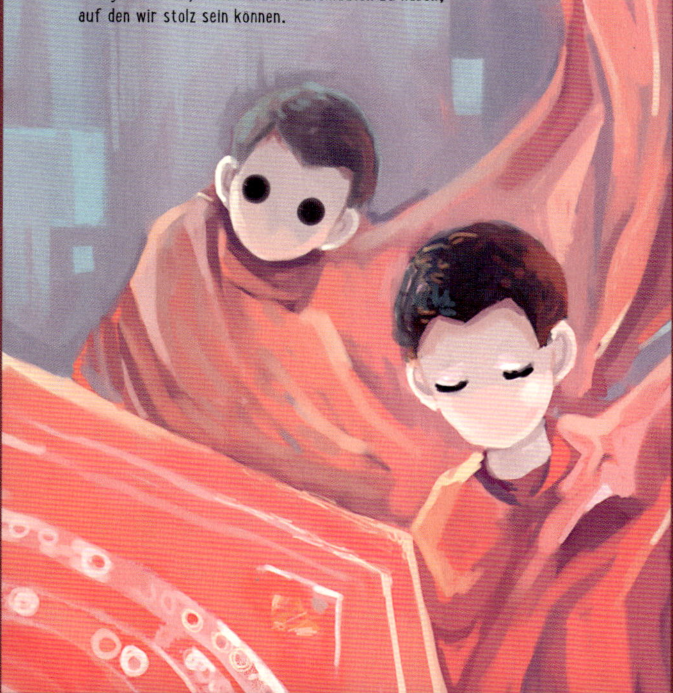

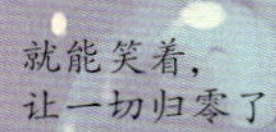
就能笑着，
让一切归零了。
Sodann können wir mit einem Lächeln akzeptieren, dass alles zu Staub wird und im Nichts verschwindet.

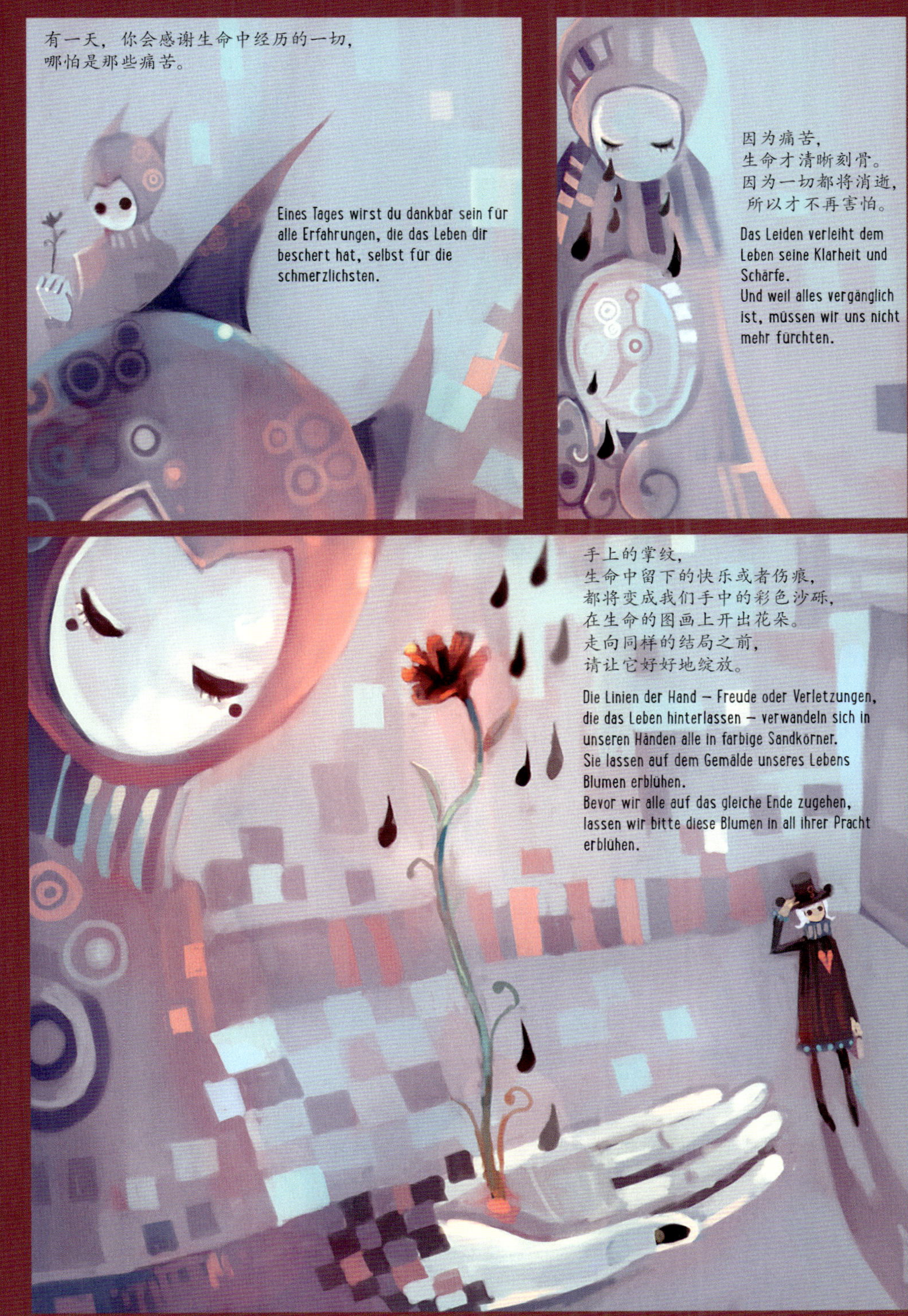
有一天，你会感谢生命中经历的一切，
哪怕是那些痛苦。
Eines Tages wirst du dankbar sein für alle Erfahrungen, die das Leben dir beschert hat, selbst für die schmerzlichsten.
因为痛苦，
生命才清晰刻骨。
因为一切都将消逝，
所以才不再害怕。
Das Leiden verleiht dem Leben seine Klarheit und Schärfe.
Und weil alles vergänglich ist, müssen wir uns nicht mehr fürchten.
手上的掌纹，
生命中留下的快乐或者伤痕，
都将变成我们手中的彩色沙砾，
在生命的图画上开出花朵。
走向同样的结局之前，
请让它好好地绽放。
Die Linien der Hand – Freude oder Verletzungen, die das Leben hinterlassen – verwandeln sich in unseren Händen alle in farbige Sandkörner.
Sie lassen auf dem Gemälde unseres Lebens Blumen erblühen.
Bevor wir alle auf das gleiche Ende zugehen, lassen wir bitte diese Blumen in all ihrer Pracht erblühen.

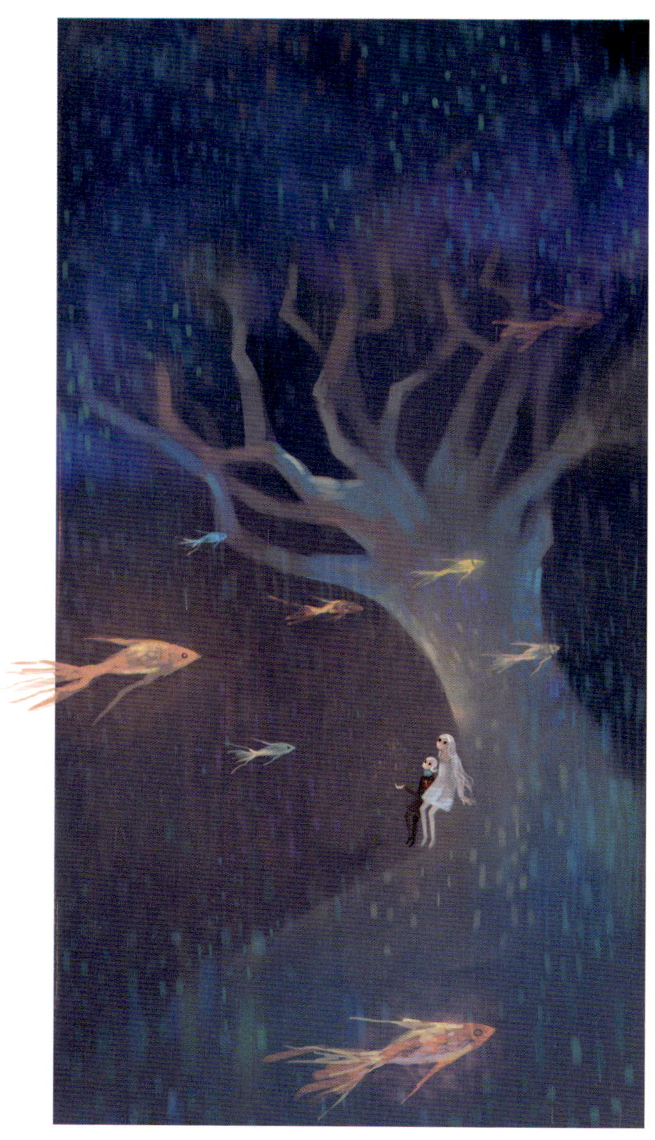

* Die Autorin zitiert hier aus dem Gedicht *Der Blick aufs Meer, während in der Frühlingswärme die Blumen blühen* 《面朝大海，春暖花开》 des chinesischen Lyrikers Hai Zi 海子.

后记

面朝大海春暖花开

也许要等足够的时间过去之后，我才敢写下那些怀念的语句。
这本书，送给我的妈妈。
对我来说永远无可取代，这个世界上最大的母亲。

我想我们总是在路上，总是要成长。
距离上一本书过了一年，原谅我不能高兴地对你说，这一年我过得幸福快乐——因为经历了对我来说人生里最糟糕的事情。有朋友对我说，过半年之后会恢复，其实永远都恢复不了。是的，我终于了解，子欲养而亲不在，是人生最大的悲哀。
但悲哀不是办法，所以不停地画画就好了。我自私地把承受不起的疑问画下来，和你们分享。那些伤口涂在纸上就好了，用一个咒语，封印它们。
所以，对不起。这并不是一本充满阳光、快乐明媚、洋溢着淡淡幸福的书。
但生活总是要继续下去，哪怕最后在道路上只剩下我们自己，也要笑一笑继续前进。
所以这本书写下的，也许都是我想要对自己说的话。
我们渐渐地长大，时间就这样推着别无选择的我们前进。
即使我们依然觉得成人世界的理性客观在遥远的彼岸，生离死别的坚强也只是电视剧里的情节，但时间已经把我们都带到了这个生活的战场，我们只好在这些无奈的面前，摆出我们从来没有练习过的坚强笑容。
就来开怀大笑吧。为什么不呢。生命那么得无常，在能看到阳光的每一天，面朝大海，春暖花开。

2005年11月于北京

Nachwort

Ich blicke aufs Meer, während in der Frühlingswärme die Blumen erblühen.*

Vielleicht war es nötig, genügend Zeit verstreichen zu lassen, bis ich es habe wagen können, diese sehnsuchtsvollen Zeilen niederzuschreiben: Dieses Buch ist meiner Mutter gewidmet. Für mich war sie die grossartigste Mutter dieser Welt, die für immer unersetzlich bleiben wird.

Ich glaube, dass wir immer unterwegs sind und stets an etwas wachsen müssen.
Der zeitliche Abstand zum letzten Band beträgt ein Jahr. Bitte verzeiht mir, dass es mir unmöglich ist, euch zu sagen, dass ich in diesem Jahr sehr glücklich und fröhlich war — denn mir ist das Schrecklichste passiert, was einem Menschen im Leben aus meiner Sicht widerfahren kann. Freunde meinten zu mir, es müsse nur ein halbes Jahr vergehen, dann würde sich wieder alles normalisieren und ich würde mich von dem Schlag erholt haben. Aber in Wirklichkeit wird es nie wieder werden wie früher und ich werde mich niemals ganz davon erholen können. Es stimmt, ich habe nun begriffen, dass es im Menschenleben keine grössere Tragödie gibt, als „sein Elternteil als Nachkomme im Alter pflegen zu wollen, der Elternteil aber vorher schon verstirbt“. (Anm.: Zitat nach Konfuzius)
Aber in Trauer zu versinken ist auch keine Lösung. Deshalb habe ich unentwegt gezeichnet, damit es mir besser ging. Ich habe aus Egoismus die Fragen und Zweifel, die ich nicht ertragen konnte, niedergemalt, um sie mit euch zu teilen. Es tut gut, jene Wunden auf Papier streichen zu können, und diese dann mit einer „Zauberformel“ zu versiegeln.
Deswegen möchte ich euch sagen, dass es mir leid tut, dass dies wirklich kein Buch voller Sonnenschein, strahlender Fröhlichkeit und überschäumendem Glück ist.
Aber das Leben muss stets weitergehen, selbst wenn auf unserem Weg am Schluss nur noch wir selbst übrig bleiben, so müssen wir dennoch mit einem Lächeln weiter vorwärtsschreiten.
Daher ist das, was ich in diesem Buch niedergeschrieben habe, vielleicht genau das, was ich mir selbst habe mitteilen wollen.
Wir alle werden allmählich erwachsen, und die fortschreitende Zeit treibt uns vorwärts, ohne dass uns dabei eine Wahl bleibt.
Selbst wenn es uns immer noch so vorkommt, als wären die Objektivität und Rationalität der Welt der Erwachsenen so weit von uns entfernt wie ein Ufer auf der anderen Seite des Ozeans, und auch wenn wir die eiserne Härte, im Diesseits durch den Tod voneinander für immer getrennt zu sein, bislang selbst nur als Plot von Seifenopern kennengelernt haben, so hat jedoch die fortschreitende Zeit uns bereits auf die Schlachtfelder des Lebens hineingetragen. Uns bleibt nichts anderes übrig, als im Angesicht des Unausweichlichen ein zähes Lächeln aufzusetzen, ohne dass wir vormals die Möglichkeit gehabt hätten, uns dies anzutrainieren.
Lasst uns doch nach Herzenslust lachen. Warum denn auch nicht. Denn das Leben ist so unbeständig und unberechenbar. An jedem Tag, an dem wir die Strahlen der Sonne erblicken können, sollten wir aufs weite Meer hinausblicken, während in der Frühlingswärme die Blumen blühen.*
Beijing, November des Jahres 2005

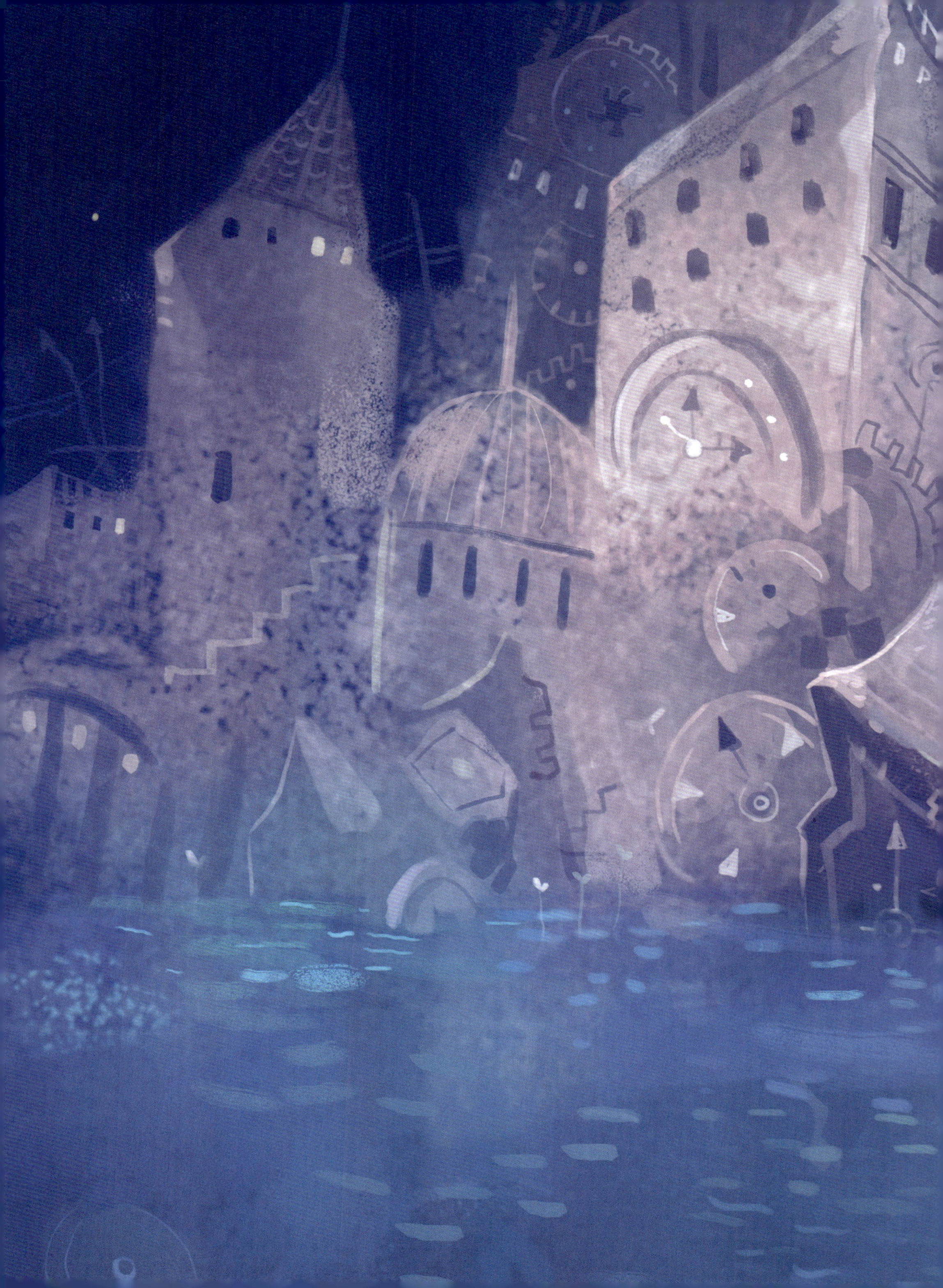

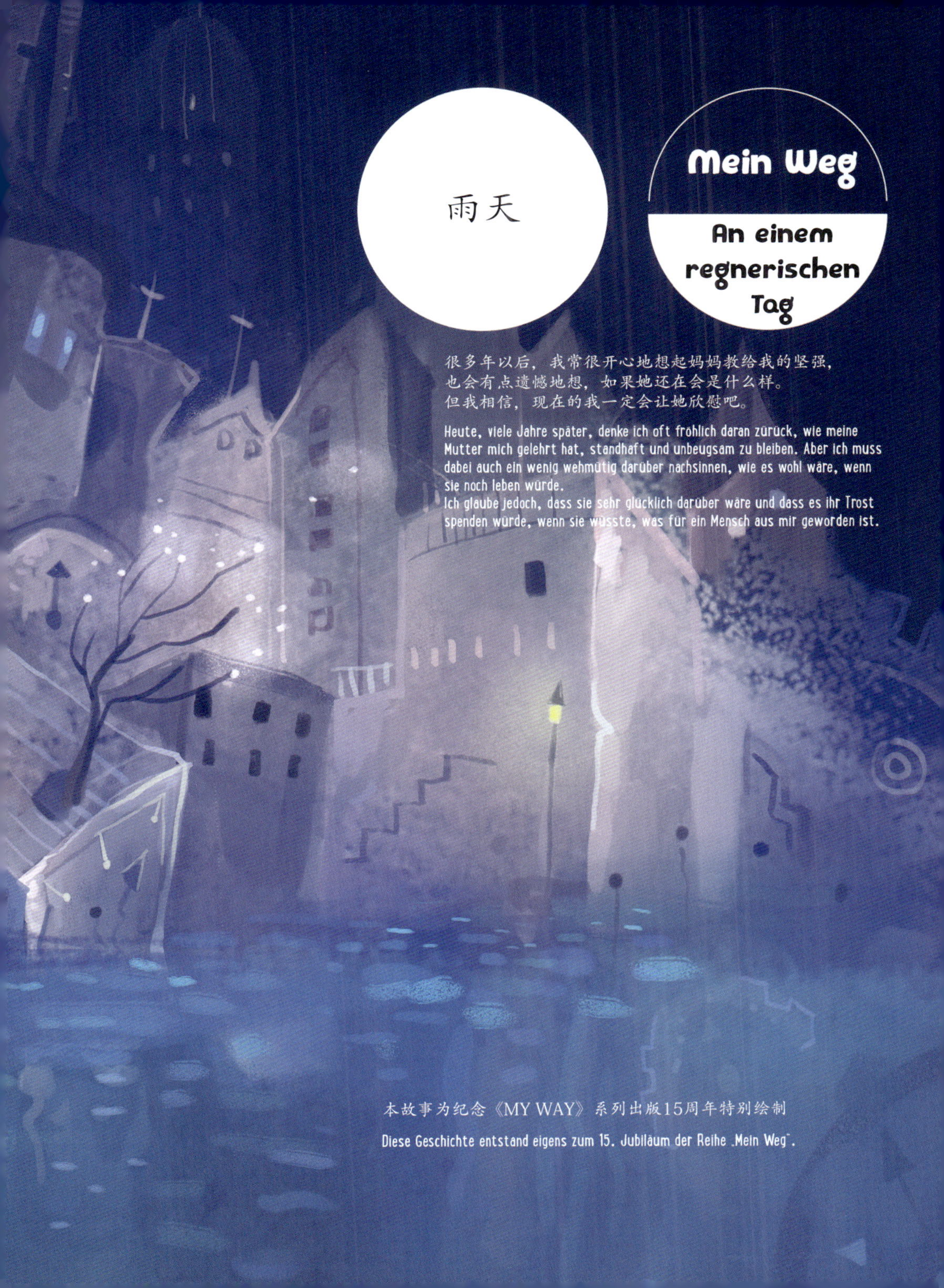

雨天

Mein Weg

An einem regnerischen Tag

很多年以后，我常很开心地想起妈妈教给我的坚强，
也会有点遗憾地想，如果她还在会是什么样。
但我相信，现在的我一定会让她欣慰吧。

Heute, viele Jahre später, denke ich oft fröhlich daran zurück, wie meine Mutter mich gelehrt hat, standhaft und unbeugsam zu bleiben. Aber ich muss dabei auch ein wenig wehmütig darüber nachsinnen, wie es wohl wäre, wenn sie noch leben würde.
Ich glaube jedoch, dass sie sehr glücklich darüber wäre und dass es ihr Trost spenden würde, wenn sie wüsste, was für ein Mensch aus mir geworden ist.

本故事为纪念《MY WAY》系列出版15周年特别绘制

Diese Geschichte entstand eigens zum 15. Jubiläum der Reihe „Mein Weg".

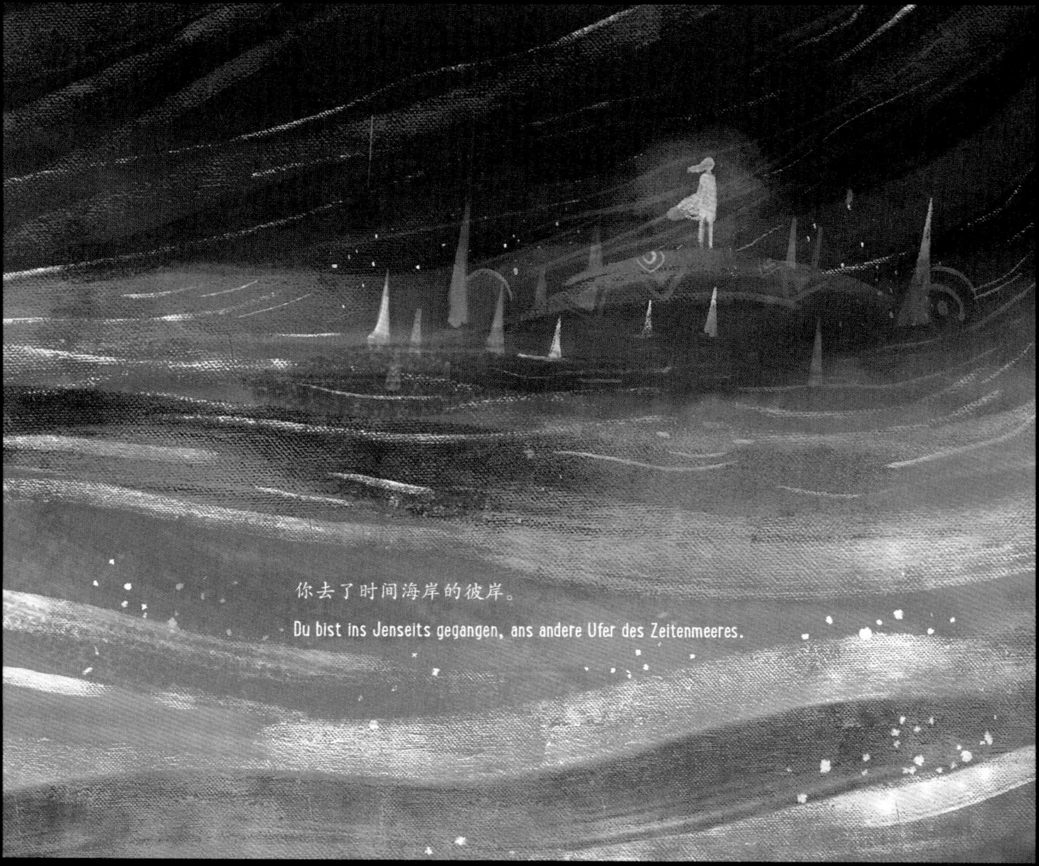

你去了时间海岸的彼岸。

Du bist ins Jenseits gegangen, ans andere Ufer des Zeitenmeeres.

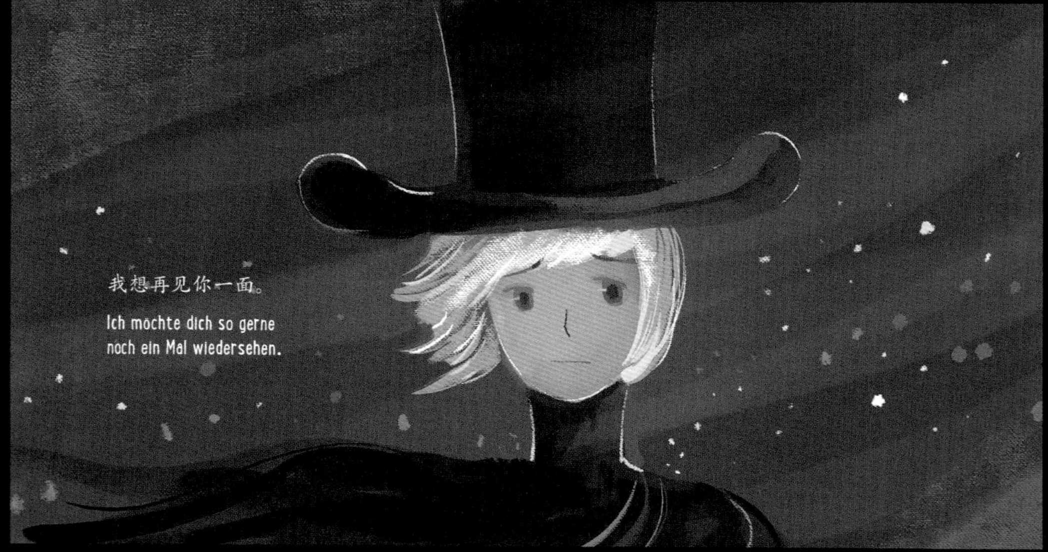

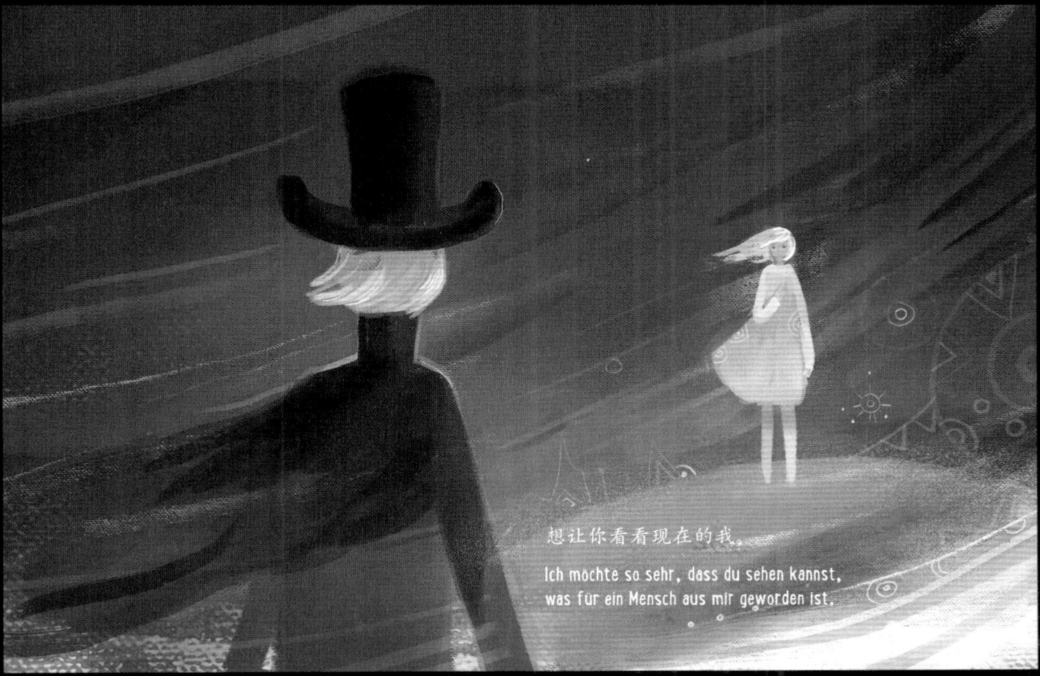

想让你看看现在的我。

Ich möchte so sehr, dass du sehen kannst, was für ein Mensch aus mir geworden ist.

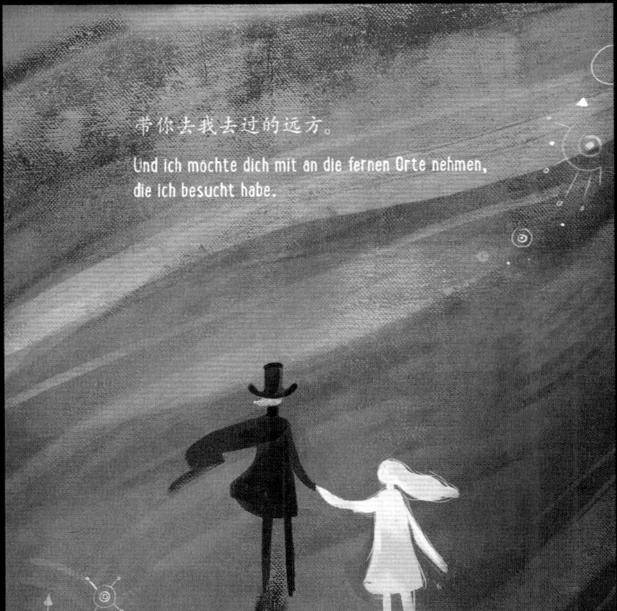

带你去我去过的远方。

Und ich möchte dich mit an die fernen Orte nehmen, die ich besucht habe.

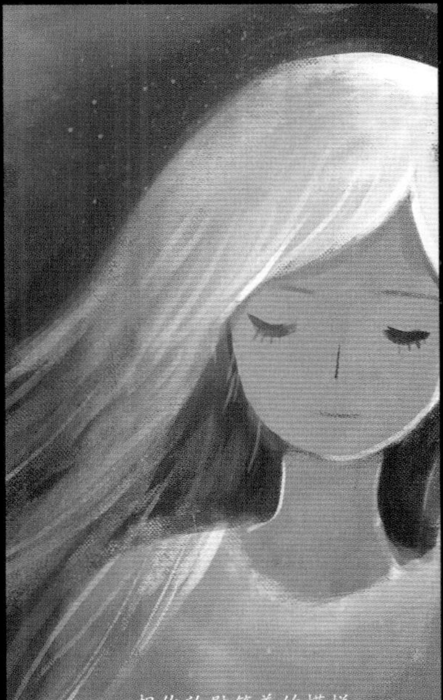

想你欣慰笑着的模样。

Ich vermisse deine Art glücklich zu lächeln.

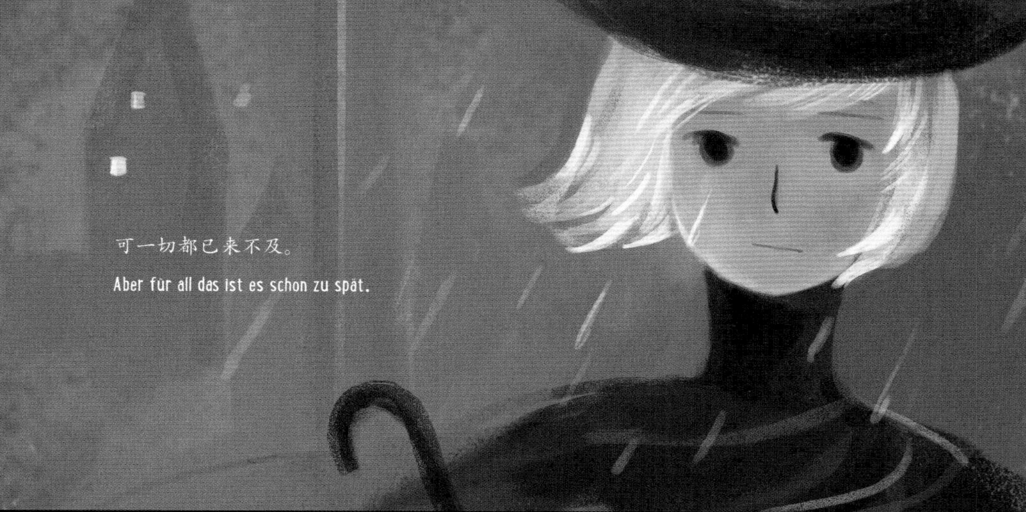
可一切都已来不及。
Aber für all das ist es schon zu spät.

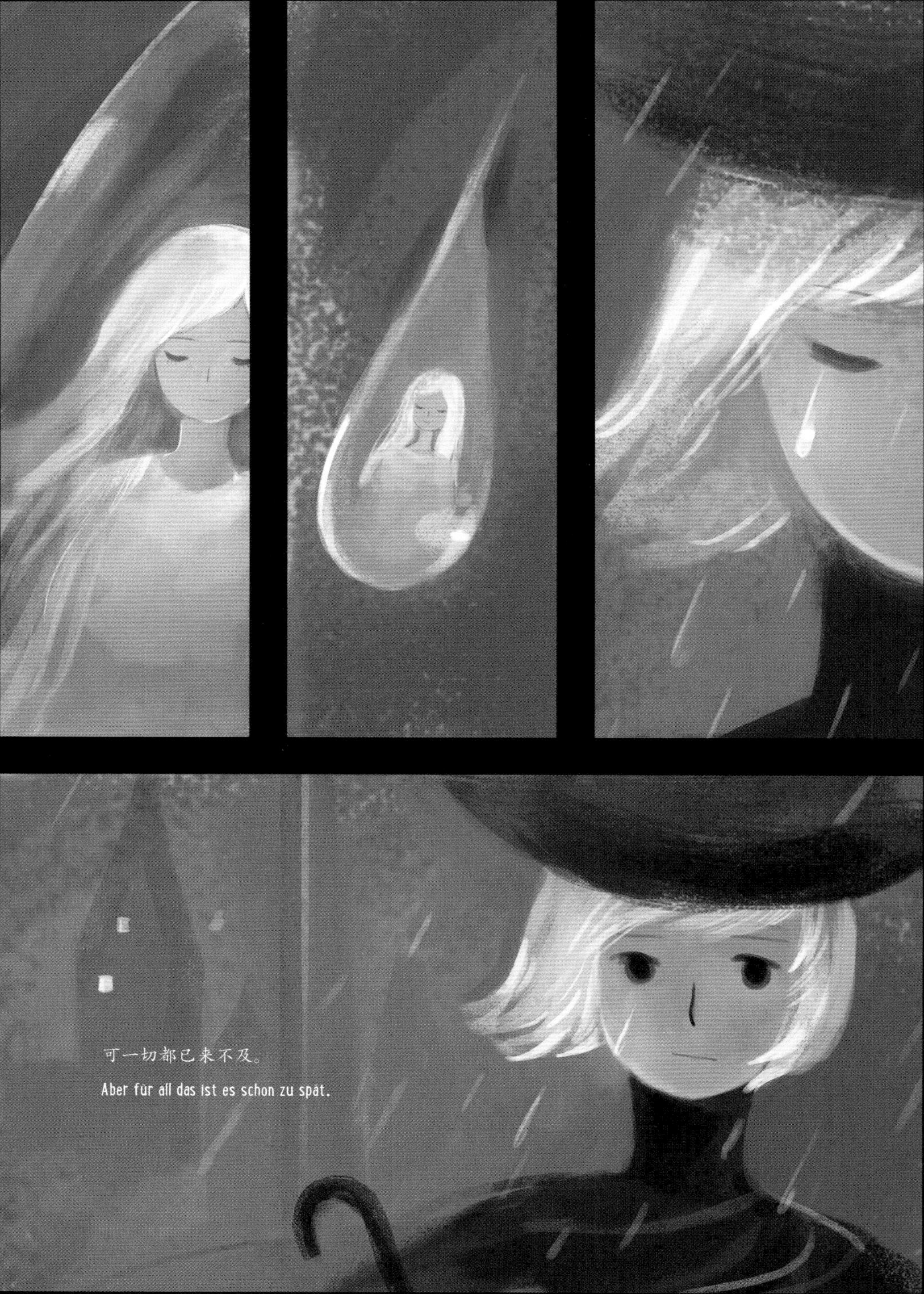

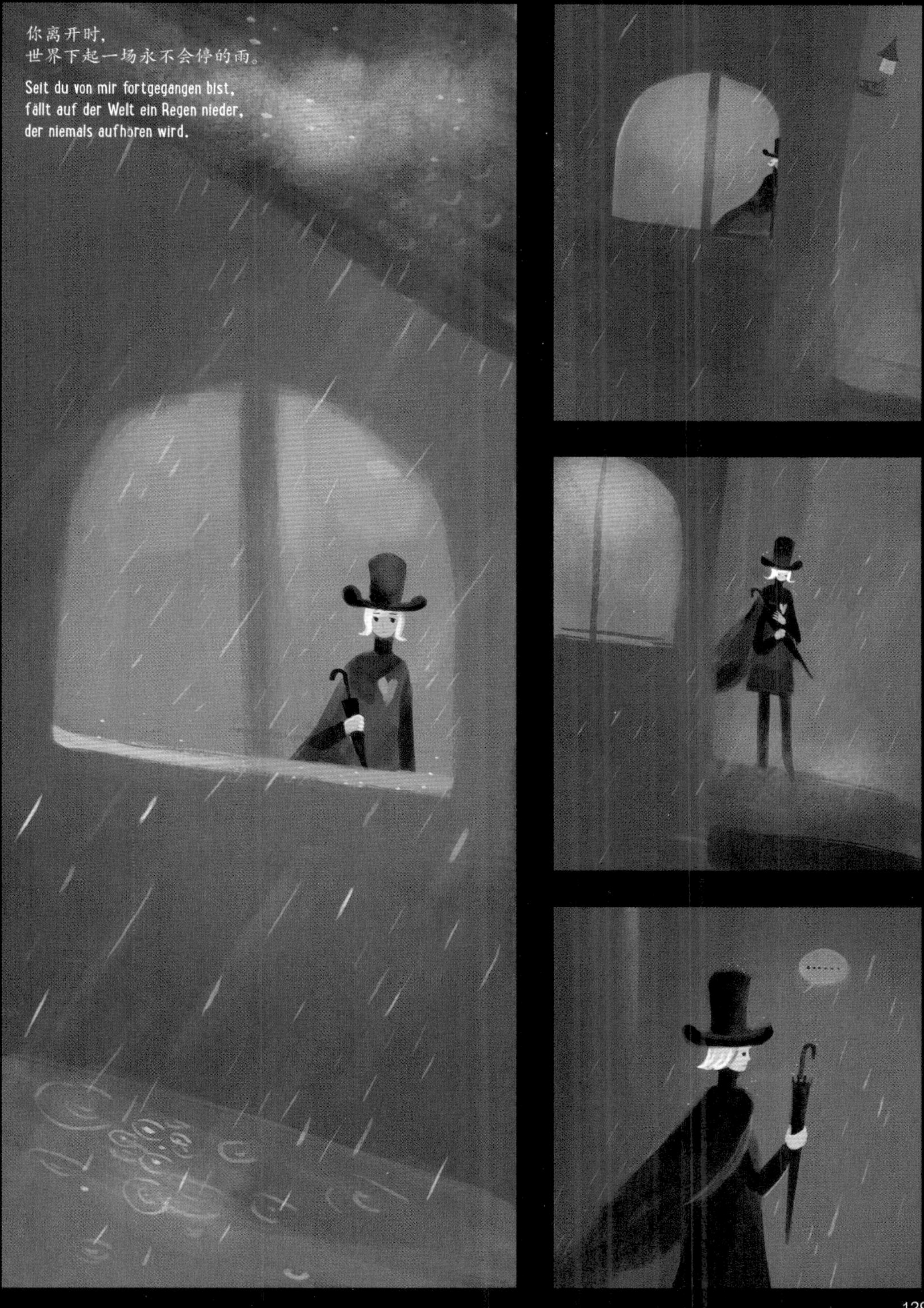

你离开时，
世界下起一场永不会停的雨。

Seit du von mir fortgegangen bist,
fällt auf der Welt ein Regen nieder,
der niemals aufhoren wird.

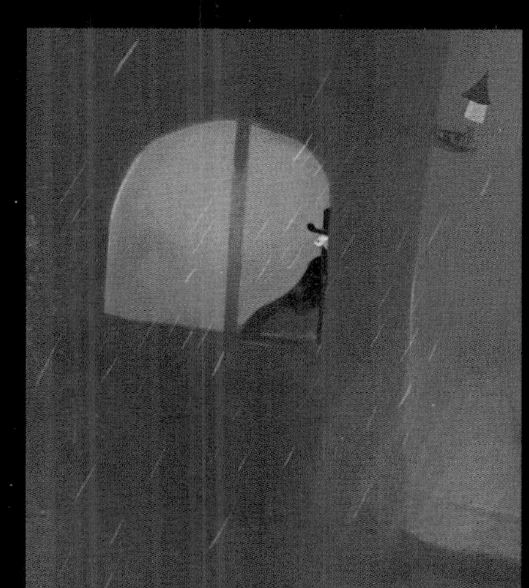

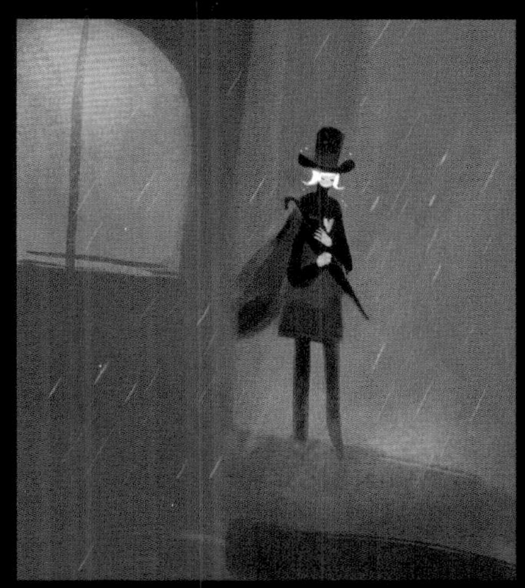

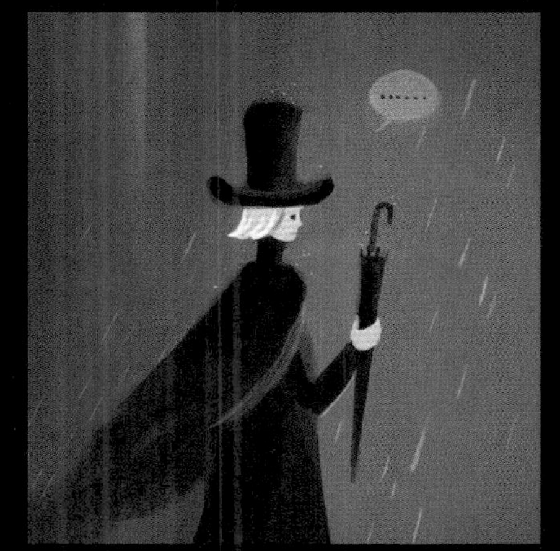

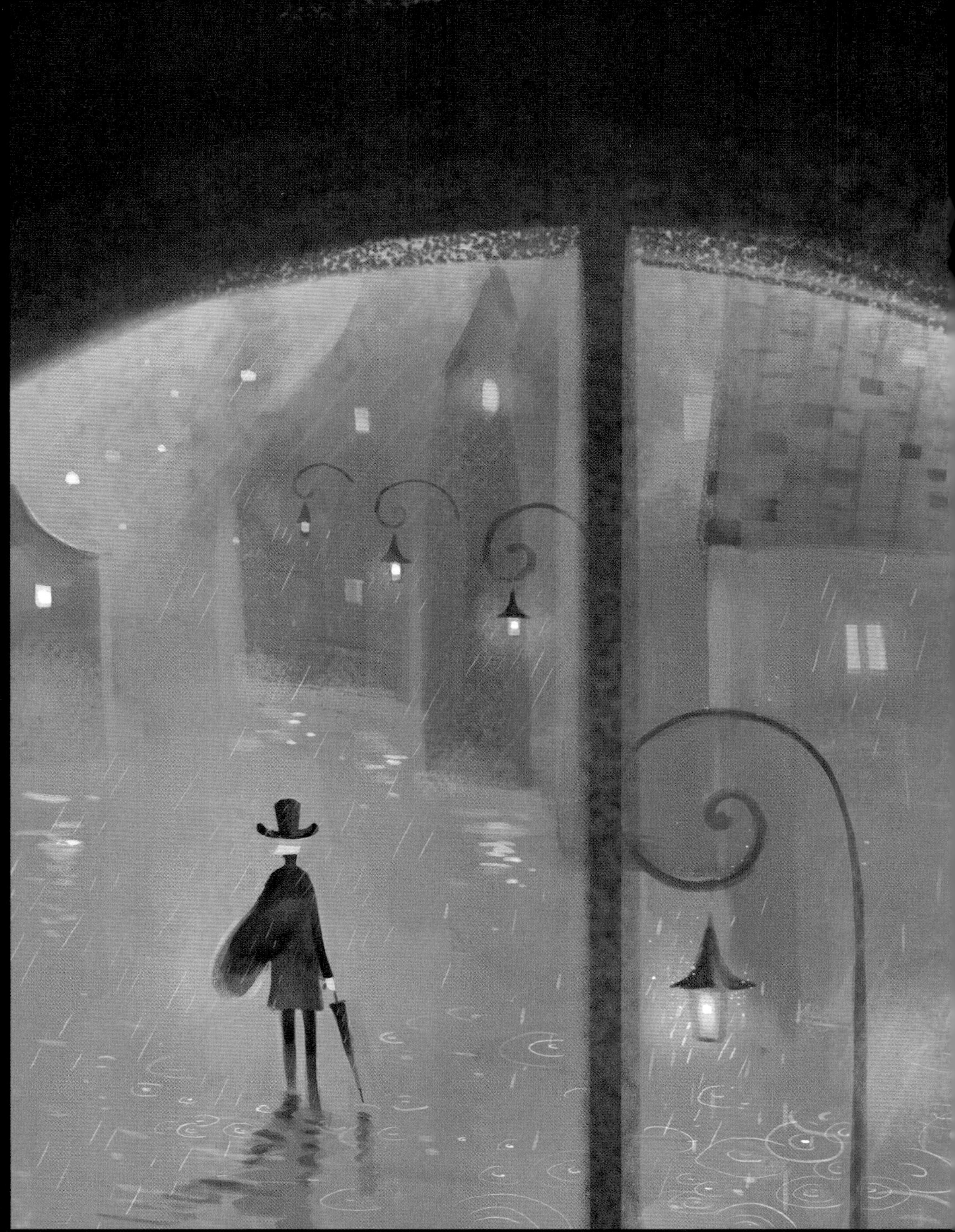

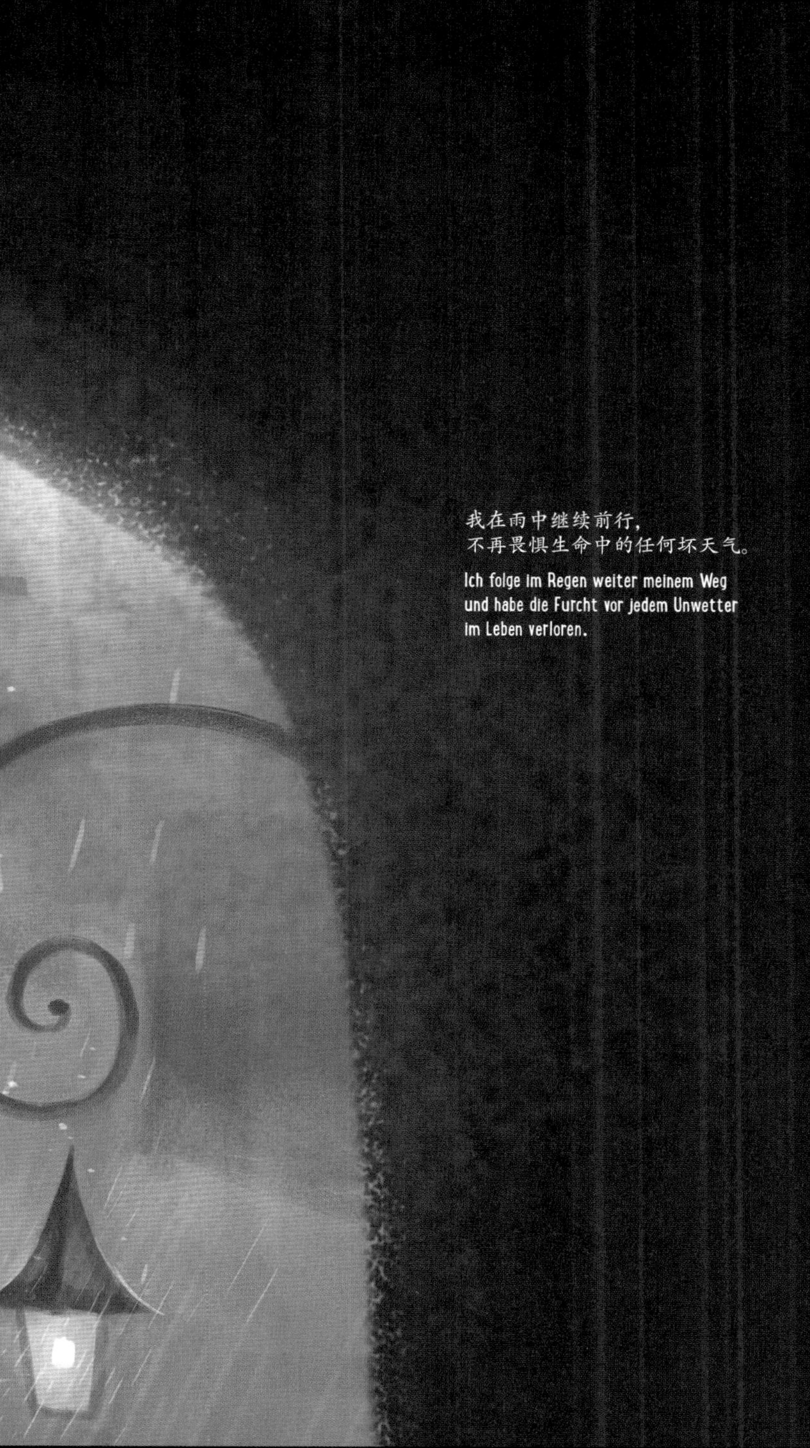

我在雨中继续前行，
不再畏惧生命中的任何坏天气。

Ich folge im Regen weiter meinem Weg
und habe die Furcht vor jedem Unwetter
im Leben verloren.

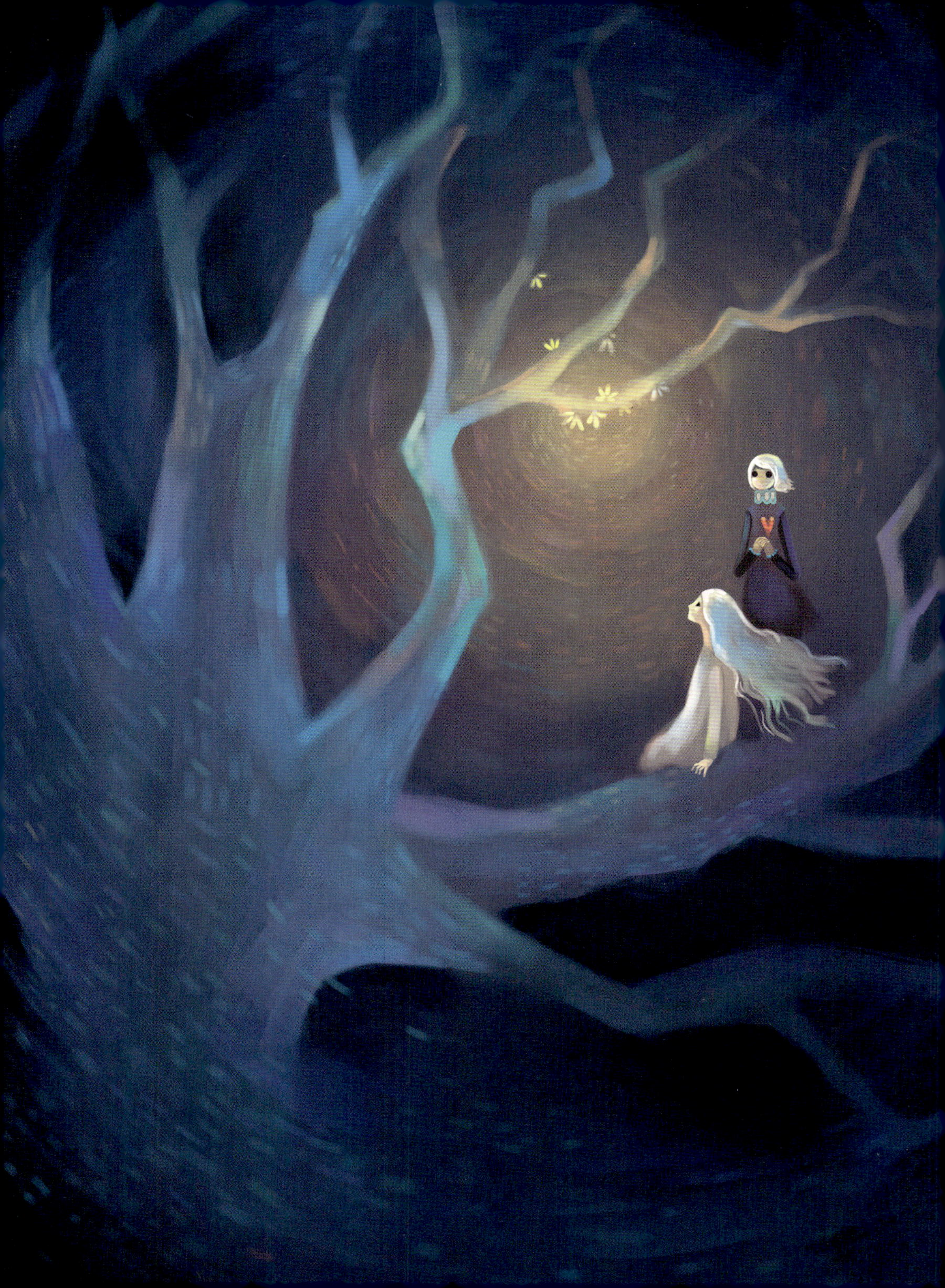